KNAUR.LEBEN

Dr. Ralph Skuban

DIE PSYCHOLOGIE DES YOGA

KNAUR.LEBEN

Die erste Ausgabe von »Die Psychologie des Yoga« erschien 2014 bei Arkana,
einem Imprint der Verlagsgruppe Random House, München.

Besuchen Sie uns im Internet:
www.knaur-leben.de

Überarbeitete Taschenbuchausgabe Oktober 2021
Knaur.Leben Taschenbuch

Ein Imprint der Verlagsgruppe
Droemer Knaur GmbH & Co. KG
Maria-Luiko-Straße 54, 80636 München

Covergestaltung: atelier-sanna.com, München
Coverabbildung: stacy2010ua/Shutterstock.com
Abbildungen im Innenteil: le-tex publishing services GmbH, Leipzig,
nach Ralph Skuban
Satz: Adobe InDesign im Verlag
Printed in Germany
ISBN 978-3-426-87916-0

Kontaktadresse nach EU-Produktsicherheitsverordnung:
produktsicherheit@droemer-knaur.de

3 5 6 4 2

Für meinen Bruder Jürgen
Früh schon legte er seinen Mantel ab.

**Die Augen schauen,
doch sie können es nicht sehen.
Die Ohren hören,
doch sie können es nicht hören.
Die Hände greifen,
doch sie können es nicht berühren.
Jenseits der Sinne liegt das Große Eine –
unsichtbar, unhörbar, unfassbar.**[1]

Laotse

Tao Te King (500 v. Chr.)

Inhalt

Anhang 231

VORWORT

von Anna Trökes

Der Yoga ist in der Mitte unserer Gesellschaft angekommen. Fast jeder Mensch in der westlichen Welt kennt ihn, und sehr viele sind mit der Übungspraxis des Yoga in Berührung gekommen. Sie haben erfahren, dass die Yoga-Übungen – die Asanas – einen Wandlungsprozess auf der körperlichen Ebene eingeleitet haben: Sie finden zu mehr Kraft und Beweglichkeit, haben weniger Schmerzen und können besser entspannen. Bei einigen führt nun diese Übungspraxis, die im Körper beginnt und ganz gezielt den Atem mit einbezieht, zu dem Gewahrsein, dass auch ihr Geist und ihre Seele in diesen Prozess mit einbezogen werden wollen. Sie merken, dass der Yoga sie auch auf einer psychischen Ebene erreicht, ja, dass er sogar am besten als ein MIND-BODY-Prozess zu beschreiben ist.

Ein Mensch, der sich wirklich auf diesen Übungsweg einlässt, beginnt Erfahrungen damit zu machen, dass in ihm Potenziale ruhen, die er mit den Mitteln des Yoga zur Entfaltung bringen kann. Und das größte Potenzial, das wir gemäß den Lehren des Yoga zu entfalten vermögen, ist unser eigener, innerster Wesenskern, unser SELBST.

Ralph Skuban beschreibt, wie wir erkennen lernen, dass »der Mensch ein körperliches, geistiges und transzendentes Wesen ist: ein Wesen, das mit beiden Füßen auf der Erde steht, mit Herz und

Geist in ihr lebt, doch dessen innerster Kern spiritueller Natur ist«.

Als solch ein Mensch begegnet uns auch Ralph Skuban selbst.

Mit seiner *Psychologie des Yoga* schenkt er der Yogawelt ein Buch, das einen Erkenntnisweg aufzeigt, der »ganz im Konkreten, im ganz Offensichtlichen und Lebenspraktischen gegründet ist«.

Dieser Erkenntnisweg ist der des *Sankhya*.

Die Sankhya-Lehre liegt fast allen Strömungen der Yoga-Philosophie zugrunde. Sie ist eine Philosophie, die in sich eine erstaunliche Logik und Stringenz aufweist, die aber kaum jemand in ihrer Komplexität versteht. Lesen wir nur die Texte, so bleibt sie uns fremd, mehr noch, in ihrer Strenge können sie uns sogar abstoßen.

Ralph Skuban schafft nun mit diesem Buch für mich etwas absolut Bemerkenswertes: Er macht mir die Sichtweise des Sankhya verständlich und gibt einer Lehre, die ich bis dahin immer als regelrecht »blutleer« empfunden hatte, plötzlich ein Herz. Ein lebendiges, fühlendes, pulsierendes Herz!

Das ist nur möglich, weil Skuban den Sankhya offensichtlich vom Herzen her zu verstehen gelernt hat. So wird es möglich, dass er daraus wahrhaft eine »*Psychologie des Yoga*« entwickelt, die ungemein ansprechend, berührend und – wie alle Yoga-Philosophie – überraschend zeitlos ist.

Ralph Skuban übersetzt den uralten Text der Sankhya Karika von Kapila für die Menschen der heutigen Zeit, mit ihren aktuellen Problemen und Bedürfnissen. Dabei verbindet er seine Interpretation auf geniale Weise mit Werken spiritueller Literatur aus den verschiedensten Kulturen, sodass wir begreifen, dass der Sankhya nicht nur zeitlos, sondern vor allem Ausdruck eines universellen Wissens ist.

Da ich selbst die Lektüre dieses Buches als so außerordentlich bereichernd und inspirierend empfunden habe, wünsche ich ihm eine weite Verbreitung.

Danke an Ralph Skuban für dieses besondere Buch!

Namasté
Anna Trökes

EINFÜHRUNG

**Wie die Tänzerin ihren Tanz beendet,
wenn das Publikum sie gesehen hat,
so beendet die Schöpfung ihr Wirken,
wenn sie sich dem inneren Licht
offenbart hat.**[2]
Sankhya Karika
von Ishvarah Krishna (um 400 n. Chr.)

Kapila, der rote Zauberer

In der *Bhagavad Gita*, der wohl meistverehrten Schrift Indiens, bittet der Bogenschütze Arjuna seinen Lehrer Krishna um eine Offenbarung: Er will wissen, wie das Höchste oder Gott sich in der Welt zeigt. Krishna antwortet:

> *Alles, was majestätisch ist, schön oder stark:*
> *Wisse sicher, dass ein Teil meiner Macht dessen Quelle ist.*[3]

Dann benennt Krishna heilige Orte, Gottheiten und Wesen, in deren Einzigartigkeit, Größe und Vollkommenheit sich Gottes Gegenwart ausdrückt – es ist eine wahre *Hall of Fame* des Höchsten. Nur wenige Menschen haben dort ihren Ehrenplatz, darunter auch ein alter Weiser. Krishna sagt:

> *Unter den Weisen bin ich Kapila.*[4]

Was ist so ungewöhnlich an diesem Menschen namens Kapila, dass Krishna von ihm sagt, Gottes Größe drücke sich durch ihn aus? Die Antwort lautet: Es ist *Sankhya*, jene spirituelle Philosophie und Psychologie, die wir Kapilas Genie verdanken. Sie wurde zur Grundlage der wichtigsten Schriften Indiens: Ohne Kapilas Sankhya gäbe es nicht das *Mahabharata*, Indiens größtes Epos. Es gäbe nicht die *Bhagavad Gita*, die nach der Bibel und dem *Tao Te King* die meistgelesene Schrift der Welt ist. Auch Patanjalis *Yogasutra*, die grundlegende Schrift des Yoga, wäre nie geschrieben worden. Und das gilt für viele weitere Schriften. Auch *Ayurveda*, das traditionelle indische Medizinsystem, lebt ganz aus dem Geist des Sankhya. Sie alle hätten nie das Licht der Welt erblickt, wenn es Kapila nicht gegeben hätte.

Über Kapila als historische Person weiß man ebenso wenig wie über Patanjali, den Verfasser des *Yogasutra*. Sein Name bedeutet so viel wie: »*roter Zauberer*«.[5] Was von ihm bekannt ist, das ist mehr Legende als historische Wahrheit. Kapila gilt als *muni*: ein Mensch, der zur Selbstverwirklichung fand. Oft wird er auch *rishi* genannt, wie jene Seher, denen sich das Höchste im Wort der Veden offenbart hat. Durch Meditation und Kontemplation zur Erleuchtung gelangt, soll er einst sein Wissen an seine Mutter weitergegeben haben: Der geniale Sohn lehrt also seine Eltern, nicht umgekehrt. In seiner umfassenden Enzyklopädie schreibt der indische Autor Vettam Mani über Kapila: »Kapila war ein großer Yogi. Die Lehre des Yoga gründet auf der Sankhya-Philosophie von Kapila. Seine Sankhya-Lehre […] beinhaltet den exakten Yogaweg der Meditation. Sie gibt dir jenes spirituelle Wissen, das deine Blindheit völlig beseitigt.«[6]

Dass wir so wenig über Kapila wissen, ist, so seltsam es klingen mag, sogar entlastend, denn so müssen wir uns nicht lange mit der Person und ihrer Geschichte, ihrem Herkommen, ihren Beweggründen und Besonderheiten aufhalten, sondern können uns ohne Umwege dem Inhalt seiner Lehre zuwenden. Es ist die Botschaft, die zählt, nicht so sehr der Botschafter. Wenn die Menschen sich zu sehr auf den Botschafter einer Wahrheit ausrichten, neigen sie dazu, aus ihm einen Gott zu machen und einen Verehrungskult zu entwickeln. Am traurigen Ende einer solchen Entwicklung steht nur allzu oft der blutige Streit über die Frage, wessen Gott denn der wahre sei. Kapila blieb dieses Schicksal zum Glück erspart. Kapilas Denken wurde von den Veden inspiriert, jenen uralten, göttlichen Offenbarungstexten, aus denen nahezu alle spirituellen Wege Indiens schöpfen. Und es war so einflussreich, dass es sogar auf diese zurückgewirkt hat: Einige der wichtigsten *Upanishaden*, der mystische Teil der *Veden*, sind direkt beeinflusst vom Sankhya, so zum Beispiel die berühmte *Svetashvatara Upanishad*: Sie ist eine Sankhya-Schrift durch und durch, und Kapila taucht darin sogar namentlich auf. In ihr findet sich zudem erstmals die Idee vom *Rad des Lebens*: Alle Wesen sind darauf gebunden und den Gesetzen von Geburt, Tod und Wiedergeburt so lange unterworfen, bis sie die wahre Natur ihres Seins erkennen. Solange dies nicht geschieht, durchleben wir immer wieder neue Existenzen und die vielen Probleme, die zu ihnen gehören. In den Worten der *Svetashvatara Upanishad*:

> *Das weite All ist ein Rad. Alle Wesen darauf sind Geburt, Tod und Wiedergeburt unterworfen. Fort und fort dreht es sich und hört niemals auf. Es ist das Rad Gottes.*
> *Solange das individuelle Selbst denkt, es sei getrennt von Gott, wird es sich mit diesem Rad drehen, gefangen in der Gesetzmäßigkeit von Geburt, Tod und Wiedergeburt. Doch erkennt es durch die Gnade Gottes seine Einheit mit ihm, dann dreht es sich nicht länger auf dem Rad.*
> *Es erlangt Unsterblichkeit.*[7]

Das Rad des Lebens heißt in der Sanskritsprache *bhavachakra*, das heißt wörtlich »Rad der Zustände«. Gemeint sind die Zustände unseres Bewusstseins. Es ist, wenn man so will, ein spirituellpsychologisches Rad. Und wie Kapila von acht Bewusstseinszuständen oder *bhavas* spricht, von denen noch ausführlich die Rede sein wird, so finden sich im Rad des Lebens acht Speichen. Zwar verbinden die meisten Menschen das Lebensrad mit der Lehre

Buddhas, doch war er ebenfalls stark vom Sankhya geprägt. Wie gut passst doch dazu, dass die nordindische (und heute in Nepal liegende) Geburtsstadt Buddhas den Namen *Kapilavastu* trägt, das heißt übersetzt: die Wohnstatt Kapilas. Auch der Buddhismus ruht also auf dem Sankhya-Yoga. *Bhavachakra* ist Kapilas Rad.

Schöpfungslehre und spirituelle Psychologie

Die wichtigste Inspirationsquelle Kapilas ist der *Nasadiya*, der Schöpfungsmythos des *Rigveda*, dem ältesten vedischen Text überhaupt. Dort heißt es:

> *Da war nicht Sein noch Nicht-Sein.*
> *Da waren kein Raum und kein Himmel darüber.*
> *Wer brachte Bewegung, wo und für wen?*
> *Gab es da Wasser von grundloser Tiefe?*
> *Es gab nicht Tod, noch Unsterblichkeit.*
> *Kein Zeichen der Unterscheidung von Tag und Nacht.*
> *Das Eine atmete ohne Atem aus eigenem Antrieb.*
> *Nichts Anderes war als das Eine.*
> *Im Anfang war Dunkelheit von Dunkelheit verborgen.*
> *Nicht unterschieden – alles Wasser.*
> *Das Eine, die Kraft des Lebens, von Leere verhüllt:*
> *Es stieg auf durch Tapas, die Kraft der Hitze.*[8]

Dieses »Urmeer« oder die »Urflut« ist ein Bild für den Zustand vor der Schöpfung, das wir ganz ähnlich auch von anderen Kulturen und aus der Genesis, dem Schöpfungsbericht der Bibel, kennen: Es ist sozusagen ein »schöpfungs-psychologischer Archetyp«. Das Urmeer heißt in der Sankhya-Philosophie *avyakta prakriti*: die nicht-geschaffene oder nicht-manifeste Urnatur. Sie ist die Wurzel, aus der der Baum des Lebens wächst. Wir könnten sie, moderner gewendet, auch *reines Schöpfungspotenzial* nennen. Dieses Buch wird sich in einem eigenen Kapitel noch genau damit beschäftigen. Doch hier schon so viel: Am Anfang der Zeit, noch vor der Schöpfung, ruht das Potenzial in völliger Stille und in totalem Gleichgewicht – bis *purusha*, die Kraft reinen Bewusstseins, auf sie einwirkt und so die Schöpfung in Gang setzt. Es ist gleichsam, als würde Gott sagen: »Es werde!« Beginnend mit *purusha* und *avyakta prakriti* entfaltet die Sankhya-Philosophie dann 25 Elemente oder *tattvas* und präsentiert uns ein vollständiges Bild der Welt, das vom feinstofflichsten Sein bis hin zur grobstofflichen Materie reicht. Es spannt damit den Bogen von der Transzendenz über den menschlichen Geist bis hin zur greifbaren Welt.

Doch Kapila hat mehr vor, als uns nur die Schöpfung zu erklären und ihre Elemente aufzuzählen. Ein Sankhya-Lehrer namens Pancasikha sagte vor langer Zeit: »Wer die 25 *tattvas* kennt […], der erlangt die Erlösung, darüber besteht kein Zweifel.«[9] Sankhya will den Menschen zur Erkenntnis seines innersten Wesens führen, zum inneren Licht reinen Gewahrseins, das ungeboren und unsterblich ist. Dies zu erkennen ist das höchste Ziel, das Menschen sich stecken können.

Zu erfahren, wer oder was wir in Wahrheit sind, verlangt, dass wir erkennen, wer oder was wir *nicht* sind: nämlich Körper, Denken und Fühlen, die ganze Vielheit der aus *tattvas* zusammengesetzten relativen Wirklichkeit. Diesen Erkenntnisprozess nennt man *viyoga*, das Lösen falscher Identifikationen oder das Kappen der mentalen Seile, die uns an die vergängliche Welt mit ihren oft so schmerzhaften Erfahrungen binden, eine Bindung, die auch *samyoga* genannt wird. Sankhya strebt nicht weniger an als eine komplette mentale Neuausrichtung, die zugleich eine Anbindung an die Kraft des Höchsten ist.

»Anbinden« oder »anschirren«, das heißt in der Sanskritsprache: *yoga*. *Viyoga* also beendet *samyoga* und führt schließlich zu *yoga*, dem unsagbaren Bewusstseinszustand vollkommenen inneren Friedens.

Sankhya erklärt uns die Schöpfung. Und es entwirft zugleich ein mehrdimensionales Bild vom Menschen: Es zeigt ihn als körperliches, geistiges und transzendentes Wesen: ein Wesen, das mit beiden Füßen auf der Erde steht, mit Herz und Geist in ihr lebt, doch dessen innerster Kern spiritueller Natur ist. So ist die Sankhya-Philosophie sogar drei in einem: eine Schöpfungslehre, ein psychologisches Modell vom Menschen und eine Philosophie der Befreiung. Diese Mehrdimensionalität findet sich übrigens im Wort *Sankhya* selbst wieder: Sprechen wir es mit einem kurzen a, dann heißt es *Aufzählung* und erinnert uns an die verschiedenen Elemente der Schöpfung und den Aufbau der Welt. Wenn wir das a jedoch lang sprechen, dann meint Sankhya so viel wie *absolutes Wissen* oder *vollkommene Erkenntnis* – Erkenntnis, die befreit.

Praktische Philosophie

Kapila lebte etwa um 600 vor Christus. Damit ist Sankhya nicht nur das älteste geschlossene philosophische System Indiens, sondern wahrscheinlich sogar das älteste der Menschheit überhaupt. Nur ein einziger Text ist überliefert, der Kapilas Philosophie geschlossen und vollständig darlegt. Dies ist die *Sankhya Karika* (im Folgenden *Karika* genannt), die jedoch erst im 6. Jahrhundert nach Christus – also mehr als tausend Jahre nach Kapila – von einem Mann namens Ishvarah Krishna verfasst wurde. Der Stand der Sankhya-Wissenschaft, wie in der *Karika* formuliert, gilt auch als *klassisches Sankhya*.

Die *Karika* ist eine dichte Zusammenfassung der Prinzipien dieser Philosophie. Ihre 72 Verse (die im Anhang zu diesem Buch in vollständiger Übertragung vorliegen) sind aus sich selbst heraus kaum verständlich, sondern hochgradig erklärungsbedürftig. Das ist ganz typisch für die alte Lehrtradition Indiens. Die knappen Lehrsprüche oder *sutras* der Schriften wurden auswendig gelernt und dienten Lehrern wie Schülern als Leitfaden und Erinnerungshilfe, an der man sich in Lehre und Studium orientierte und über die man immer wieder nachdachte und meditierte.

Vielleicht liegt es an der augenscheinlichen Komplexität der Sankhya-Philosophie, dass ihr nicht eine so große Popularität zuteilwurde wie dem später entstandenen *Yogasutra* von Patanjali, der in vollen Zügen aus Kapilas Denken schöpfte. Die meisten Menschen, die sich mit Yoga beschäftigen, haben schon von Patanjali gehört, haben vielleicht auch ein paar grundlegende Kenntnisse in seiner Schrift. Doch deren Fundament, die Sankhya-Philosophie, ist nahezu unbekannt geblieben. Das *Yogasutra* verstehen zu wollen, ohne etwas von Sankhya zu wissen, ist ein wenig so, als würde man ein Haus auf zu weichem Boden bauen: eine wackelige Angelegenheit. Anders als Sankhya, das im Wesentlichen ein Weg des »höheren Denkens« ist, hat Patanjali einen eher praktischen Zugang zum Thema Yoga: Er stellt eine Vielzahl von ganz konkreten Methoden vor, die den spirituell Suchenden auf seinem Weg unterstützen. Freilich bleibt sein Text ohne das Wissen um die wichtigsten Elemente des Sankhya dennoch in weiten Teilen kryptisch.

Patanjalis *Yogasutra* mag praxisorientierter erscheinen als Kapilas Sankhya. Doch es wäre ein Fehler, die Sankhya-Philosophie deshalb als reine Theorie einzustufen, denn ihr Ziel ist ein zutiefst *praktisches* in einem existenziellen Sinne: Es geht ihr um die Heimkehr zu der Quelle, aus der wir alle kommen. Kapilas Thema ist die Selbstverwirklichung und damit die *endgültige Befreiung des Menschen aus der prinzipiellen Leidhaftigkeit des Seins.* So haben die Philosophie des Sankhya und die Praxis des Yoga dasselbe Ziel, mehr noch: Im Kern sind sie eins. Krishna sagt zu Arjuna:

> *Narren, nicht aber Weise, sagen, dass*
> *Sankhya und Yoga verschieden wären.*[10]

Weil das so ist, spricht Krishna auch vom *Sankhya-Yoga.* Manchmal nennt er es auch *Jnana-Yoga*, den Weg der Erkenntnis. Wenn hier übrigens immer wieder von *Erkenntnis* die Rede ist, sollten wir dabei im Hinterkopf behalten, dass dies nicht nur intellektuelle Erkenntnis meint, sondern eine Qualität, deren Tiefe nicht allein aus dem Denken kommt: Kapilas Denken weist über das Denken hinaus (so wie die Körperarbeit im Yoga über den Körper hinausweist). Sankhya sucht *jnana* – Erkenntnis in einem *absoluten* und *existenziellen* Sinne.

Sich mit Sankhya zu beschäftigen bedeutet deshalb aber nicht, dass man nur in abgehobenen geistigen Sphären weilen oder sich in verschrobenen intellektuellen Übungen verlieren würde. Ganz im Gegenteil: Selbst die erhabensten Prinzipien dieser Philosophie gründen in der konkreten Erfahrung, im ganz Offensichtlichen und Lebenspraktischen. Aus der jedermann zugänglichen und nachvollziehbaren Erfahrungswirklichkeit nämlich zieht Kapila seine Schlüsse. Und er entfaltet daraus ein logisches System, das bis an die Grenzen des Denkbaren und darüber hinaus führen will: zur Befreiung.

Wer nach Befreiung strebt, sucht offensichtlich etwas, das ihm gegenwärtig fehlt. Da muss doch noch mehr sein als dieses Hamsterrad, in dem alle immer schneller, wilder und rücksichtsloser nach immer mehr streben; etwas, das erhaben und unvergänglich ist, ein letztes Ziel, um dessentwillen alles ist, was ist, und geschieht, was geschieht. Wir können auch sagen: Es ist der mehr oder weniger stark empfundene *Schmerz des Lebens*, der die Menschen zu Suchern ihrer selbst werden lässt. Dieser Schmerz ist der Ausgangspunkt von Kapilas Forschen. Mit ihm beginnt die *Psychologie des Yoga*.

DIE PSYCHOLOGIE DES YOGA

**Werde ganz leer, stille den ruhelosen Geist.
Erst dann wirst du alles sehen: wie es sich
aus der Leere entfaltet, wie alle Dinge blühen
und tanzen in endloser Vielfalt.
Schließlich gehen sie wieder ein in die
vollkommene Leere – ihre wahre Ruhestatt,
ihre wahre Natur.**[11]

Laotse
Tao Te King

Negative Räume

Das *Friedensevangelium der Essener* beginnt mit einer Szene, die als Bild für die klassische Ausgangssituation des spirituellen Weges steht: Der Mensch, geplagt von Krankheit, Sorgen, Ängsten und vielen anderen Nöten, sucht nach anhaltender Befreiung von den Problemen, mit denen das Leben ihn immer wieder konfrontiert. Viele Kranke und Verkrüppelte begegnen dem Weisheitslehrer Jesus, und sie fragen ihn:[12]

»Wenn du alle Dinge weißt, sag uns, warum leiden wir dann unter diesen schweren Plagen [...] Meister, heile uns, so dass auch wir stark werden und nicht länger in diesem Elend leben müssen! Wir wissen, dass es in deiner Macht steht, alle Krankheiten zu heilen.« Jesus antwortet: »Glücklich seid ihr, dass ihr nach der Wahrheit dürstet, denn ich werde euch sättigen mit dem Brot der Weisheit. Glücklich seid ihr, dass ihr anklopft, denn ich werde euch das Tor zum Leben öffnen.«

Das Tor des Lebens führt nach innen, zur »Mutter«, wie Jesus in diesem Text sagt. Er könnte genauso gut »Vater« oder auch »Kosmos« sagen, denn auf Aramäisch, der Muttersprache Jesu, wird alles das in nur einem einzigen Wort ausgedrückt: ABWUN. Die befreiende und heilende Wahrheit, will er damit sagen, ist in uns selbst, in jedem Einzelnen: »Eure Mutter ist in euch, und ihr seid in ihr.«

Die kurze Szene aus der Schrift der Essener steht symbolisch für den Ausgangspunkt und das Ziel jedes spirituellen Weges: für den Wunsch, den Schmerz des Lebens endgültig zu überwinden.

Das Mittel dazu ist, zur Weisheit durchzudringen, zur »Mutter«, die in uns allen lebt. Das ist der Weg der Erkenntnis oder Gnosis (ein altgriechischer Begriff, der dem Sanskritwort *jnana* entlehnt ist). Es ist der Weg des Sankhya-Yoga. Und er beginnt mit dem Wort *duhkha*.

Duhkha wird meistens mit »Leid« übersetzt. Das transponiert freilich nicht die Weite, die dem Wort eigen ist. Von der wörtlichen Bedeutung her meint es den »negativen Raum«, das Schmerzhafte also, das sich im Geist und Körper aller Wesen immer wieder und unausweichlich Raum schafft, dort Platz greift. Das beginnt bereits bei der kleinsten Unzufriedenheit: dem Unmut, der sich breitmachen kann, wenn wir nicht bekommen, was wir wollen, oder bekommen, was wir nicht wollen. Und es umfasst ein Spektrum, an dessen Ende das »schlimmste vorstellbare Leid« stehen kann, wie die *Bhagavad Gita* es formuliert. *Duhkha* ist, wenn das Essen im Restaurant nicht die gewohnte Qualität hat. *Duhkha* ist, wenn wir unsere Interessen im Beziehungsgefüge mit anderen nicht so durchsetzen können, wie wir uns das vorstellen. Eine Erkältung ist *duhkha*, Krebs ist *duhkha*. *Duhkha* ist Ärger und Groll ebenso wie Sorge und Angst. Unfälle sind *duhkha*, Naturkatastrophen sind *duhkha*. Verlust bedeutet *duhkha*: sei es ein geschätzter Gegenstand, Geld, der Arbeitsplatz, unser Lebenspartner oder unsere Gesundheit. Das spirituelle Sehnen, seelisches Heimweh – sogar das ist *duhkha*. *Duhkha* bedeutet für jeden etwas anderes, und jeder erfährt es immer wieder auf vielfältige und einzigartige Weise im Leben.

In der Yoga-Philosophie tragen auch positive Erfahrungen die Essenz von *duhkha* in sich: Selbst das Schönste vergeht irgendwann, es kann unerfreuliche Nebenwirkungen haben oder verliert einfach seine Anziehungskraft. Die wunderbarsten Momente verfliegen. Auf das rauschende Fest am Abend folgt der Kater am

Morgen. Und selbst die größte Liebe kann verblühen wie eine Blume im Spätsommer. Doch auch wenn alles immer nur wunderbar wäre: Am Ende wartet der physische Tod – der schmerzhafte *bardo*, wie die buddhistische Tradition es nennt. Er ist unausweichlich. *Bardo* heißt »Zwischenzustand«, ein Übergang also. Und Übergänge sind schwierig, krisenhaft, denn sie verlangen das Loslassen des Alten, um zum Neuen zu gelangen. Im Stehen kann man nicht stolpern, beim Gehen schon: Es ist der Moment, in dem das Körpergewicht von einem Bein zum anderen wechselt, der die größte Gefahr in sich trägt – und zugleich die einzige Möglichkeit voranzukommen.

Wir können jedenfalls sagen: Die positiven Räume liegen Tür an Tür mit den negativen. Positiv und Negativ sind ein trautes Paar, das immer Hand in Hand geht. Der berühmte österreichische Verhaltensforscher Konrad Lorenz (1903–1989), jener Mann, der mit den Graugänsen schwamm, sagte einmal trocken: »Es ist unvermeidlich, daß alle Freude mit Leid bezahlt wird.«[13] Der positive Raum reimt sich im Sanskrit übrigens auf den negativen: *Sukha* wird *duhkha*. Von *sukha* kommt auch das deutsche Wort Zucker (englisch *sugar*, französisch *sucre*); zu viel davon macht bekanntlich krank.

Positiv und Negativ gewinnen ihren ganzen Sinn erst vom jeweiligen Gegenüber, weil ein jedes *relativ* zum anderen steht. *Sukha* und *duhkha* sind unauflöslich miteinander verwoben, sie sind das Zuckerbrot und die Peitsche des Lebens. Das *Tao Te King* sagt:

Jeder erkennt das Schöne nur wegen des Hässlichen.
Jeder erkennt das Gute nur wegen des Bösen.
Leben und Tod werden gemeinsam geboren.
Das Schwierige und das Einfache,

das Lange und das Kurze, das Hohe und das Tiefe –
alle existieren sie zusammen.
Klang und Stille verschmelzen in eins,
Vorher und Nachher kommen gemeinsam ans Ziel.[14]

Duhkha ist ein Natur- oder Schöpfungsprinzip, dem nichts und niemand entgehen kann. Vom Bakterium zum Elefanten, von der Amöbe zum Wal, von der einfachsten Lebensform bis hin zum Menschen: Jedes Wesen zieht bestimmte angenehme Zustände vor und versucht gleichzeitig, weniger angenehme zu vermeiden. Es ist ein *universales Naturprinzip*. Im Schmerz, im Wunsch seiner Vermeidung und schließlichen Überwindung: Darin sind alle Wesen der Welt sich gleich. Der englische Geistliche Humphrey Primatt (1725–1780) sagte einmal: »Schmerz ist Schmerz, er mag Menschen oder Tieren zugefügt werden, und das Geschöpf, das ihn leidet, es mag Mensch oder Tier sein, wenn es das Elend desselben fühlt, leidet, so lange er dauert, ein Übel.«[15] Es ist diese grundlegende Erkenntnis – das Bewusstsein um die Leidensfähigkeit des anderen –, aus der Mitgefühl erwachsen kann. So stellt Ishvarah Krishna, der Verfasser der *Karika*, an den Anfang seines Buches diesen Gruß an Kapila:

Aus Mitgefühl für die Welt, die im Ozean des Nicht-Wissens versinkt, hast du, Kapila, ein Boot in Gestalt der Sankhya-Philosophie gebaut, mit dem man diesen Ozean überqueren kann.

Drei Arten von Duhkha

Gleich das erste sutra der *Karika* formuliert die problematische Ausgangslage des Menschen:

> *Die drei Arten des Leidens lassen im Menschen den Wunsch entstehen, Mittel zu deren Heilung zu finden. Zu behaupten, die Suche danach sei unnötig, weil es doch gewöhnliche Heilmittel gebe [zum Beispiel medizinische Therapien u. a.], ist nicht richtig, denn diese wirken weder dauerhaft noch umfassend.*

Die *Karika* benennt drei Arten des Leidens. Jede Schwierigkeit des Lebens, wie klein oder groß auch immer, lässt sich darunter subsumieren:

Inneres Leiden (adhyatmika) meint alle körperlichen und geistigen Funktionseinschränkungen oder Krankheiten, auch schmerzhafte Gefühle: Liebeskummer, Traurigkeit, Depressionen, Ärger, Zorn, Sorgen, Angst, Neid, Eifersucht und vieles, vieles mehr – eben alles Pathologische und nicht Hilfreiche, das aus unserem Körper-Geist-Komplex heraus entsteht. Gemeint ist jeder negative Raum, der sich aus uns selbst heraus entwickelt.

Äußeres Leiden (adhibhautika), die zweite Form von *duhkha*, entspringt der Tatsache, dass wir *relationale* Wesen sind, mit der äußeren Welt also vielfach in Beziehung treten: Der Streit mit dem Nachbarn, der Stich einer Biene, die Zehe, mit der wir gegen die Türschwelle stoßen, der Krieg zwischen Staaten, all das ist von außen bewirktes *duhkha*.

Höhere Gewalt sind Erdbeben, Feuersbrünste, Überschwemmungen, Vulkanausbrüche und so weiter – die ganze Armada an Problemen, vor die uns die Natur stellen kann. Gelegentlich fällt uns schon mal der Himmel auf den Kopf: Deshalb nennt man die höhere Gewalt im Sanskrit auch *adhidaivika*, was wörtlich so viel heißt wie »göttlichen Ursprungs«.

Wir dürfen annehmen, dass Kapila sich noch nicht vorstellen konnte, dass der Mensch eines Tages so massiv in die Natur hineinwirken würde, wie er das mittlerweile tut, sodass heute Dinge geschehen, die zu seiner Zeit nur als *adhidaivika*, als göttlich verursacht, vorstellbar waren: die Erderwärmung, das Ansteigen des Meeresspiegels, Überschwemmungen, Dürren, Luftverschmutzung, Hungerkatastrophen, Artensterben und so weiter. Was einst allein in Form von höherer Gewalt denkbar war, führt die Spezies Mensch heute selbst herbei. Und so müssten wir *duhkhatraya*, die drei Arten des Leidens, eigentlich durch eine vierte ergänzen: die vom Menschen ausgelöste Zerstörung der Erde. Sie bringt allen Wesen Leid, auch uns selbst: Wir ernten die Folgen dessen, was wir säen, weil wir als biologische Wesen ein Teil von *Gaia* sind, des großen »Biotops Erde«. Alles ist eins. Ein altes indisches Weisheitswort sagt: »Gott schläft im Stein, atmet in der Pflanze, träumt im Tier und erwacht im Menschen.« Ich will zugeben: Beim letzten Teil bin ich mir nicht ganz so sicher, nicht so optimistisch. Schwingt in diesem Sprichwort schon die Selbstüberhöhung? Wie steht es um das Erwachen des *heutigen* Menschen?

Spirituelle Blindheit

Die Menschen haben zwar Strategien und Technologien entwickelt, um die Probleme des Lebens in den Griff zu bekommen: Gegen Überschwemmungen sichern uns Dämme, gegen die Kälte Öl, Kohle und Gas, bei Depressionen helfen vielleicht ein Therapeut oder Antidepressiva, und gegen den Schmerz nehmen wir

Tabletten ein. Doch was der Mensch in der äußeren Welt auch erfinden oder unternehmen mag: Letztlich spielt es keine Rolle, sagt Sankhya. Denn alle Heilmittel, Therapien, Schutzmechanismen und Technologien, alles das hilft bestenfalls teilweise und vorübergehend, um *duhkha* zu mindern, nicht aber dauerhaft und umfassend: Der beste Damm schützt nicht vor jener Flut, die der Ingenieur nicht eingeplant hat. Aller Politik der Welt ist es bis heute nicht gelungen, dem Menschen dauerhaften Frieden zu bringen. Selbst das modernste Heilmittel schützt uns nicht sicher vor Krankheit, schon gar nicht vor jener, die wir noch nicht kennen. Und nichts von alledem bewahrt uns vor dem scheinbar größten Übel überhaupt: dem physische-n Tod und dem damit verbundenen Leid.

Nichts wirkt dauerhaft gegen *duhkha*, weil nichts das Problem an seiner Wurzel packt. Diese Wurzel nennt man in Indien *avidya*, was so viel heißt wie »nicht sehen, blind sein«. Die Sankhya-Philosophie sagt dazu auch *tamas*, die Dunkelheit.[16] Blind oder in der Dunkelheit sein: Das besagt, dass wir nicht um die eigentlich unbegrenzte und spirituelle Natur unseres wirklichen Wesens wissen. Wir fühlen nicht unseren unsterblichen, inneren Kern, das reine Bewusstsein, das alle Erfahrungen überhaupt erst ermöglicht: *purusha* oder das innere Licht. *Purusha* liegt jenseits des kleinen Ego-Ichs und heißt wörtlich: »der oder das, was in uns wohnt«. *Avidya* ist die Wurzel, der alles Leid entspringt. Im *Yogasutra* definiert Patanjali es so:

> *Die wahre Natur unseres Seins nicht zu verstehen, meint:*
> *das Nicht-Selbst für das Selbst zu halten. Es bedeutet,*
> *das Unreine mit dem Reinen, das Vergängliche mit dem Ewigen*
> *und das Glück mit dem Schmerz zu verwechseln.*[17]

Ein Gedankenexperiment zur Selbsterforschung

Was genau meinen Patanjali und Kapila eigentlich, wenn sie von spiritueller Blindheit sprechen? Ein kleines Gedankenexperiment kann zu klarerem Verständnis verhelfen:

Stellen wir uns vor, jemand würde uns fragen: »Wer bist du?« Wir könnten zum Beispiel so antworten: »Mein Name ist … ich wohne in … mein Beruf ist … ich bin so und so alt … ich denke, dass … meine Meinung ist … ich besitze dies und das … ich kenne diese und jene Leute … ich bin verheiratet mit … meine Lieblingsfarbe ist … mein Sternzeichen ist … ich bin krankenversichert bei … und arbeite in der Firma soundso als … und so weiter und so fort. Natürlich gehört auch das dazu: »Schau hin: Ich bin dieser Körper, der da vor dir steht.« Freilich würde es seltsam wirken, wenn wir das Offensichtliche explizit erwähnten, dennoch sagen wir es unausgesprochen: »Ich bin der, den du da vor dir siehst – Mann oder Frau, schön oder hässlich, dick oder dünn, jung oder alt …«

Mit anderen Worten: Auf die Frage »Wer bist du?« antworten wir – je nach Situation – mit einem mehr oder weniger umfangreichen Bündel von Eigenschaften, Dingen, Gedanken, Geschichten und so weiter und verstehen sie als die »Bausteine«, die in der Gesamtheit das ausmachen, was wir dann »Ich« nennen. Unser Ich ist also nichts weiter als ein Flickenteppich aus Zuschreibungen – ein bloßes Konzept. *Konzept* kommt vom lateinischen *concipere*, das heißt: »zusammenziehen«. Das Ich ist eine Art Eintopf, ein zusammengeschustertes Etwas, ohne wirkliche Realität. Ist darunter irgendetwas Essenzielles zu finden, das sich nicht verändert, das ewig ist? Was im Eintopf macht den Eintopf zum Eintopf?

Anders gefragt: Was macht mich zu dem Menschen, der ich bin? Was davon kann ich weglassen und dann immer noch sagen, dass ich ich bin? Auf der körperlichen Ebene ist das noch relativ einfach:

Wird mein Bein amputiert, dann ist der Rest von mir, der Körper mit nur noch einem Bein also, ganz bestimmt immer noch ich. Das amputierte Bein jedoch, das einmal ein Teil von mir war, gehört nun nicht mehr zu mir. Doch ich selbst bin immer noch das ganze Ich, auch dann, wenn mein Körper nicht mehr ganz ist. Selbst wenn man mir beide Arme und Beine nähme, so würde ich wohl immer noch sagen: Ich bin ich – ein Mensch eben, der einen Körper ohne Arme und Beine hat. Was ist mit meinen Erinnerungen, was, wenn sie alle wegfielen? Wir würden sagen: Mein vergangenes Leben mag zwar ausgelöscht sein, doch ich bin immer noch da. *Was an mir ist also das, was ich bin?* Was macht mein Ich zum Ich? Und wo ist die Grenze, an der ich aufhöre, ich zu sein? Wer bin ich? Wer oder was ist mein innerster Wesenskern, der nicht zugrunde geht, wenn ich Arme und Beine verliere ... oder meine Erinnerungen ... oder meine Gesundheit ... meine Fähigkeit zu sprechen ... oder was auch immer? Existiert da *überhaupt* so etwas wie ein Kern? Oder bin ich im Grunde nur eine atmende, denkende und fühlende Maschine, leidlich zusammengeflickt und bloß eine Zeit lang aktiv? Wenn ja: Was lässt diese Maschine denken, sie sei ein Ich? Und wie kommt es, dass sie atmen und fühlen, mit anderen Worten: *leben* kann?

Man kann das gut als eine wirklich lohnenswerte schriftliche Übung machen und alles aufschreiben, was einem auf die Frage »Was bin ich?« einfällt: Körper, Charakterzüge, Beziehungen, Hab und Gut, Gedanken, Gefühle und so weiter – das ganze Allerlei an Eigenschaften, Ideen und Dingen. Dann mag man sich fragen: Bin ich tatsächlich deshalb ich, weil ich eine Ansammlung all dessen bin, was ich da aufgeschrieben habe? Wer oder was war ich, bevor diese Eigenschaften ins Leben traten? Hätte ich nicht vor zwanzig Jahren ganz andere Dinge aufgelistet? Und wer oder was werde ich sein, wenn diese Dinge nicht mehr da sind? An welchem Punkt höre ich auf, ich selbst zu sein? Wann starb das Kind, das ich einmal war? Wann stirbt der, der ich jetzt bin, und wer werde ich dann sein? *Wer oder was stellt diese Fragen?*

Wenn man diese Selbsterforschung gewissenhaft durchführt, so viel ist sicher, wird man nichts an sich finden können, das nicht vergänglich ist. Alles, was man benennen kann, sind also nur vorübergehende, fragile und dauernd in Veränderung begriffene Aspekte. Für Kapila und Patanjali sind sie nur der *äußere Ausdruck einer viel tieferen Wirklichkeit.* Für diese Wirklichkeit erfanden die Menschen Tausende von Namen. Doch Namen, die sich sagen lassen, so lehrt der erste Vers des *Tao Te King*, sind nicht der *wahre Name.* Unser inneres Licht lässt sich ebenso wenig auf den Begriff bringen, wie ein Wort Gott zum Ausdruck bringen könnte. Das wissen und lehren alle Mystiker. Unter der Oberfläche aus Körper, Gedanken und Gefühlen liegt unser eigentliches Sein, die Essenz, vor deren Augen der »Film des Lebens« spielt, jenes Wesenhafte, das uns beatmet, inspiriert; jenes Etwas, das da war, bevor wir Person waren, und noch da sein wird, nachdem wir als Personen gegangen sein werden. Jesus spielt im *Evangelium des Johannes* genau auf dieses Unsagbare in uns an, wenn er sagt: »Bevor Abraham war, bin ich.«[18] Ich bin also schon, bevor irgendjemand *war.* Die mich belebende Essenz war schon, bevor dieses kleine Ich ins Leben trat, an dessen Fäden tausend Dinge und Geschichten hängen. Die wahre Natur des Geistes ist ohne Zeit: Ewigkeit. Das *Yoga-Vasistha*, ein voluminöses Werk aus dem 11. Jahrhundert (das in seinem Umfang angeblich nur vom *Mahabharata* übertroffen wird), sagt:

Ein Mensch ist nichts als Bewusstsein.
Selbst wenn hundert Körper sterben,
das Bewusstsein stirbt nicht.
Das Bewusstsein ist wie der Raum,
doch es existiert, als wäre es der Körper.[19]

Kapilas Sankhya will den Menschen das Wissen an die Hand geben, um das Übel der negativen Räume an der Wurzel auszureißen. In lateinischer Sprache heißt Wurzel übrigens *radix*, daher kommt das Wort »radikal«. Sankhya geht es um absolutes Wissen und *radikale Befreiung*: Wenn wir doch nur wüssten, wer wir in Wahrheit sind, dann kämen wir weg vom äußeren Rand des Lebensrades, nach innen, zur Nabe, hinein in die Stille von *ananda*, der Energie reiner Glückseligkeit, die der Grund allen Seins ist. Das *Tao Te King* sagt: »Das Innere ist das Fundament des Äußeren, das Stille beherrscht das Ruhelose.«[20]

Von der Unterscheidung der Grundprinzipien

Sankhya weist ausdrücklich darauf hin, dass äußerliche religiöse Praktiken oder rituelle Handlungen keine dauerhafte Heilung versprechen. Insbesondere lehnt Kapila jede Form des Tieropfers als grausam ab.[21] Es ist eine gewaltsame Handlung, die in einem karmischen Sinne negativ auf den Menschen zurückfallen muss, denn die Menschen teilen ihr Schicksal mit den Tieren, sie bilden eine *natürliche* Einheit mit ihnen. So sagt auch die Bibel im Buch Kohelet:

> *Denn jeder Mensch unterliegt dem Geschick und auch die Tiere*
> *unterliegen dem Geschick. Sie haben ein und dasselbe Geschick.*
> *Wie diese sterben, so sterben jene.*
> *Beide haben ein und denselben Atem.*
> *Einen Vorteil des Menschen gegenüber dem Tier*
> *gibt es da nicht. Beide sind Windhauch.*[22]

Ahimsa, die Idee des Nicht-Verletzens, nimmt eine zentrale Stellung in der Yoga-Philosophie ein. In Patanjalis achtgliedrigem Yoga-System steht es sogar an erster Stelle und ist damit ein *Leitprinzip für den Yoga an sich*. Tieropfer sind aus Kapilas Sicht sinnlos. Als *zielführend* auf dem Weg der Selbstentwicklung betrachtet Sankhya allein die Entwicklung einer mentalen Qualität, die man *unterscheidendes Gewahrsein* oder *viveka* nennt. Vers 2 der *Karika* sagt:

> *Das wirksamste Mittel ist die Entwicklung unterscheidenden Gewahrseins im Blick auf das Manifeste, das Nicht-Manifeste und das absolut Erkennende.*[23]

Die Prinzipien des *Manifesten*, des *Nicht-Manifesten* und des *absolut Erkennenden* fassen in der dichtesten vorstellbaren Form alles Sein zusammen. Sie bilden den wesenmäßigen oder *ontologischen* Rahmen des Sankhya.

Das höchste Prinzip ist *jna*, ein Name für das, was sich nicht sagen lässt, der wohl allgemeinste und abstrakteste Begriff für unsere innere Wirklichkeit: reines Gewahrsein, reines Bewusstsein. Es liegt jenseits der Individualität der Wesen, ist seiner Natur nach transzendent. Es ist der Beobachter, vor dessen Augen sich das Leben vollzieht: im Stein, in der Pflanze, im Tier, im Menschen. *Jna* ist *purusha* (das, was in uns wohnt) und *atman* (das, was uns beatmet und uns Leben gibt). Patanjali bezeichnet es auch als *Seher*. Und Buddha nannte es die *Wahre Natur des Geistes*. Ich selbst sage gerne: *inneres Licht*. Doch all das sind nur Namen.

Das zweite Hauptprinzip (*tattva*) der Sankhya-Philosophie ist *prakriti*. Sie hat zwei »Gesichter«. Einmal ist da *avyakta prakriti*, das »Urmeer«, von dem schon die Rede war: das ewige Potenzial, aus dem sich die Schöpfung in all ihrer Vielfalt ergießt und in die alle Dinge einst wieder einfließen werden. Wir könnten *avyakta prakriti* auch »Primär-Materie« oder »primordiale Natur« nennen – auch das sind nur wieder Worte, die versuchen, auf den Begriff zu bringen, was sich in Worten eigentlich nicht beschreiben lässt.

Und dann gibt es *vyakta prakriti*, die »Welt der zehntausend Dinge«, wie man in der Sprache des Taoismus sagen würde. Das sind alle Manifestationen, also die unzähligen, konkreten Dinge des Weltalls. Gemeint ist all das, was aus dem »Urmeer« ausgeflossen ist, alles, was Name und Form hat, sowie die vielen Dinge eben, die wir sagen, wenn wir auf die Frage »Wer bin ich?« antworten.

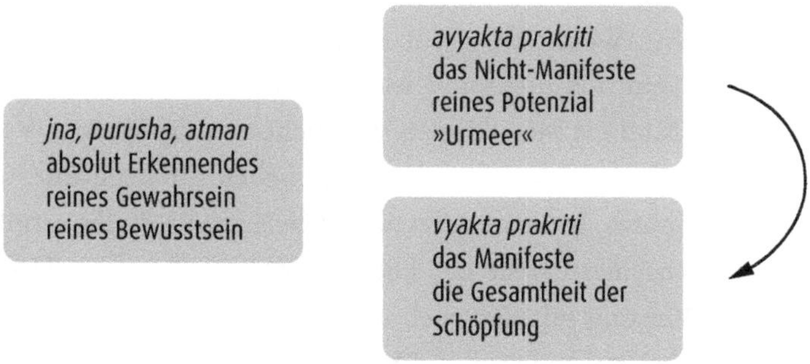

Im Moment können wir diese drei zentralen Ideen nur andeuten. Natürlich werden wir noch ausführlich über sie sprechen, geht es doch bei der Selbsterkenntnis darum, eben diese drei, die im Grunde nur zwei sind – nämlich *purusha* und *prakriti* –, auseinanderzuhalten. Denn dann können wir erkennen, was davon unseren eigenen Wesenskern bildet.

Erst betrachten wir das Prinzip der Einheit *von* Ursache *und* Wirkung. Es ist die Basis der Sankhya-Philosophie und erklärt, warum und in welcher Hinsicht die Prinzipien *avyakta*, das reine Potenzial, und *vyakta*, die konkrete Schöpfung, eigentlich nur *ein* Prinzip sind: *prakriti*. Aus dem Prinzip der Einheit *von* Ursache *und* Wirkung entwickelt sich alles Weitere dann natürlich.

Ursache und Wirkung

Die Logik der Ewigkeit

Nichts geschieht ohne Ursache. Wohl jeder würde ohne Zögern diesen Satz unterschreiben, weil unsere Alltagserfahrung uns genau das lehrt. Wenn ich gegen eine Laterne laufe, erfahre ich Schmerz. Wenn ich ungesund lebe, werde ich krank. Wenn die Menschen Müll ins Meer kippen, verseuchen sie das Wasser. Wirkungen werden ihrerseits wieder zu Ursachen für neue Effekte: Das verschmutzte Meer vergiftet die Fische, und die Fische vergiften den Menschen, der sie isst. Dieser Zusammenhang von Ursache und Wirkung gilt natürlich auch im großen Maßstab: Das Meer brandet an Land, weil die Schwerkraft des Mondes auf die Erde einwirkt. Die Schwerkraft des Mondes wirkt auf die Erde ein, weil diese den Mond durch ihre eigene Schwerkraft in ihrer Umlaufbahn hält. Der Mond befindet sich deshalb in der Erdumlaufbahn, weil im Entstehungsprozess unseres Sonnensystems eine gewaltige Planetenkollision ein riesiges Stück Gestein aus der Erde riss, das seither als Satellit um sie kreist. Die Planeten wiederum kollidierten, weil im Entfaltungsprozess der Milchstraße unvorstellbare Kräfte auf alle Materie einwirkten. Und so geht es immer fort, das ewige Spiel von Ursache und Wirkung.

Wenn es nichts gibt im All, das ohne Ursache ist, kommt zwangsläufig die Frage auf, was denn die *erste Ursache von allem* ist. Der Physiker wird sagen: Big Bang, der Urknall! Was aber hat den Urknall verursacht? Und was wiederum hat den Zustand *vor* dem

Urknall verursacht? Gab es überhaupt etwas davor? Wenn es nichts gab, wie konnte dann aus diesem Nichts ein Etwas werden? Und wenn vorher doch etwas existiert hat, dann war der Beginn ja gar kein Beginn, sondern selbst nur Wirkung. Man sieht: Verfolgt man Ursache und Wirkung zurück, so landet man entweder bei einem unlogischen Anfang, der nicht mehr verursacht ist, der sich also von selbst aus dem Nichts in die Existenz brachte, oder bei der Ewigkeit, die *per definitionem* ohne Ursache ist. Mithin: *Die Logik von Ursache und Wirkung verlangt an ihren Grenzen die Aufhebung ihrer selbst.*

Den unfassbaren Zustand vor der Schöpfung bezeichnen Physiker als *Singularität:* Alles Sein, sagen sie, war vor unvorstellbar langer Zeit dicht zusammengedrängt in einem unendlich kleinen Punkt von unendlich großer Masse: ohne Zeit, ohne Raum, ohne Dinge, ohne Kausalität. Unendlich klein, unendlich groß, ohne Ursache und jenseits der Begrenzungen physikalischer Gesetze. Wie man sieht, treibt die Physik kraft ihrer eigenen Logik zwingend in die Mystik. Anders gesagt: *Das Prinzip der Kausalität schreit nach Ewigkeit.* Und genau davon handelt die Sankhya-Philosophie.

Am Anfang aller Dinge, so Sankhya, ist *avyakta prakriti,* die ungeschaffene und nicht-manifeste Urnatur, ein ewiges und unbegrenztes Potenzial, aus dem alle geschaffenen Dinge ausfließen. Weil alles Geschaffene zusammengesetzt, veränderlich und endlich ist, löst es sich wieder auf und fließt irgendwann zurück in das Meer, aus dem es gekommen ist, um schließlich in neuer Konfiguration wieder daraus hervorzugehen – das betrifft sogar das Weltall. Jesus sagte deshalb einmal zu seinen Schülern: »Dieser Himmel wird vergehen, und der über ihm wird vergehen.«[24] Alles geht in die Auflösung oder, wie die *Bhagavad Gita* es sagt: in das Feuer von *pralaya.*

Wo die Physiker heute von *Singularität* sprechen, hätten sie auch *Einheit* sagen können. Möglicherweise klang ihnen dieser Begriff aber nicht physikalisch genug, irgendwie zu mystisch – »unwissenschaftlich« sozusagen. Wissenschaftler werden bekanntlich schnell von der eigenen Zunft ausgelacht und geschnitten, wenn sie vom Mainstream (also dem anerkannten *ideologischen* Rahmen) abweichen. Goethe lässt seinen Faust deshalb ganz zu Recht sagen:

Wer darf das Kind beim rechten Namen nennen?
Die wenigen, die was davon erkannt,
Die töricht gnug ihr volles Herz nicht wahrten,
Dem Pöbel ihr Gefühl, ihr Schauen offenbarten,
Hat man von je gekreuzigt und verbrannt.[25]

Die Verbrennungen und Kreuzigungen von heute finden in den Fachmagazinen und populären Medien statt. Wo es also zu mystisch zu werden droht, da erfinden wir »wissenschaftliche« Kunstbegriffe. Das harmoniert besser mit unserer sorgfältig zurechtgelegten Weltsicht, denn Kunstbegriffe suggerieren eine Welt, die wir irgendwie verstehen oder berechnen können. Freilich ist das ein großer Irrtum: Nur weil wir einem Phänomen einen Namen geben, den wir selbst kreiert haben, gibt uns das noch lange kein *wirkliches* Wissen darüber.

Sankhya also sagt: In der Ewigkeit von *avyakta prakriti* nimmt die Schöpfung ihren Anfang und findet sie ihr Ende. Vergangenheit, Gegenwart und Zukunft: Alles Sein und alle Vorgänge ruhen als *nicht-manifestes Potenzial* darin. In einem Prozess der Manifestation – in der Entfaltung, Verdichtung und Vergröberung – nimmt das nicht-manifeste Potenzial erst feinstoffliche Struktur an und wird dann grobstoffliche Materie. Dabei bezeichnet »Feinstofflichkeit« das, was wir im Westen unter individuellem Geist verstehen.

Der Quantenphysiker und alternative Nobelpreisträger Hans-Peter Dürr sagt: »Materie ist ein Phänomen, das erst bei einer gewissen vergröberten Betrachtung erscheint. [...] Am Grunde bleibt nur etwas, was mehr dem Geistigen ähnelt – ganzheitlich, offen, lebendig, Potenzialität.«[26] Sankhya nennt es *avyakta* oder *mulaprakriti*.

Michelangelo und David

In der *Galleria dell'Accademia* in Florenz steht die David-Skulptur. Sie ist wohl das bekannteste Werk von Michelangelo (1475–1564). Man möchte fragen: Wie hat dieser Künstler es nur bewerkstelligen können, aus dem schweren, toten und unförmigen Marmorstein so viel Erhabenheit, Leichtigkeit, Vitalität und Schönheit zu formen? Michelangelo soll dazu einmal gesagt haben, dass die Skulpturen schon im Stein seien – er müsse sie nur daraus befreien. Mit anderen Worten: Jeder Marmorblock ist ein möglicher David. Und David ist nur *eine* der schier unendlichen Möglichkeiten, in welcher Marmor Gestalt annehmen kann. In der Essenz aber sind beide eins: Marmor.

Ursache und Wirkung sind also essenziell eins. In der Sankhya-Philosophie nennt man dieses grundlegende Prinzip *satcaryavada*, was wörtlich so viel heißt wie: die *Prä-Existenz des Effektes in seiner Ursache*. Der Tonkrug existiert als Möglichkeit im Ton wie der Holztisch im Baum. Doch der Tonkrug bleibt immer Ton, so wie der Tisch immer Holz bleibt. In der Essenz also sind Ursache und Wirkung dasselbe. Allein die äußere, veränderliche Gestalt unterscheidet sie. *Möglichkeit oder Potenzial nimmt Form an.* Schließlich geht die Form wieder in die Auflösung und wird Möglichkeit für Neues.

Werden und Vergehen, Schöpfung und Auflösung. Nichts kann je verloren gehen, alles ist nur beständige Umformung und Neukonfiguration. Auch die Physiker sagen, dass Energie nie verloren gehen kann, sondern einem fortwährenden Umwandlungsprozess unterliegt. Auflösung und Ewigkeit, sie sind in *avyakta prakriti* angelegt. Im Tao Te King heißt es ganz ähnlich:

Flüsse und Ströme sind geboren aus dem Ozean,
die ganze Schöpfung kommt aus dem Tao.
So wie alles Wasser zurückfließt, um Ozean zu werden,
fließt die Schöpfung zurück, um Tao zu werden.[27]

Klar ist: Von nichts kommt nichts. Zudem gilt, dass ein enger Zusammenhang zwischen Ursache und Wirkung bestehen muss, weil aus etwas eben nicht alles werden kann. Michelangelo vermag zwar unendlich viele Formen aus dem Marmor zu befreien, nicht jedoch einen David aus Holz. Und selbst der beste Schreiner im Kosmos kann keinen Holztisch aus einem Marmorblock zimmern. Nicht alles kann also zu allem werden: *Die Ursache muss ihrer Natur nach die Fähigkeit (shakti) besitzen, einen bestimmten Effekt hervorzubringen.* Wenn wir das weiterdenken, folgt daraus logisch, dass die *erste* Ursache *alle* Möglichkeiten in sich tragen muss, denn alles, was ist, kommt ja aus ihr. *Avyakta prakriti* ist also nicht nur anfangslos, sondern auch unbegrenzt.

Kehren wir noch einmal zu David zurück: Es mag ja sein, dass er immer schon im Marmorblock schlummerte und nur befreit werden musste. Doch es bedurfte des Genies eines Michelangelo, um das zu bewerkstelligen. Und auch das Baumholz wird nicht von selbst zum Tisch, es braucht den Schreiner dazu. In diesem Zusammenhang sind Michelangelo und der Schreiner das, was man in der Sankhya-Philosophie *nimitta karana* nennt, den sogenannten *instrumentellen Grund:* Damit die bloße Möglichkeit zur Wirklichkeit wird, damit Potenzialität sich aktualisiert, wie man philosophisch sagen würde, braucht es immer dieses dritte Element, einen Katalysator sozusagen, der aus Ursache Wirkung werden lässt.

Marmorblock + Michelangelo = David
Baumholz + Schreiner = Holztisch

Als allgemeine Formel ausgedrückt:

Potenzial + instrumenteller Grund = manifestierte Wirkung

Das ist gewissermaßen die »magische Gleichung« von *satcaryavada*, dem Prinzip, dass Ursache und Wirkung in ihrer Essenz eins sind. Das dritte Element, der instrumentelle Grund, verändert immer nur die Erscheinungsform, nicht aber die Essenz.

Dem aufmerksamen Leser mag an dieser Stelle schon die nächste Frage kommen: Wenn es eines dritten Elementes bedarf, damit aus Potenzial Form wird oder aus Möglichkeit Wirklichkeit, wie entsteht dann aus dem Urpotenzial von *avyakta prakriti* die konkrete Schöpfung? Anders gefragt: *Was ist der instrumentelle Grund, der die Schöpfung in Gang setzt?* So viel sei hier schon verraten: Es handelt sich um einen Grund von ganz besonderer Natur. Er heißt *purusha* und ist Anfang und Ziel der gesamten Sankhya-Philosophie und des Yoga. Doch zunächst wollen wir uns *prakriti* genauer ansehen.

Die zwei Gesichter von Prakriti

Das Wort *prakriti* wird oft mit »Natur« oder auch »Materie« übersetzt. Die zweite Übersetzung ist allerdings problematisch. Denn *prakriti* kann sich zwar grobstofflich oder materiell äußern, aber das ist nur eine ihrer Facetten; sie ist ebenso der mentale Raum der Lebewesen, also zum Beispiel menschlicher Geist. Darüber hinaus ist sie überindividueller, kosmischer Geist. Sie ist Energie. Und sie ist das reine nicht-manifeste Potenzial, aus dem alles andere erst hervorgeht. Das bedeutet: *Prakriti* ist alles, was ist – außer *purusha*. Aber auch das Wort »Natur« ist nur dann eine einigermaßen treffende Übersetzung, wenn man sich der eigentlichen Weite dieses Begriffs bewusst bleibt.

Von der konkreten Wortbedeutung her lässt sich *prakriti* zweifach deuten. Zum einen kann die Vorsilbe *pra* für Intensität stehen, und *kri* kommt von *kriya*, die Handlung. So verstanden bringt das Wort die Idee *intensiver Aktivität* zum Ausdruck, Schöpfungsaktivität sozusagen. Anders als intensiv kann man sich diese auch kaum denken: Der Urknall war das energiereichste und im wahrsten Sinne des Wortes explosivste Geschehen im Kosmos.

Einer anderen Deutung zufolge kommt *pra* von *prakasha*, dem Licht, *kri* meint Aktivität, und *ti* rührt von *sthiti* her, das heißt Stabilität. Die drei Eigenschaften der Lichthaftigkeit, Aktivität und Stabilität stehen dieser Deutung zufolge für drei energetische Qualitäten, die in der ganzen Natur wirken – ebenjene Qualitäten, die auch als die drei *gunas* bekannt sind (und denen weiter unten ein eigenes Kapitel gewidmet ist).

Für ein grundlegendes Verständnis von *prakriti* ist es wichtig, sich klarzumachen, dass es sich um *einen* Begriff handelt, der *zwei* ganz unterschiedliche Aspekte der Wirklichkeit zusammenfasst: reines, nicht-manifestes Schöpfungspotenzial auf der einen Seite (*avyakta prakriti*) und die manifeste, konkrete Welt auf der anderen (*vyakta prakriti*). Letztere ist Wirkung oder Effekt des Ersteren. Und beide sind, der *satcaryavada*-Idee folgend, in ihrer Essenz eins, aber in ihrer Erscheinung ganz und gar unterschiedlich – so wie der Marmorblock und David.

Das erste Gesicht von Prakriti: reines Potenzial

Wie sollen wir uns *avyakta prakriti*, das reine Schöpfungspotenzial vorstellen, aus dem alles kommt, was ist, einschließlich Zeit, Raum und die Gesetze der Physik? Wie sieht oder sah das Urmeer aus? Das ist ganz einfach zu beantworten: Es ist schlicht unmöglich, sich das vorzustellen. Das kann unser Verstand rein logisch nicht leisten, weil er ja selbst ein Produkt von *avyakta prakriti* ist – nur eine von unzähligen Möglichkeiten, in der die Natur sich zum Ausdruck bringt. Das Unvorstellbare lässt sich, wenn überhaupt, nur in Bildern ausdrücken. In einem altägyptischen Mythos heißt es:

> *Am Anfang gab es nur das große und stille unendliche Weltmeer,*
> *das war ganz ruhig und ohne Leben.*
> *Noch war da kein Oben und kein Unten,*
> *kein Vorne und kein Hinten.*
> *Es gab weder Osten noch Westen, weder Norden noch Süden.*
> *Hell und Dunkel waren noch nicht getrennt,*
> *das Licht und die Dunkelheit waren noch nicht hervorgekommen.*

Dann trat Ptah in den Anfang [...] Alles, was er erdacht und ersonnen hatte, sprach seine Zunge als Befehl aus.
Und so geschah es.[28]

Hier wird ein ganz ähnliches Bild gezeichnet, wie es uns im Schöpfungsmythos des *Rigveda* begegnet, der eigentlichen Inspirationsquelle der Sankhya-Philosophie, die eingangs schon vorgestellt wurde. Auch der Schöpfungsbericht der Bibel eröffnet mit dem Bild des Meeres, das für das Potenzial der Schöpfung steht:

Und die Erde war wüst und öde, und Finsternis lag auf der Urflut, und der Geist Gottes bewegte sich über dem Wasser. Da sprach Gott, es werde Licht![29]

In der hebräischen Fassung des Textes steht für »wüst und öde« das zum geflügelten Wort gewordene *tohuwa-bohu*. Wir verstehen darunter heute zumeist ein Durcheinander. Gemeint ist aber schlicht die Formlosigkeit, also das nach unseren Maßstäben (noch) nicht Strukturierte, »Kein Oben und kein Unten, kein Vorne und kein Hinten«. Das Wasser ist dafür ein wunderbares Symbol: Es ist, anders als *avyakta*, sichtbar. Man kann es anfassen und sogar trinken, damit ist es unserem Vorstellungsvermögen zugänglich. Zugleich ist es ohne eigene, feste Form und kann in unendlich vielen Zuständen und Erscheinungsweisen auftreten: als Flüssigkeit, Dampf oder Eis, in Bächen, Flüssen, Seen und Ozeanen, als Nebel, Wolken, Regen, Schnee, Hagel und so weiter. Auch die *Karika* bedient sich explizit der Idee des Wassers, wenn sie sagt:

Das Nicht-Manifeste (avyakta) ist aktiv, indem es die drei gunas mit ihren unterschiedlichen Eigenschaften immer wieder neu kombiniert und modifiziert, so wie Wasser.[30]

Schließlich: Das Wasser ist die formlose (oder vielgestaltige) Substanz, ohne die Leben auf der Erde nicht möglich ist. Die vielen Gemeinsamkeiten in den Schöpfungsmythen der Völker sind also gut nachvollziehbar.

Wir könnten uns den Wurzelgrund der Schöpfung alternativ auch als ursprüngliche Energie oder *shakti* vorstellen, dann ergibt sich ein sehr modernes Bild der Schöpfung: Alles ist Energie. Mit den Worten des indischen Mystikers und Musikers Kabir (1440–1518): »Alles schwingt«.[31]

Und auch die Stille ist ein geeignetes Symbol. Gäbe es keine Stille, so gäbe es auch keine Musik: Musik ist strukturierter Klang – oder organisiert unterbrochene Stille. Und sie erhält die ihr eigene Struktur erst durch die Pausen zwischen den Noten. Ohne die Stille zwischen den Noten wäre Musik keine Musik, sondern bestenfalls akustischer Brei. Musik ist also eine Schöpfung, die aus der Stille kommt. Logisch ist damit auch die Stille kein Nichts, sondern der Raum, in dem die Musik sich erst entfalten kann, der Raum, den sie braucht, weil er die unendliche Ressource ist, aus der sie fließt.

Doch wie auch immer wir uns der Frage zu nähern versuchen: Reines Potenzial übersteigt letztlich unser Vorstellungsvermögen, ebenso wie die Idee der Singularität unbegreiflich bleiben muss. Im Wort »begreifen« steckt natürlich »greifen«, ein anderes Wort für »anfassen« – die Unendlichkeit lässt sich nicht anfassen, auch nicht mit dem Denken.

Die *Karika* jedenfalls definiert *avyakta prakriti* mit knappen Worten: Sie ist unabhängig, nicht verursacht, ewig, ungeteilt und nicht wahrnehmbar.

Das zweite Gesicht von Prakriti: die Welt

Im Zustand vor der Schöpfung – bildlich gesprochen: bevor Gott kam und sagte: »Es werde« –, in diesem Zustand vor Raum und Zeit herrscht totale Stille, da ist nur Formlosigkeit, keine Welt – das biblische *tohuwa-bohu*. Doch dann geschieht etwas: *Purusha*, die Energie reinen Bewusstseins – im altägyptischen Mythos symbolisiert durch Ptah –, bringt die austarierten Kräfte aus der Balance, sie beginnen sich auszurichten und neu zu konfigurieren. Die Yoga-Philosophie greift in diesem Zusammenhang gern zum Bild des Magneten, der in die Nähe von ganz feinen und lose verteilten Eisenspänen gelangt: Durch die Einwirkung seines Magnetfeldes beginnen sie sich zu strukturieren. Die Schöpfung nimmt Form an, Formlosigkeit erhält Struktur, Möglichkeit wird Gestalt. Aus dem Urmeer von *avyakta* entwickelt sich nun die mannigfaltige Welt von *vyakta*, eine Welt, die beim Feinstofflichen beginnt und bei den grobstofflichen Elementen ihre äußerste Manifestation findet: die Welt also, die wir jeden Tag erfahren. *Vyakta prakriti* ist – ganz anders als das ursprüngliche Potenzial – verursacht, zusammengesetzt, bedingt und vergänglich. Der gesamte Bereich der Erfahrung der Lebewesen gehört dazu: Wahrnehmungen, Gedanken und Gefühle ebenso wie die gesamte äußere Welt. All das ist bedingt, dauernd in Veränderung begriffen und endlich. Diese Mannigfaltigkeit beschreibt die Sankhya-Philosophie mittels 23 Elementen oder *tattvas* und formuliert damit ein eigenes Evolutionsmodell der Schöpfung.

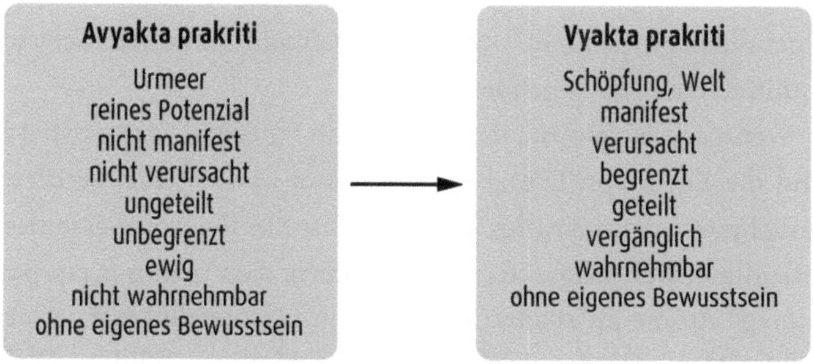

Halten wir hier zusammenfassend fest: Prakriti hat zwei Gesichter. Als *avyakta prakriti* ist sie das ewige, reine Potenzial, die Energie, aus der die Schöpfung ins Sein tritt. Demgegenüber ist alles, was aus ihr hervorgeht, der Kosmos und die Welt, *vyakta prakriti*. Und beide sind ohne eigenes Bewusstsein.

Die Erde – so klein wie ein Reiskorn

Zen-Meister Seppo sagt zur Mönchsversammlung: »Nehmt ihr die ganze große Welt in die Hand, ist sie so klein wie dieses Reiskorn.«[32] *Prakriti* mag zwei Gesichter haben, doch in der Essenz sind sie eins. Was Meister Seppo zum Ausdruck bringen will, ist: Das ganze Weltall ist in nur einem Staubkorn enthalten. Warum kann man das sagen, warum ist dies logisch? Weil das Staubkorn ein Teil des Potenzials ist. Und weil das Potenzial unendlich und unbegrenzt ist. Nehmen wir aus der Unendlichkeit einen Teil heraus, dann halten wir wieder die Unendlichkeit in Händen. Aber eigentlich lässt sich ja aus der Unendlichkeit kein Teil »herausnehmen«: Denn gäbe es etwas außerhalb der Unendlichkeit, wohin wir das Staubteilchen bringen könnten, dann wäre die

Unendlichkeit ja nicht unendlich, vielmehr hätte sie Grenzen inmitten eines umliegenden Raums.

Wenn *avyakta prakriti*, das unendliche Potenzial, also existiert – und die Logik von Ursache und Wirkung zwingt uns zu dieser Annahme –, dann ist alles, was ist, selbst das Reiskorn, essenziell unendlich. Wen mag es da noch wundern, dass man nur ein paar winzige Atome zu spalten braucht, um unvorstellbare Energien freizusetzen? Der englische Poet und Mystiker William Blake (1757–1827) dichtete ganz in diesem Sinne und in Worten, die reiner Zen ebenso sind wie pures Sankhya:

Die Welt seh'n in einem Körnchen Sand,
das Paradies in einer Wiesenblume,
Unendlichkeit in meiner Hand
Und Ewigkeit in einer Stunde.[33]

Purusha

> *Wer die Natur von Purusha, Prakriti und den Gunas erkennt, wird nicht wieder geboren, wie immer auch seine gegenwärtigen Lebensumstände sein mögen.*[34]
>
> Bhagavad Gita

Der Begriff *purusha* ist schon mehrfach gefallen. Wörtlich sagt das Wort so viel wie: *der oder das, was in uns wohnt.* Es ist ein Synonym für *atman*, das also, was uns Atem und Leben gibt. Kapila nennt es auch *jna*, reines Bewusstsein oder absolut Erkennendes. Andere Worte dafür sind: Selbst, Zeuge, Beobachter oder reines Gewahrsein. Patanjali sagt auch *drashta* dazu, der Seher.

Wir dürfen *purusha* nicht mit unserem Ego-Ich oder dem Intellekt verwechseln, auch nicht mit unserem Körper, unseren Wahrnehmungen, Gedanken oder Gefühlen. All das gehört zu *prakriti*. *Purusha* jedoch ist unabhängig von *prakriti*, er ist *kaivalya*, das heißt völlig losgelöst von alledem, ewig, frei und jenseits von Zeit und Raum: ein neutraler Beobachter der Schöpfung, voll bewusst, doch nicht handelnd oder in die Welt eingreifend. Wir könnten ihn auch als »Gottes Funke«, der jedem Wesen innewohnt, betrachten: jene Kraft, die alles andere erst ermöglicht.

Der scheinbar Gefangene

Das Ziel von Sankhya und Yoga liegt darin, das Wesen von *purusha* in uns selbst zu erfahren, was gleichbedeutend ist mit Transzendenz. Das heißt wörtlich: »darüber hinaus gehen«. In unserem Kontext kann das natürlich nur bedeuten: über unser »kleines Selbst« beziehungsweise unser Ich hinauszugehen, um *purusha*, das »große Selbst« zu erreichen, welches jenseits der Welt von *prakriti* liegt. Doch die Frage ist: Wer »erreicht« hier eigentlich wen (oder was)? Die Antwort der Logik: Niemand kann *purusha* erfahren, außer *purusha* selbst. Das ist notwendigerweise so, denn jenseits unserer selbst gibt es ja kein anderes Selbst mehr als *purusha*. Deshalb definiert Patanjali die Selbstverwirklichung oder Erleuchtung gleich zu Beginn des *Yogasutras* eindeutig als einen Zustand, in welchem *purusha* in sich selbst ruht, ein Phänomen, das eintreten kann, wenn unser Geist vollkommene Stille erlangt.[35] Wir könnten es auch so sagen: Reines Bewusstsein erfährt sich selbst, weil es nichts mehr sonst erfährt. Oder: Wenn der Geist keine Objekte mehr hat, die er betrachtet, dann betrachtet er sich selbst. In diesem Sinne ist das Wort *yoga* (Verbindung) streng genommen ein falscher Begriff, denn niemand verbindet sich mit irgendetwas, sondern Bewusstsein wird auf sich selbst zurückgeworfen.

Wenn *purusha* sich *nicht* selbst erfährt, sondern »verstrickt« ist in die äußere Welt, ganz eingetaucht und identifiziert mit den Geschehnissen des Lebens, dann entspricht dies dem »ganz normalen Wahnsinn« unserer Alltagserfahrung. *Purusha* ruht dann nicht mehr in sich, sondern ist gewissermaßen »außer sich« oder, wie wir auch gesagt haben, in *samyoga* scheinbar gefesselt an die Welt mit ihren unzähligen Problemen. Die Betonung liegt hier natürlich auf *scheinbar*. Die *Karika* sagt in Vers 62:

> *Deshalb ist purusha eigentlich niemals wirklich gebunden, er muss niemals befreit werden, noch geht er durch Geburt, Tod und Wiedergeburt. Es ist allein prakriti, die in ihren unterschiedlichen Manifestationen gebunden ist, befreit wird und durch Geburt, Tod und Wiedergeburt geht.*

Wenn man so will: In unserer Alltagserfahrung unterliegt *purusha* einer schmerzhaften Illusion, und die Befreiung aus seiner scheinbaren Gefangenschaft ist die Aufhebung dieser Illusion, das Ende von *avidya*, der spirituellen Blindheit.

Purusha ist die Perle, von der Jesus im *Thomas-Evangelium* spricht. Sie zu finden, die Glückseligkeit dieses Bewusstseinszustandes zu erlangen, das ist *Malkutah*, das Königreich, wie Jesus es in seiner aramäischen Muttersprache nennt:

> *Das Königreich des Vaters gleicht einem Kaufmann,*
> *der einen Vorrat an Waren hatte und dann eine Perle fand.*
> *Dieser Kaufmann war klug. Er verkaufte die Waren und*
> *kaufte diese eine Perle für sich selbst.*
> *So sollt auch ihr einen Schatz suchen, der nicht verdirbt,*
> *der dort bleibt, wo keine Motten hinkommen, um ihn zu fressen,*
> *und den kein Wurm zerstört.*[36]

Purusha, die Perle, ist zwar in dieser Welt: Er hat vorübergehend Wohnstatt genommen in unserem Körper. Doch er ist nicht *von* dieser Welt, denn sein Wesen ist jenseits von Zeit und Raum. Er ist ungeboren und unsterblich, die wahre Natur unseres Geistes. Die Motten können ihn ebenso wenig zunichtemachen wie der sprichwörtliche Zahn der Zeit.

In der *Bhagavad Gita* versucht Krishna, seinem Schüler Arjuna, der sich angesichts des bevorstehenden Krieges in einer tiefen inneren Krise befindet, eine leise Ahnung vom Wesen *purushas* oder *atmans* zu geben, um ihm Trost zu spenden. Er nennt *purusha* dort TAT oder DAS:

> *Erkenne Das:*
> *Es durchdringt das All, es ist unzerstörbar. Niemand kann vernichten, was unvergänglich ist. Was stirbt, ist nur der Körper, in dem wohnt, was unzerstörbar und ohne Begrenzung ist.* [...]
> *Es ist weder geboren, noch kann es je sterben. Was ungeboren, ewig und unvergänglich ist, stirbt nicht, wenn der Körper stirbt. Wie man einen alten Mantel ablegt, um einen neuen anzuziehen, so legt das, was in uns wohnt, den alten Körper ab und geht ein in einen neuen.* [...] *Dies wissend musst du nicht verzweifeln.*[37]

Ich stelle mir mein Erleben der Welt – meine Wahrnehmungen, Gedanken und Gefühle – oft als Fische vor, die in einem endlos großen Ozean schwimmen. *Purusha* ist der Ozean selbst, in dem die Fische sind und ohne den sie nicht sein könnten. Er ist jenes Etwas, das alles andere überhaupt erst möglich macht, die eigentliche Kraft hinter den Dingen, nicht aber die Dinge selbst. Zen-Koans sind »Rätsel«, die sich jeder Logik widersetzen und den Verstand ins Leere laufen lassen, um ihn letztlich über sich selbst hinauszuführen. In einer dieser Schriften, dem *Hekiganroku*, der Niederschrift vom blauen Fels, wird *purusha* auch »Familienschatz« genannt. Das ist ein wunderbar treffendes Wort, denn *purusha* ist in jedem von uns, in allem, was lebt, ist unser *gemeinsames* spirituelles Erbe, das »wirkliche Ich« – ein Ich jenseits des Ego, ein »Ich ohne Ich« also.

Sankhya und Yoga wollen allein dies: dass wir uns auf den Weg machen, um den Familienschatz zu heben und dieses unsagbare

Etwas namens *purusha* in uns selbst zu erfahren, seine völlige Losgelöstheit und Freiheit, die wir zugleich selbst sind. Dazu müssen wir die Augen schließen und nach innen gehen. »Die Augen schließen« heißt in altgriechischer Sprache *myein*. Das Wort »Mystik« kommt daher. Den *purusha* suchen, das bedeutet also: Mystiker werden.

Solange wir uns mit dem vergänglichen Körper, seinen dauernd sich neu konfigurierenden Wahrnehmungen, Gedanken und Gefühlen identifizieren, mit anderen Worten, solange wir in die äußere Welt von *prakriti* verstrickt sind, sind wir nicht frei. Um unser inneres Licht zu finden, müssen wir die Welt »loslassen«, über sie hinausgehen und uns mit dem verbinden, was so viel größer ist als alles, was unser kleiner Verstand sich vorzustellen vermag. »Wahrlich, so du ergreifst oder zurückweist«, sagt das *Shinjinmei*, die älteste Schrift des Zen, »bist du nicht frei.«[38] Das Loslassen der Welt meint einen *Bewusstseinszustand*, nicht das körperliche Aufgeben des Lebens, auch nicht den Umzug in den Ashram, und ebenso wenig den totalen Verzicht auf Genuss. Vielmehr geht es um das richtige Maß, um innere Freiheit, sowie darum, das anzunehmen, was wir nicht ändern können, und falsche Vorstellungen loszulassen. Sankhya-Yoga ist ein Erkenntnisprozess. Kapila sagt: Erkenne, was du bist, und du bist frei!

Der Purusha-Beweis

Wie kommt Kapila auf dieses numinose Etwas namens *purusha*? Weiter oben haben wir schon die Frage anklingen lassen, wer oder was denn die Ursache dafür sein könnte, dass das reine und sich im ruhenden Gleichgewicht befindliche Potenzial von *avyakta prakriti* zu Beginn der Schöpfung in Bewegung gerät. Es muss also noch etwas anderes geben, das dies bewirkt. Und wenn das Potenzial alle Möglichkeiten der erfahrbaren Welt einschließt – alles, was wir benennen, denken, sehen oder anfassen können –, dann muss das, was den Schöpfungsprozess anstößt, davon getrennt oder losgelöst sein. Da bleibt allein die Kraft des Bewusstseins, bleibt reines Gewahrsein – nicht im Sinne des individuellen Geistes mit all seinen Regungen, das ist bloß Form, Manifestation, Individualität, äußere Vielfalt, ihm haftet nichts von Einheit an. *Purusha* muss etwas sein, das darüber hinausgeht.

Purusha muss auch deshalb existieren, weil der Sankhya-Lehre zufolge nichts ohne Zweck sein kann. Die *Karika* sagt, dass alles um etwas willen gemacht ist, und leitet daher analogisch her: Wie ein Bett für einen gemacht ist, der darin schläft, so muss auch die Welt um jemandes willen gemacht sein. Diese Welt in ihrer Mannigfaltigkeit muss also einen Zuseher haben! In unseren Körpern muss jemand oder etwas wohnen, vor dessen Augen sich alles vollzieht und durch dessen Bewusstsein die Koordination der Erfahrungen ermöglicht wird: Damit das Auge sieht, braucht es die Kraft des Sehens.

> In der *Kena-Upanishad* fragt ein Schüler seinen Meister:
> *Wer lässt den Geist denken?*
> *Wer erfüllt meinen Körper mit Lebenskraft?*
> *Wer bringt meine Zunge zum Sprechen?*
> *Wer ist dieses Unsichtbare, das durch meine Augen sieht und durch meine Ohren hört?*
> Der Lehrer antwortet:
> *Das Selbst ist das Ohr des Ohrs,*
> *das Auge des Auges, der Geist des Geistes,*
> *das Wort der Worte und das Leben des Lebens. […]*

Dieses können unsere Augen nicht sehen und
auch Worte nicht ausdrücken.
Nicht einmal vom Geist kann es erfasst werden. [...]
Das, was die Zunge sprechen lässt, aber von der Zunge nicht
gesprochen werden kann – kenne dies als das Selbst.
Dieses Selbst ist niemand anderes als du.
Das, was den Geist denken lässt, aber vom Geist nicht gedacht
werden kann, das ist wahrhaftig das Selbst.
Dieses Selbst ist niemand anderes als du.[39]

Purusha oder die Erfahrung des Selbst: *Das* ist die Heilung, um die es Sankhya geht. Nur wenn wir erkennen, dass wir nicht die Welt sind, in die wir uns verstrickt haben, können wir frei sein von den Schwierigkeiten des Lebens. Nicht, dass es dann keine Herausforderungen mehr gäbe, denen wir ausgesetzt wären, doch wir würden ihnen anders gegenübertreten. Schmerz lässt sich im Leben nicht vermeiden. Doch er muss nicht automatisch Leiden bedeuten.

Der Lahme und die Blinde

Vor den Augen des Absoluten tanzt das Relative:
»Du und Ich sind eins!«, verkündet die Trompete.
Der Lehrer kommt und verbeugt sich vor seinem Schüler.
Dies ist das größte aller Wunder.[40]

Kabir (1440–1518)

Prakriti, die Welt, und *purusha*, das Gewahrsein, sind ein eigentümliches Paar. Yogis verwenden gern das Bild von der Blinden und dem Lahmen: *Prakriti* ist blind, ganz ohne Bewusstsein. In dauernde Aktivität versunken, weiß sie im Grunde nicht, was sie tut. Für sich allein genommen ist sie eigentlich tot. Jesus meint genau das, wenn er im *Thomas-Evangelium* den radikalen Satz formuliert: »Wer die Welt erkannt hat, fand eine Leiche. Und wer eine Leiche erkannt hat, dessen ist die Welt nicht würdig.«[41] Das Relative (*prakriti*) tanzt vor den Augen des Absoluten (*purusha*), sagt Kabir. Und am Ende sind sie sogar eins, wie die zwei Hände, die zusammen einen Körper bilden.

Die Welt wird lebendig erst durch das *Bewusstsein*, das sie belebt. Das meint nicht den individuellen, persönlichen Geist, sondern »das, was den Geist denken lässt«, wie die *Kena-Upanishad* es so treffend zum Ausdruck bringt. Wer zu seinem innersten Kern vorgedrungen ist, der versteht existenziell, dass er nicht der Körper ist und all das, was darin vor sich geht. *Shinjin-datsuraki* sagt man im Zen zu diesem Zustand, was übersetzt bedeutet: »Körper und Geist sind weggefallen.« Das ist die meditative Gipfelerfahrung von *samadhi*. Wer so viel Klarheit erlangt hat, der kann ausrufen »Ich bin!«, ohne ein »dies« oder »das« hinzuzufügen. Reines Bewusstsein ist ohne Eigenschaften, braucht keine Welt, um es selbst zu sein. Um noch ein wenig in der bildhaften Sprache des Zen zu bleiben, man spricht auch von *haka santaku*, das bedeutet: »Das Haus ist eingestürzt, die Wohnung zerstört.« Patanjali sagt im *Yogasutra*: »Für einen, der sein Ziel erreicht hat, hört die Welt auf zu sein.«[42]

Das Ziel erreichen meint: *purusha* erfahren. Sowohl Jesus als auch Patanjali thematisierten die Scheidung dieses auf so eigentümliche Weise verbundenen Paares von *prakriti* und *purusha*. *Purusha* ist inaktiv, frei und losgelöst. Und doch hat er sich irgendwie in seine Gefährtin verstrickt, fast wie der Mann der Spinne, der nicht weiß, in welche Gefahr er sich begibt, wenn er zur Hochzeit kommt. Gewiß, Vergleiche hinken, und Bilder sind oft unscharf. Sprache kann es im Grunde auch gar nicht zum Ausdruck bringen. Nicht einmal Jesus gelang es, durch seine Unterweisungen seine engsten Freunde und Schüler zu erleuchten. Das Höchste lässt sich eben nicht sagen oder vermitteln, sondern nur persönlich erfahren.

Purusha, der Lahme, und *prakriti*, die Blinde, brauchen also einander, um die Welt zu erfahren, denn ohne *purusha* ist *prakriti* bewusstlos; und ohne *prakriti* ist *purusha* ohne Bewegung, ohne Aktivität, ohne Erfahrung – auch ohne Erfahrung von Schmerz.

Bliebe *purusha* doch nur für sich selbst!, mag man sich denken: Er hätte Frieden, Wohlsein, *satchitananda*. Letzteres bezeichnet eine Glückseligkeit, die nicht von dieser Welt ist, denn *wäre* sie von dieser Welt, so handelte es sich bloß wieder um das vergängliche Glück von *prakriti*.

Warum nur, Purusha, warum?

Warum, möchte man fragen, warum nur hat *purusha* sein so überaus friedliches und gemütliches Zuhause verlassen? Warum ist er in die Welt gegangen, »ins Fleisch hinabgestiegen«, wo er doch immer wieder *duhkha* erlebt? Er erlebt so viel davon, dass er irgendwann – und sei es erst nach Abertausenden von Inkarnationen – endlich aufwacht und seine Gefährtin verlässt, um zu seiner glückseligen Heimat zurückzukehren, wo er in *kaivalya* ist, allein also, mit sich in Stille und in Frieden, und *mukti*: befreit. Warum nur also? Keine Antwort. Es gibt sie nicht. In keiner Tradition. An diesem Punkt gibt auch die Sankhya-Philosophie keine Antwort mehr. Selbst Jesus weiß dazu nichts zu sagen. Auch nicht Buddha, Laotse, Meister Eckhart oder irgendeiner der vielen Erleuchteten dieser Welt. Keiner kennt das Warum. Es bleibt ein Mysterium. Es ist dies übrigens der Grund, weshalb Buddha sich metaphysischen Spekulationen immer verweigert hat: »Was bringt's?«, mag er sich gefragt haben. Nun: Wir können und müssen auch nicht allen Fragen bis auf den Grund gehen. Albert Einstein (1879–1955) soll einmal bemerkt haben: »Falls Gott die Welt geschaffen hat, war seine Hauptsorge sicher nicht, sie so zu machen, dass wir sie verstehen können.« Gut gesagt. Als ein etwas ernüchterndes Fazit bleibt hier also festzuhalten: Es gibt keine Antwort auf das Warum. Und keine vermittelte Erleuchtung. Komme, was wolle: Wir *sind auf uns selber angewiesen.*

Purusha und *prakriti* sind also ein Paar in einer schmerzhaften Ehe (*samyoga*). Sankhya und Yoga wollen deshalb die Scheidung durch Erkenntnis und Übung. Das ist *viyoga* und bedeutet Trennung. Obgleich *yoga*, die Verbindung, und *viyoga*, die Trennung, das jeweilige Gegenteil zu bezeichnen scheinen, meinen sie doch dasselbe: Die Verbindung mit dem Höchsten verlangt die Loslösung von dem, was dieser Verbindung im Wege steht. Wollen wir zum Höchsten, müssen wir die Welt loslassen. In den Worten Laotses:

> *Wieder und wieder treten die Menschen ein,*
> *wenn sie geboren werden,*
> *und sie gehen hinaus mit dem Tod.* [...]
> *Warum ist das so?*
> *Weil sie sich ans Leben klammern*
> *und an dieser vergänglichen Welt festhalten.*[43]

Viyoga ist ein Prozess, der den Geist zu seiner Quelle zurückführen will, um den Kreislauf, den das *Tao Te King* hier beschreibt, zu durchbrechen und zu beenden. Und *Yoga* ist die Vereinigung mit dieser Quelle, ist der Zustand der Selbstverwirklichung, der alles Leiden beendet. Um im Bild der *Karika* zu bleiben: Yoga ist das einzige Heilmittel, das gegen die drei Arten von *duhkha* dauerhaft und umfassend wirkt.

Patanjali sagt:

> *Die Hauptursachen des Leidens liegen sehr tief. Sie werden überwunden, indem der Geist zu der Quelle zurückkehrt, der er entspringt. Dies geschieht durch Meditation. Sie überwindet die Identifikation mit den mentalen Mustern.*[44]

Patanjali verweist auf die »Identifikation mit den mentalen Mustern«: Es ist dies das Band, das zerschnitten werden will. Der Loslösungsprozess von *viyoga* ist also in erster Linie ein psychologischer Vorgang, nicht eine äußere Handlung. Erkenntnis, so die Botschaft, kann befreien.

Das reine Bewusstsein »befreien«

Es sei nochmals an die »magische Formel« von Ursache und Wirkung in der Sankhya-Philosophie erinnert:

> Ursache + instrumenteller Grund = manifestierter Effekt
> oder:
> Marmorblock + Michelangelo = David

Vor dem Hintergrund des bisher Gesagten können wir diese Formel nun auf das Verhältnis von *purusha* und *prakriti* anwenden. Dann lautet sie so:

> avyakta prakriti + purusha = vyakta prakriti
> oder:
> reines Potenzial + Bewusstsein = Welt

Purusha ist also der »instrumentelle Grund«, welcher *avyakta prakriti*, das uranfängliche Potenzial, in Bewegung setzt. Anders als Michelangelo jedoch, der seinen David aus dem Block schlägt, ist *purusha* kein Künstler, der die Welt gestaltet, sondern der Impulsgeber, der die evolutive Selbstentfaltung der Welt in Gang setzt.

Unser Bewusstsein macht aus der Leere ein Etwas. Die Welt, die wir erfahren, ist das Produkt eines vollkommen offenen Potenzials, auf das die Energie des Bewusstseins einwirkt, wodurch es strukturiert wird. Zugespitzt formuliert: Wir *machen* Welt. Welche Art von Welt wir dabei machen, wird bestimmt von unserem *individuellen* Geist. Was das eigentlich ist, woraus dieser Geist »besteht«, wie er funktioniert und welchen Platz er in der Sankhya-Philosophie hat: Diesen Fragen widmen wir uns in den Kapiteln »Was ist Geist« und »Wie gelangen wir zu Wissen?«.

Doch spielen wir zunächst das Rechenspiel von Welt und Bewusstsein noch ein klein wenig weiter, indem wir das Bewusstsein isolieren (oder »befreien«), dann könnten wir die Gleichung nämlich so fassen:

Bewusstsein = Welt – reines Potenzial

Es ist nur ein Gedankenexperiment: Nähmen wir aus der Welt das reine Potenzial heraus, zögen wir also die Ursache von der Wirkung ab, so bliebe rein logisch *nichts* als Bewusstsein übrig, weil reines Potenzial und Welt, *avyakta* und *vyakta*, ja essenziell eins sind. Buddha wusste schon sehr gut, warum er das reine Bewusstsein die »Leere« nannte. Ein vollkommen klarer Geist, ein Meer ohne Fische, rein, still, ohne Regung: Es ist ein Zustand, den man im Zen *taishi-ichiban* nennt, den »Großen Tod«, der eigentlich das totale Leben meint. Buddha sagte zur Erfahrung dieses reinen Bewusstseins *nirvana*: das Verlöschen.

Das alles erinnert uns doch wieder stark an Michelangelo: Er musste David nur aus dem Marmor befreien. Und *purusha* muss sich selbst aus jener Welt befreien, deren Sein er angestoßen und sich dann darin verloren hat. Auf dem Weg zur absoluten Wirklichkeit ist der Mensch also Bildhauer seiner selbst. Er ist: Selbst-Befreier.

Die drei Gunas

Wenn Yogis meditieren, halten sie ihre Hände und Finger meist in ganz bestimmten Positionen. Man nennt diese Haltungen *mudras* oder Siegel. Das bekannteste unter ihnen ist *jnanamudra*, das »Siegel der Erkenntnis«: Die Spitzen von Zeigefinger und Daumen berühren sich, während Mittel-, Ring- und kleiner Finger leicht weggestreckt werden. Der Zeigefinger symbolisiert unser »kleines Ich« oder Ego, der Daumen steht für *purusha*: Wir verbinden uns mit unserem inneren Licht. Man kann den Zeigefinger auch an die Wurzel des Daumens setzen, dann wird aus der Verbindung zugleich eine Verbeugung: Wir vertrauen uns dem Höchsten an. Das ist Hingabe. Um zu dieser hingebenden Verbindung zu gelangen, sagt Sankhya, muss der Mensch die Welt »loslassen«. Um im Bild von *jnanamudra* zu bleiben: Der Zeigefinger muss sich mithilfe von *viveka* (dem »Messer« unterscheidenden Gewahrseins) von den anderen drei Fingern lösen, um die Hochzeit mit dem Höchsten zu besiegeln. In diesem Kapitel soll es nun um das gehen, wofür Mittel-, Ring- und kleiner Finger stehen: um die »feinstoffliche Anatomie« von *prakriti*, die *energetische Grundstruktur* der Welt, für die das Konzept der drei *gunas* steht.

»Mag ich, mag ich nicht, ist mir egal«

Beginnen wir wieder bei einer ganz grundlegenden Beobachtung der Alltagswirklichkeit: Alle Dinge, die uns im Leben begegnen, treten uns auf dreierlei Weise entgegen. Entweder empfinden wir sie als angenehm, als unangenehm oder als neutral. Alle Wesen bevorzugen bestimmte Dinge oder Zustände und meiden zugleich andere, während wieder andere ihnen schlicht egal sind. Offensichtlich wirkt hier ein weiteres Grundprinzip der Schöpfung: Wenn alles Lebendige den Dingen der Welt auf dreierlei Weise gegenübertritt, so müssen wohl auch drei grundlegende Prinzipien, Kräfte oder Seinsweisen in der Natur wirksam sein. So kommt die Yoga-Philosophie zur Theorie von den drei *gunas*.

Guna heißt wörtlich »Strang«. Das transportiert ein Bild: Wie ein Seil aus mehreren Strängen gefertigt ist, so sind auch alle Dinge in der Welt zusammengesetzt. Um unendliche Vielfalt zu ermöglichen, braucht es genau drei Grundelemente, nicht mehr und nicht weniger: Nur ein Element könnte die große Mannigfaltigkeit nicht hervorbringen, so wie ein Same ja immer auch nur eine Frucht hervorbringen kann. Wären es zwei, so würden sie sich, Polen gleich, in ihrer Entfaltung gegenseitig ausbremsen. Doch bei dreien ist es wie mit dem Licht: Drei Grundfarben genügen, um, immer wieder neu gemischt, eine Unendlichkeit von Farben zu erzeugen.

Die *gunas* sind nicht stofflich. Sie bilden das reine Potenzial von *avyakta prakriti*, »Schöpfungsmasse« sozusagen. Wir können sie uns als *energetische Grundstrukturen* alles Seienden vorstellen. Wir sollten sie uns jedenfalls nicht als Teilchen denken, atomare oder subatomare zum Beispiel. Freilich: Es ist leider unmöglich, sich etwas Unvorstellbares vorzustellen. Als »geistige Krücke« mögen wir an Protonen, Elektronen und Neutronen denken, stellvertretend für die Prinzipien des Anziehenden (positiv), Abstoßenden (negativ) und Neutralen. Doch das scheint mir nur vertretbar, wenn wir uns bewusst sind, dass es sich dabei mehr um *Wellen* handelt als um Partikel – dann sind wir bei einem energetischen Modell der Wirklichkeit, das auch modernen Ansätzen der Physik entspricht. Doch eigentlich sind die *gunas* einfach Seinsweisen, Qualitäten oder Modalitäten, die in der Welt wirken: im reinen Potenzial von *avyakta prakriti* und in allem, was sich daraus entwickelt.

Energie, Welle, Seinsweise, Qualität und so weiter – all das sind nur Begriffe. Und wir sollten immer im Hinterkopf haben, dass wir in der Philosophie des Yoga – ja ganz generell in der Metaphysik und noch viel mehr in der Spiritualität – nicht mit dem Rechenschieber argumentieren können. Wo wir die Dinge präziser auf den Begriff bringen möchten, als sie es ihrer Natur nach zulassen, da tun wir dem Gegenstand Gewalt an und verlassen auch jede Wissenschaftlichkeit.

Die drei *gunas* entsprechen den drei Wirkprinzipien des Seins, sie sind das nicht-stoffliche »Baumaterial« der stofflichen Natur:[1] *pra-kasha*, das Lichthafte, *kri-ya*, die Aktivität, und *sthi-ti*, die Stabilität: *pra-kri-ti*. Auf die Alltagswirklichkeit heruntergebrochen korrelieren diese drei Wirkprinzipien mit drei Grundempfindungen: *Glück*, *Schmerz* und *Indifferenz*. Diese drei Möglichkeiten, die Dinge wahrzunehmen oder zu empfinden, führen schließlich zu drei grundlegenden Haltungen, die wir ihnen gegenüber einnehmen können: *Anziehung*, *Ablehnung* oder *Indifferenz*.

1 Wobei »stofflich« immer meint: grobstofflich und feinstofflich. Der Unterschied zwischen beiden wird spätestens im Kapitel »Schöpfung und Heimkehr« ganz deutlich werden.

Die Wirkprinzipien in Prakriti

PRINZIP	**Licht** *prakasha*	**Aktivität** *kriya*	**Stabilität** *sthiti*
EMPFINDUNG	**Glück** *sukha*	**Schmerz** *duhkha*	**Indifferenz** *udasinata*
HALTUNG	**Anziehung** *preeti*	**Ablehnung** *apreeti*	**Indifferenz** *vishada*

Mit dem Schönen und Angenehmen verbinden wir die Vorstellung von Glück, deshalb fühlen wir uns davon angezogen. Das Prinzip Bewegung steht für Instabilität, Veränderung, Reibung und Hitze: Das verspricht Schmerz, den wir zu vermeiden suchen. Die Abwesenheit von Schmerz, weil die Verhältnisse stabil sind, bedeutet Indifferenz, noch nicht aber Glück. Wir könnten es, bei aller Vorsicht, am Ende auf diese einfache Formel herunterbrechen: »Mag ich, mag ich nicht, ist mir egal.«

Sattva, Rajas und Tamas

»Mag ich, mag ich nicht, ist mir egal«: Das scheint so offensichtlich zu sein, dass man sich eigentlich fragen möchte, warum Philosophen überhaupt solchen Dingen nachgehen. Nun, genau das ist ihre Aufgabe. Sie befassen sich gerade mit dem ganz Grundsätzlichen, mit Prinzipien, die in allem wirken, mit Dingen, die so grundlegend und selbstverständlich sind, dass man nur allzu leicht vergisst hinzuschauen. Es verlangt eine Begabung für sich, auf so fundamentale Themen und Fragen überhaupt aufmerksam zu werden. Und es erfordert ein hohes Maß an Beobachtungsgabe und Abstraktionsvermögen, dazu die große Neugier des Forschers, um der Frage nachzugehen, was denn hinter der Formel von »Mag ich, mag ich nicht, ist mir egal« steckt: nämlich ein *kosmisches Wirkprinzip des Lebens*, das ebenso grundlegend ist wie Zeit, Raum, Kausalität oder Materie. Dieses Wirkprinzip prägt das Leben aller Wesen ebenso sehr wie die anderen Universalprinzipien.

Die drei *gunas* heißen *sattva*, *rajas* und *tamas*. Ihre Eigenschaften lassen sich auf alle denkbaren Sachverhalte anwenden, mag es sich nun um die äußere Welt oder die psychologische Verfassung des menschlichen Geistes oder die Handlungen, die daraus erwachsen, handeln. Denn die *gunas* sind grundlegend: *Avyakta prakriti*, das reine Potenzial, ist aus ihnen »gebildet«. Es gibt nichts auf der Welt, das nicht aus *gunas* besteht. So werden die *gunas* selbst zum Bild für *prakriti*. Die *Karika* definiert die *gunas* wie folgt:

> Sattva *ist leicht und erhellend.* Rajas *ist anregend und beweglich.* Tamas *ist träge und verhüllend. Wie die Teile einer Lampe wirken sie für einen bestimmten Zweck zusammen.*[45]

So wie Öl, Docht und Feuer zusammenwirken, um Licht zu erzeugen, wirken die drei *gunas* zusammen, um die Phänomene der Welt zu manifestieren. Unbelebte Materie ist *tamas*-dominiert, und *sattva* herrscht in lebenden Wesen vor. Veränderung und Wandel wird hier wie da durch *rajas* bewirkt. Doch alle Dinge, ob belebt oder nicht, sind essenziell eins und gehen zurück auf das reine Potenzial von *avyakta prakriti*.

Von »guten« und »schlechten« Gunas

Die *gunas* sind keine absoluten Größen, vielmehr verhalten sie sich *relativ* zueinander. Zudem ist jedes Ding in der Welt eine *Mischung* aus allen drei *gunas*. Die Relationen machen den Unterschied aus: Der Stein ist tamasischer als die Feder, die Feder tamasischer als Wind. Wind ist rajasischer als Wasser und Feuer rajasischer als Wind. Luft ist sattvischer als Erde, und Geist ist sattvischer als Luft. Diese Unterschiede machen aber Stein, Feder, Feuer, Wind, Wasser oder Geist noch nicht besser oder schlechter: Sie sind einfach nur *anders*. Und sie unterscheiden sich letztlich bloß in ihrer Erscheinungsform, essenziell sind sie aber eins.

Wenn wir die *gunas* also als Bausteine der Schöpfung betrachten, beschreiben sie lediglich die relative Verschiedenheit der Phänomene. Würde sich das Konzept von den *gunas* darin schon erschöpfen, wäre es fast müßig, sich mit ihnen intensiv zu beschäftigen. Sankhya geht es freilich nicht allein um die Metaphysik der Schöpfung als vielmehr um den menschlichen Geist und seine Befreiung aus den »Ketten der Welt«. Auch der individuelle Geist des Menschen ist eine Komposition aus *gunas*, wie der Stein, nur eben viel lichthafter, leichter oder sattvischer. Wenden wir die Prinzipien, für welche die *gunas* stehen, auf den Geist an, dann werden sie zu *psychologischen* Kategorien, die Auskunft darüber geben, ob unsere individuelle mentale Ausstattung eher hilfreich ist im Hinblick auf das große Ziel von innerem Frieden und Freiheit oder hinderlich. Und in diesem Zusammenhang kommen wir auch nicht umhin, in die Wertung zu gehen, denn wir betreten den ethischen Beurteilungsraum von »gut« und »böse«. Als eine einfache »yogische Faustregel« können wir an dieser Stelle festhalten: Yoga strebt den *sattvischen* Geist an, mit dem ausschließlich positive menschliche Eigenschaften in Verbindung gebracht werden. *Tamas* gilt grundsätzlich als negative, nicht wünschenswerte Geistesqualität. Und *rajas* ist das verändernde Moment zwischen diesen beiden. Wenn wir im nächsten Kapitel das »Geistkonzept« des Sankhya entfalten, wird ganz deutlich werden, was den sattvischen Geist wirklich auszeichnet und warum er die Voraussetzung für inneres Wachstum ist. Krishna sagt zu Arjuna:

> *Erkenntnis, die aus* sattva *kommt, sieht die eine und unvergängliche Essenz in allen Wesen – die Einheit in der Vielheit. Erkenntnis dagegen, die von* rajas *geprägt ist, sieht alle Wesen als voneinander getrennt an und in ihrer Unterschiedlichkeit. Doch Erkenntnis, die aus* tamas *geboren ist, hält an nur einer einzigen Sache fest, so als wäre sie gleichsam schon das Ganze, eine Haltung, die unvernünftig, unwahr und dumm ist.*[46]

Die folgende Aufstellung gibt einen zusammenfassenden Überblick über die *gunas* als psychologische Kriterien.

Die psychologischen Qualitäten der drei Gunas

	SATTVA	RAJAS	TAMAS
prinzipielle Qualität	Lichthaftigkeit, Reinheit, Klarheit	Bewegung, Dynamik, Leidenschaft	Dunkelheit, Stabilität, Trägheit, Blindheit
Geisteszustand	Erkenntnis (*vidya,* Sehen)	Entwicklung, Transformation	Unwissen (*avidya,* Blindheit)
allgemeine Attribute	Liebe, Weisheit, Intelligenz, Wahrhaftigkeit, Güte, Frieden, Gleichgewicht	Energie, Begehren, Motivation, Aggressivität, Turbulenz, Agitiertheit	Starrheit, Faulheit, Grobheit, Widerstand gegen Veränderung, Destruktivität, Gewalttätigkeit

mentale Einstellung	nach Erkenntnis streben: »Was ist wahr? Wer bin ich?«	opportunistisch: »Was bringt mir am meisten?«	negativ, defensiv, destruktiv; sich gegen Veränderungen sperren
Handeln	altruistisch: »Wo kann ich helfen? Was ist gut nicht nur für mich, sondern für alle?«	ego-motiviert: »Wer kann mir am meisten nützen?«	ego-motiviert: »Was scheren mich die anderen?«
Denken	akkurat, klar, weise, vernünftig, intuitiv	rational, egozentriert, wettbewerbsorientiert	unvernünftig, dumm, bigott, fanatisch
Emotionen	positiv – gründend auf ein Vertrauen in das Gute	positiv – solange die Dinge gut laufen	negativ, düster, feindlich
Motivation & Perspektive	spirituelles Erwachen; harmonisches Miteinander	Erfüllung persönlicher Wünsche und Ambitionen	durchkommen um jeden Preis und ohne Rücksicht

Was ist Geist?

Wahrlich, nicht denjenigen nenne ich einen Helden,
der siegreich gegen eine mächtige Armee kämpft,
sondern den, der den Ozean von Geist und
Sinnen überqueren kann.

Yoga Vasistha, 11. Jahrhundert[47]

Sankhya-Yoga ist eine Wissenschaft des Bewusstseins und der inneren Entwicklung. »Entwicklung« meint dabei vor allem: Klärung oder Reinigung. Genau das bedeutet auch das alte Wort »Läuterung«. Es ist aus der Mode gekommen, wohl nicht zuletzt deshalb, weil es bei vielen Menschen Assoziationen von Kirche, Sünde, Strafe und Schmerz wachruft. Doch gemeint ist nichts Dogmatisches, ja nicht einmal etwas Moralisches, sondern die vollkommen unvoreingenommene Klarheit der Wahrnehmung, eine Wahrnehmung, die ohne Urteil ist, ganz verankert im Hier und Jetzt. Kurz: ein klarer Geist.

Im ersten Vers seiner berühmt gewordenen Schrift *Cherubinischer Wandersmann* bringt der christliche Mystiker Johannes Scheffler (1624–1677) aus Breslau, der seine Bücher unter dem Pseudonym Angelus Silesius veröffentlichte, das innere Entwicklungsziel des Menschen in nur zwei Verszeilen auf den Punkt:

Rein wie das feinste Gold, fest wie ein Felsenstein,
ganz lauter wie Kristall soll dein Gemüte sein.[48]

Auch das Wort »Gemüt«, das Silesius hier verwendet, ist heutzutage kaum noch in Gebrauch. Das ist schade, weil wir in unserer Sprache kein anderes Wort haben, das eine ähnlich umfassende Vorstellung von der Idee des Geistes vermittelt: Das Gemüt meint Wahrnehmen, Denken und Fühlen. Es ist mit dem englischen Wort *mind* verwandt, das in seiner Bedeutung ebenso breit ist. Beide kommen vom lateinischen *mens*, das wiederum dem alten Sanskritwort *manas* entlehnt ist, über das wir auf den folgenden Seiten ausführlich sprechen werden.

Das »kristallene Gemüt« ist ein Bild, das sich auch im *Yogasutra* findet. Patanjali schildert, was geschieht, wenn vollkommene Reinheit erlangt ist:

> *So wie ein reiner Kristall die Farben und Formen des Objektes annimmt, das neben ihn gelegt wird, nimmt das Bewusstsein, dessen Regungen fast ganz zur Ruhe gekommen sind, die Qualitäten jedes beobachteten Objektes an, so dass der Beobachter, das beobachtete Objekt und der Prozess des Beobachtens eins werden. Dieser Zustand der Verschmelzung heißt samapatti: Das Zusammenfallen.*[49]

Samapatti, das Zusammenfallen, ist nur ein anderes Wort für *samadhi*, die meditative Gipfelerfahrung. In der christlichen Mystik nennt man sie *unio mystica*, die »geheime« oder »verborgene Verbindung«: die beglückende Einheitserfahrung, von der die Weisen aller Zeiten und Kulturen berichten, die sich auf den Weg gemacht und die Klarheit des Geistes erreicht haben. Ein solcher Geist nimmt die Dinge in ihrer *Soheit* wahr, frei von Konditionierungen, jenseits der mentalen Inhalte und Zuschreibungen. Es ist eine Wahrnehmung, bei der nicht länger ein Subjekt ein von ihm getrenntes Objekt wahrnimmt, sondern beide im *inneren Raum*, wie ich den menschlichen Geist auch nennen möchte, eins werden. Der Meditierende *wird* gewissermaßen das, worauf er meditiert, und er versteht es damit aus seinem eigenen Sein heraus.

Der reine, klare, stille oder auch leere Geist ist das Ziel eines jeden inneren Weges, ein Geist, der sich selbst loslässt, sein immerwährendes Denken an Gestern und Morgen, sein unaufhörliches Wollen und Nichtwollen, die Identifikation mit all den Dingen, die er besitzt oder besitzen will. Der indische Yogi und Mystiker Kabir (1440–1518) fragt in diesem Sinne zu Recht: »Bei der Wünsche Last, die du auf dem Kopf trägst: Wie könntest du da leicht sein?«[50] Der *klare* Geist ist auch der *freie*. Er ist das, was Patanjali im Sinn hat, wenn er im *Yogasutra* den Bewusstseinszustand des Yoga so definiert:

> *Yoga ist das Zur-Ruhe-Kommen der dauernd sich verändernden mentalen Muster. Dann ruht der Seher in sich selbst. Dies ist Selbstverwirklichung.*[51]

Nur wenn der See still ist, kann man den Schatz auf seinem Grund erblicken. »Die Stille«, so Angelus Silesius, »ist das höchste Gut.«[52] Denn darin kann Wunderbares geschehen: Nicht nur große Musik kommt aus ihr, auch das Höchste kann in sie einfließen. In die Stille hinein kann *purusha*, unser inneres Licht, strahlen, das ansonsten verdeckt und verschmutzt ist von all dem mentalen Lärm, dem Ärger und den Sorgen, den Konzepten und Ideen, all dem wirklichkeitsverzerrenden Halbwissen, auf das wir unser Leben doch zumeist gründen. Wie durch einen trüben Kristall blicken wir in die Welt. Das Gemüt, sagen die Yogis, muss also klar oder *sattwisch* werden, sodass es wie ein Spiegel glänzt, der nicht nur die äußere Welt ganz unverzerrt widerspiegelt, sondern *purusha* zugleich sich selbst sehen lässt. Das meint Patanjali, wenn er sagt, dass im Zustand des Yoga der *Seher in sich selbst ruht:* Bewusstsein wird sich seiner selbst bewusst, es ist das Gewahrsein des Gewahrseins. Dieser Zustand entspricht in der christlichen Mystik der Geburt des Christuskindes in uns selbst: »Ich muss Maria sein und Gott aus mir gebären«, schreibt Angelus Silesius.[53]

Die Klarheit des Geistes, die zur *unio mystica* führt, wirkt transformierend: Der »alte Mensch« stirbt und der »neue« wird geboren. Die christliche Idee vom Tod und von der Auferstehung Jesu hat nichts mit der nachgerade infantilen Sicht der offiziellen Kirchenbotschaft zu tun, die uns Menschen offensichtlich für naiver hält, als wir es tatsächlich sind (oder uns einfach so haben will, damit man uns sagen kann, was wir tun sollen). Es sind vielmehr Bilder für das gleiche innere Geschehen: *Purusha* ruht in sich selbst. Wer dies erfährt, weiß, wer er in Wahrheit ist. Neugeburt oder Yoga – es ist die Verbindung mit dem Höchsten.

Übrigens transportiert sogar der aramäische Name Jesu diese Idee. »Jesus« ist bloß die latinisierte Version seines wirklichen Namens: Yeshuah. Der Name kommt von den hebräischen Wurzeln *yah* und *shua*. *Yah* steht für das eine, namenlose Wesen, die alles durchflutende Essenz des Seins, der Urgrund, aus dem alles kommt und in den alles wieder einströmt. Und *shua* heißt so viel wie: wiederherstellen, ganz machen, heilen, retten. Einswerden mit der Quelle: Heilung, Heimkommen. Die ganze Botschaft von Jesus Yeshua will nur das eine, über das auch Kapila, Patanjali, Kabir oder Angelus Silesius sprechen: die Befreiung von Leid und Tod. Dafür müssen wir loslassen, was wir nicht sind, um uns zu verbinden mit dem, was wir tatsächlich sind – reines Gewahrsein. Um die richtige Verbindung geht es also und um die richtige Antwort auf die große Frage: *Wer bin ich?* Die Mystiker aller Zeiten versprechen uns, dass wir die Antwort erhalten, wenn wir an und mit unserem Geist »arbeiten«, das will sagen: ihn »läutern« oder klären.

Was aber ist dieser Geist eigentlich? Woraus »besteht« er? Wie »funktioniert« er? Wie Sankhya und Yoga den individuellen menschlichen Geist verstehen, darum soll es im Folgenden gehen.

Begriffsverwirrung im westlichen Denken

Es ist wohl so, dass jeder etwas anderes darunter versteht, wenn er »Geist« oder »Bewusstsein« sagt. Für den einen ist der Geist sein Verstand. Ein anderer versteht ihn mehr im Sinne von Gemüt, meint also Denken und auch Fühlen. Ein Dritter mag unter Geist die Vernunft verstehen. Wieder andere assoziieren damit die Seele. Manche denken an die Psyche. Seele und Psyche werden von gläubigen Christen möglicherweise wieder ganz anders gesehen als vom wissenschaftlich-rationalen Psychiater. Sie werden manchmal auch synonym verwendet, so wird daraus ein begriffliches Allerlei aus Geist-Seele-Psyche. Für wieder andere ist Geist allein die spirituelle Dimension, also *spirit* oder Gottes Geist, der in uns wirkt. Geist wird sogar im Sinne von »Ich« verwendet, ebenso das Wort Bewusstsein: Dann wird der Geist zum Ego und das Bewusstsein zum Ich- oder Selbstbewusstsein, was auf das Gleiche hinausläuft.

Wir könnten dieses Spiel der Begriffsverwirrung munter weitertreiben: Es ist offensichtlich ein sumpfiges Terrain, auf das man sich begibt. So viele Begriffe, und alle sind ganz und gar unklar: Geist, Bewusstsein, Gemüt, Psyche, Verstand, Intelligenz, Vernunft, Emotionen, Seele, Ego und so weiter. Doch wenn wir uns mit Psychologie, Philosophie und Spiritualität beschäftigen – Themen also, die den Geist selbst zum Gegenstand haben –, dann sollten wir schon wissen, worüber wir sprechen. Gerade in spiritueller und esoterischer Literatur wird munter über Geist und Bewusstsein sinniert, doch viel zu selten wird klar herausgearbeitet, was damit gemeint ist. Und so meint jeder, was ihm am besten passt.

Spiritualität und begriffliche Klarheit müssen und dürfen aber kein Widerspruch sein. Es ist schon wahr: Der Geist lässt sich nicht so leicht »auf den Begriff bringen«, schon gar nicht messen und abzirkeln. Wir können ja noch nicht einmal sagen: »Schau, da ist er! So und so sieht er aus!« Tatsächlich hat noch nie einer den Geist gesehen, nicht einmal der Hirnchirurg, der jeden Tag Köpfe aufbohrt. Dennoch: Sankhya und Yoga haben treffende Begriffe und praktische Wege gefunden, ihm auf die Spur zu kommen, sie haben ein viel differenzierteres Begriffsinstrumentarium entwickelt, als wir es im Westen haben. Das verdankt sich ihrer Selbsterforschung, Introspektion und Meditation. Wenn Sankhya-Yoga also über den Geist spricht, dann geschieht das aus der unmittelbaren Erfahrung heraus, denn bloße Theorien sind nicht die Sache Kapilas.

Antahkarana, das »innere Organ«

In den vorangegangenen Kapiteln haben wir uns mit den ersten beiden Prinzipien oder *tattvas* des Sankhya beschäftigt: mit *purusha* und *prakriti*. Wir nannten *purusha* den Beobachter oder das reine Gewahrsein und *prakriti* die Natur oder Welt. *Prakriti*, so haben wir gesagt, hat zwei Seiten: eine ewige, nicht geschaffene (*avyakta*), reines Potenzial also, und eine konkrete, die Schöpfung nämlich, die aus diesem Potenzial geboren wird (*vyakta*). *Purusha* und *avyakta* sind die nicht manifeste und rein transzendente Seite des Seins.

Vyakta dagegen ist manifest und konkret. Die ersten drei Elemente von *vyakta* bilden im Sankhya nun das, was wir in unserer Sprache »Geist« nennen. Sie heißen *buddhi*, *ahamkara* und *manas*. Die Karika bezeichnet sie zusammenfassend als *antahkarana*, das innere Organ, oder einfach nur: *die Drei*.

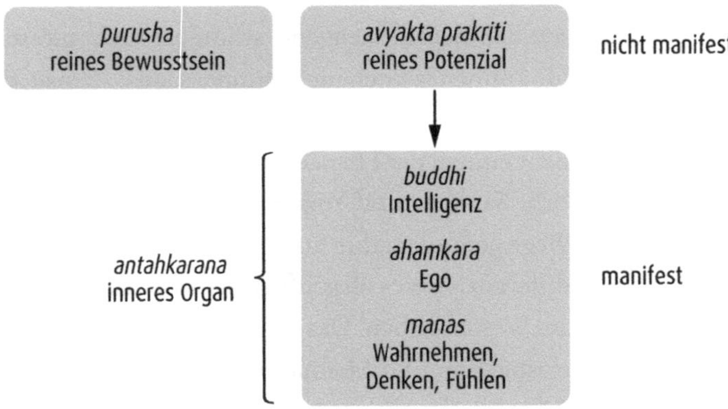

Wenn auf den folgenden Seiten von »außen« und »innen« die Rede ist, dann ist das nicht räumlich gemeint, und schon gar nicht wertend. Wir reden über *antahkarana*, das innere Organ, unser individuelles Bewusstsein oder den Geist. Da ist das »Innen« nicht an einem anderen Ort als das »Außen«. Und alle Aspekte des Geistes sind auf ihre eigene Weise gleich wichtig, damit wir als Menschen existieren können. Die unterschiedlichen »Teile« des Geistes müssen allein deshalb getrennt voneinander dargestellt werden, weil wir nicht über alles gleichzeitig sprechen können.

Es geht ja auch nicht um »Teile« im eigentlichen, schon gar nicht im stofflichen Sinne, sondern um *funktionale Aspekte*: um die unterschiedlichen Aufgaben also, die unser Geist bewältigen muss, und um die mentalen Instrumente, die dafür zur Verfügung stehen. Wir sprechen gewissermaßen über die *feinstoffliche Anatomie und Physiologie des inneren Organs*, bleiben uns dabei aber bewusst, dass wir letztlich über ein Ganzes reden, das nicht-örtlich (oder nicht-lokal, wie man auch sagt) ist. Es gibt keine Stelle, auf die wir mit dem Finger zeigen könnten, um zu sagen: »Da ist der Geist!«

Die Philosophie des Yoga folgt nicht der sogenannten *Emergenztheorie*, die postuliert, dass Bewusstsein dem materiellen Gehirn entspringt. Davon geht die materialistische, orthodoxe Wissenschaft nach wie vor aus: Es existiert ein Gehirn, sagt sie, aus dem der Geist hervorgeht. Dieses Denken folgt der Idee, dass man materielle Bauteilchen nur hinreichend komplex genug strukturieren müsste, damit aus ihnen etwas qualitativ ganz und gar anderes, Neues erwachsen kann: Geist, Bewusstsein, Intelligenz. »Wenn wir doch nur wüssten, wie das zugeht«, das ist zwischen den Zeilen mitgesagt, »dann könnten wir selbst lebendige Gehirne bauen!« Und man kann wohl sagen, dass so mancher Wissenschaftler immer noch hofft, einst eine Maschine bauen zu können, die Geist erzeugt. Wie aus der Maschine namens »Gehirn« Bewusstsein oder Geist entsteht, wie er dort »hineinkommt«, dafür haben die Wissenschaftler freilich bis heute keine Erklärung – Bewusstsein und Materie bekommen sie einfach nicht zusammen.

Mit diesem Problem, das aus der konzeptionellen Trennung von Materie und Geist erwächst, muss sich die Yoga-Philosophie gar nicht befassen, denn Sankhya hat eine umgekehrte Sicht auf die Dinge: Alles Sein fließt aus einem Urgrund, *avyakta prakriti*, dem Potenzial der Schöpfung, ein Urgrund, dessen Existenz sich logisch herleiten lässt, wie wir gesehen haben. In einem Prozess der Entfaltung, Differenzierung und Verdichtung der ursprünglichen Einheit entsteht der individuelle Geist in seinen verschiedenen Aspekten. Erst am äußersten Ende der Schöpfungskette (mit der wir uns im Kapitel »Schöpfung und Heimkehr« näher beschäftigen werden) liegt die grobstoffliche Welt. Alles Sein –

vom Ursprung über den individuellen Geist bis hin zur materiellen Welt – ist aus *einem* nicht-materiellen Material »gemacht«: den *gunas* oder energetischen Tendenzen. Auf den Punkt gebracht:

Potenzial, Geist und stoffliche Welt sind ein Kontinuum.

Und in diesem Kontinuum geht der Geist der grobstofflichen Welt voraus. Geist ist also »zuerst« da. Wo der Emergenztheoretiker behauptet: »Das Gehirn macht den Geist!«, da sagt Sankhya: »Der Geist macht das Gehirn!«

Im Lichte der vielen Berichte über Nahtoderfahrungen und außerkörperliche Erfahrungen denken heute auch immer mehr Wissenschaftler darüber nach, ob das Gehirn nicht doch eher ein *Empfänger* von Bewusstsein oder Geist sein könnte als dessen Erzeuger: eine Art »Antenne« oder »biologisches Radio«, das sich, je nach Zustand, auf verschiedene »Bewusstseinsfrequenzen« einstellen kann.[54] Diese Frequenzen oder energetischen Zustände korrelieren dann mit einer Vielfalt von Bewusstseinszuständen: Wachen, Träumen, Schlafen, erweiterte Bewusstseinszustände wie luzides Träumen oder Luzidität im Tiefschlaf (was im Yoga *turiya* genannt wird), außerkörperliche Erfahrungen, Hellsicht, Fernsicht und so weiter. Würde sich die moderne Wissenschaft eines Tages zu einer solchen Deutung durchringen, so wäre das eine echte geistige Revolution, eine »Umänderung der Denkart«, wie der Philosoph Immanuel Kant (1724–1804) einmal sagte, eine neue »kopernikanische Wende« sozusagen. So wenig, wie die Sonne um die Erde kreist, da bin ich mir sicher, erwächst Bewusstsein aus Gehirnen. Es muss vielmehr umgekehrt sein: Gehirne, die aus sich selbst heraus nicht bewusst sind, empfangen das Licht des Bewusstseins (oder haben Zugang dazu), so wie Erde und Mond ihr Licht von der Sonne empfangen. Patanjali geht noch einen

Schritt weiter – über das Gehirn hinaus –, wenn er sagt, dass sogar das individuelle Bewusstsein bloß »Objektcharakter« habe. Er versteht das aus der Perspektive von *jna*, dem reinen Bewusstsein. Und er ergänzt: »Es leuchtet nicht aus sich selbst heraus.«[55]

Für die Yoga-Philosophie ist das Gehirn jedenfalls nur *eine* Form, die das ursprüngliche Potenzial annehmen kann: Nichtmanifeste Möglichkeit wird manifest. Und das reine Bewusstsein – *jna*, *purusha* oder *atman* – durchflutet die Welt. Wenn man so will: *Purusha* blickt durch das Fenster des individuellen Geistes in die Welt. Und natürlich erfährt *purusha* die Welt durch jeden individuellen Geist anders, immer wieder neu. Durch den Geist und Körper des Genies erfährt *purusha* eine andere Welt als durch den Geist des Säuglings. Der Geist des Kranken spiegelt ihm etwas anderes als der Geist des Gesunden. Das Auge des Künstlers zeigt ihm eine andere Welt als das Auge des Wissenschaftlers. Der Geist des Hundes vermittelt *purusha* eine andere Erfahrung als das innere Organ einer Ameise. Zugespitzt formuliert: Der individuelle Geist unterscheidet sich von einem Stuhl letztlich nur in der Form der Ausdrucksweise. Materie ist viel tamasischer – also träger, schwerer und dichter – als Geist, doch in ihrer ursprünglichen Qualität sind Materie und individueller Geist eins: *gunas*. Es ist genau diese grundlegende Einheit allen Lebens, die Krishna meint, wenn er in der *Bhagavad Gita* zu seinem Schüler Arjuna sagt:

> *Wer im Bewusstseinszustand des Yoga ist und die Einheit allen Seins erkennt, der sieht, dass sein inneres Licht in allen Wesen leuchtet und das Licht aller Wesen in ihm selbst. Und wer mich sieht, wohin immer er blickt, und alles als meine Äußerung erkennt, ist nie wieder getrennt von mir, noch ich von ihm.*[56]

Gott oder das Höchste in allen Wesen zu sehen: Das ist gewissermaßen die im täglichen Leben *angewandte Sankhya-Psychologie* oder *Jnana-Yoga*, der zutiefst praktische Weg der Weisheit. Es ist das Bewusstsein, dass wir auf einer existenziellen Ebene allen Wesen gleichen, dass wir alle Angst und Schmerz kennen und vermeiden wollen, dass wir alle den Herausforderungen des Lebens unterworfen sind und Sicherheit, Nahrung, Obdach, Zugehörigkeit und Wärme brauchen; all das bereitet den Boden, auf dem Rücksicht, Achtsamkeit und Mitgefühl wachsen. Diese Eigenschaften helfen uns, besser mit *duhkhatraya*, den schwierigen Herausforderungen des Lebens, umgehen zu können. Krishna sagt weiter:

> *Wer sich in diesem Einssein verankert und mich ehrt als eine in allen Wesen lebendige Präsenz, der lebt in mir, wie immer auch seine Lebensumstände sein mögen. Der beste Yogi, Arjuna, ist jener, der die Freuden und Leiden der anderen genauso empfindet, als wären es seine eigenen.*[57]

Manas, die äußere Ebene des Geistes

Wir haben kein Wort in unserer Sprache, mit welchem *manas*, das wir hier als »äußere Ebene des Geistes« umschreiben, treffend zu übersetzen wäre. *Manas* wurde im Englischen zu *man* und im Deutschen zu *Mensch*: Wir sind denkende und fühlende Wesen, so die Wortidee. Wenn wir zum Denken und Fühlen noch das Wahrnehmen und Reagieren hinzunehmen, dann haben wir schon eine erste zusammenfassende Vorstellung davon, was *manas* wesentlich ausmacht.

Wahrnehmen

Manas ist die mentale Schnittstelle, die uns mit der Außenwelt verbindet. Seine vordringlichste Aufgabe ist es, unser Überleben zu sichern. Zur Verbindung mit der Außenwelt gehört zunächst das Aufnehmen von Eindrücken, die *sinnliche Wahrnehmung* also. *Manas* verarbeitet alles, was wir hören, spüren, sehen, schmecken und riechen.

Wahrnehmung ist immer eine mentale Angelegenheit. Zwar braucht *manas* unsere Augen, Ohren, Nase und so weiter, doch ist das nur die grobstoffliche, äußere oder körperliche Seite des Wahrnehmungsprozesses. Die eigentliche Wahrnehmung findet im Inneren statt. Wir sehen, weil die *Fähigkeit* des Sehens eine mentale Veranlagung ist. Die fünf Fähigkeiten des Menschen zur Wahrnehmung nennt die Yoga-Philosophie *jnanendriyas*. Die *Karika* nennt sie auch *buddhindriyas* (wörtlich: »Erkenntnisorgane«).

Zum Verständnis der Sankhya-Psychologie ist es sehr wichtig, die mentale Veranlagung der Wahrnehmung (die *Fähigkeit* also, wahrnehmen zu können) und die grobstoffliche Voraussetzung dazu (die *körperlichen Sinnesorgane*, also Augapfel, Zunge und so weiter) auseinanderzuhalten, weil beide unterschiedlichen Kategorien zugehören. Fähigkeiten gehören zum Geist, zur feinstofflichen Welt. Der Augapfel hingegen gehört zur Welt der *mahabhutas*, der grobstofflichen Elemente. Die feinstoffliche Fähigkeit der Wahrnehmung ist über eine Art »Brücke« mit der grobstofflichen Welt der Objekte verbunden. Diese Brücke bilden die feinstofflichen Objekte oder *tanmatras*. (Wir werden auf sie im Kapitel »Feiner Stoff, grober Stoff« näher zu sprechen kommen.)

Natürlich ist ebenso richtig: Für die Wahrnehmung in der

physischen Welt brauchen wir beides, den Augapfel wie auch die mentale Voraussetzung des Sehens. In *diesem* Kontext dann werden beide wieder eins: Der Augapfel ist sozusagen der verlängerte Arm der Sehfähigkeit in der physischen Welt, etwa so, wie das Hubble-Teleskop das verlängerte Auge des Menschen ins Weltall ist. Und der *Satcaryavada*-Lehre folgend gilt: Das Feinstoffliche geht dem Grobstofflichen voraus, wirkt also ursächlich in ihm. Die Fähigkeit des Sehens ist als Potenzial in *avyakta* ebenso angelegt wie der dazugehörige Augapfel.

Sankhya nennt Augapfel, Zunge und die anderen physischen Sinnesorgane *adhistana* oder »grobstoffliche Träger« der Sinnesfunktionen oder -fähigkeiten. Die Fähigkeit zu sehen wohnt, solange unsere Aufmerksamkeit auf der physischen Welt ruht, im Augapfel. Doch *an und für sich* benötigt sie ihn nicht, weil die Idee oder das Prinzip des Sehens dem Augapfel vorausgeht. So können auch Blinde im Traum Bilder sehen, und Amputierte fühlen ihre verlorenen Glieder. Und wenn wir uns im Traum oder in einer außerkörperlichen Erfahrung finden, wenn wir also im feinstofflichen Körper (*linga sharira*) »unterwegs« sind, dann unterliegen wir nicht den grobstofflichen Begrenzungen.

Der Geist nutzt den physischen Körper als materielles Fahrzeug, um die grobstoffliche Welt, diese äußere Schale der Schöpfung, zu erfahren und zu erkunden. Um zu sehen, braucht er den Augapfel. Verliert er ihn, kann er andere *adhistanas* zum Sehen nutzen; so können zum Beispiel die Fingerspitzen des Blinden zu seinen Augen werden. Die *jnanendriyas* werden nicht zerstört, wenn die *adhistanas* zerstört werden – so wenig wie der feinstoffliche Körper untergeht, wenn der grobstoffliche stirbt.

Wahrnehmungsfähigkeiten - feinstofflich - *5 jnanendriyas*	physische Entsprechung - grobstofflich - *Körper*
Hören	Ohren
Fühlen	Haut
Sehen	Augen
Schmecken	Zunge
Riechen	Nase

Handeln und Reagieren

Zur Verbindung mit der Außenwelt gehört neben der Wahrnehmung auch der Umstand, dass wir auf die Eindrücke, die wir erfahren, reagieren können, dass wir also zurückwirken in die Welt. Dies geschieht mithilfe unserer Möglichkeiten zu handeln, unserer »Aktionsfähigkeiten«. Die Sankhya-Psychologie nennt sie die fünf *karmendriyas* (wörtlich: »Handlungsorgane«) und meint damit unsere Fähigkeiten zu sprechen, etwas zu manipulieren, also durch unser Einwirken zu verändern, und uns zu bewegen. Auch die Fähigkeiten, auszuscheiden und uns fortzupflanzen, werden den *karmendriyas* zugeordnet. Die physischen Entsprechungen dieser Fähigkeiten sind Mund, Hände, Beine, Geschlechts- und Ausscheidungsorgane.

Aktionsfähigkeiten - feinstofflich - *5 karmendriyas*	physische Entsprechung - grobstofflich - *Körper*
Sprechen	Mund
Berühren	Hände
Gehen	Beine
Fortpflanzen	Geschlechtsorgane
Ausscheiden	Ausscheidungsorgane

Die Wahrnehmungs- und Aktionsfähigkeiten, unsere mentalen Fähigkeiten also, durch die wir mit der Außenwelt in Beziehung treten, bilden *zusammen* das »äußere Organ« oder *bahirkarana.*

Bevor auf eine Wahrnehmung reagiert wird, vollziehen sich verschiedene mentale Verarbeitungsprozesse. Wie wir auf etwas reagieren, hängt von der Art des Geschehens ab, von der Klarheit unserer Wahrnehmung, von unserer Einschätzung der Chancen und Gefahren, von unseren Zielen und natürlich auch von unserer Selbstbehauptung und Intelligenz – von der ganzen Konditionierung unseres individuellen Geistes also. Man könnte auch sagen, es hängt davon ab, wie jeder von uns »tickt«. Während manche Aktionen schnell und unbewusst, gewissermaßen »vollautomatisiert« erfolgen, geht anderen Handlungen die komplexe Dynamik des Zusammenspiels von *manas, ahamkara* und *buddhi* voraus. Doch wie auch immer die mentalen Verarbeitungsprozesse im Einzelnen aussehen: Am Ende der Kette leitet *manas* eine Reaktion auf die Wahrnehmung ein.

Wahrnehmung und Reaktion

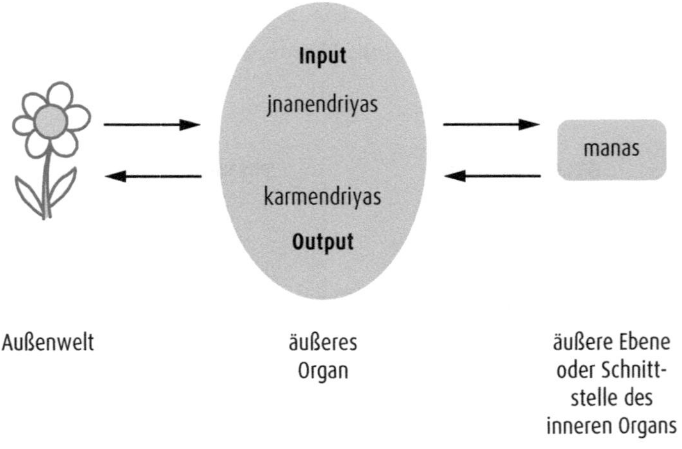

Objekte in der äußeren Welt und im inneren Raum

Wahrnehmung und Reaktion sind die Input- und Outputseite von *manas*, der Grenze zwischen Welt und Geist.

Wenn wir sagen »Welt und Geist«, dann bedarf das unbedingt der Präzisierung, denn »Welt« meint Innen- und Außenwelt zugleich. Eindrücke kommen ja nicht allein von außen (die Blume im Garten), sondern ebenso von innen (die Blume, die aus unserer Erinnerung aufsteigt). Bilder und Geräusche, die aus unserem Inneren stammen, erzeugen ebenso Reaktionen wie die Eindrücke, die von außen kommen. Wenn wir uns eine beängstigende Situation vorstellen, reagieren Körper und Psyche: Adrenalin wird ausgeschüttet, der Puls erhöht sich, der Muskeltonus steigt an, die Schweißsekretion nimmt zu, Emotionen werden erzeugt und so weiter. Wenn wir an Sex denken, tritt Erregung ein. Wenn wir an unseren ungeliebten Nachbarn denken, entsteht Verärgerung. Wenn wir an die bevorstehende Operation denken, werden wir nervös. Wenn wir an nichts denken, ist Stille.

Diese Beispiele verdeutlichen, warum wir betont haben, dass es sich bei den *jnanendriyas* und *karmendriyas* in erster Linie um *mentale Fähigkeiten* oder Veranlagungen handelt und mit ihnen nicht etwa die äußeren Sinnesorgane gemeint sind: Sinnesobjekte können im inneren Raum unseres Geistes ebenso entstehen und wahrgenommen werden wie in der Außenwelt. Und wir reagieren darauf. Kurzum: *Damit Freud und Leid entstehen, bedarf es nicht zwingend äußerer Reize.* Tatsächlich berühren wir hier einen ganz zentralen Punkt, nämlich: Der Geist kann sich selbst zum Problem werden, wenn er immer wieder unkontrolliert und ohne Bewusstheit – mit anderen Worten: ohne *purusha* – um mentale Inhalte oder Objekte kreist, die uns das Leben mitunter zur Hölle machen: Ängste und Sorgen, Ärger und Wut, Hass, Eifersucht und viele andere belastende Emotionen.

Diese Schmerz verursachenden inneren Objekte loszulassen, uns von ihnen abzuwenden, indem wir uns anderen, positiven Objekten zuwenden, ist eine der konkreten Methoden, die Patanjali im *Yogasutra* vorschlägt, um Negativität zu überwinden – eine Praxis, die *pratipaksha bhavanam* heißt:

> *Wenn uns negative Gedanken oder Gefühle umtreiben,*
> *dann sollten wir gegenteilige Gedanken [oder bhavas, mentale*
> *Zustände also] kultivieren.*[58]

Es klingt so einfach, so unspektakulär, und ist doch so weise: Die Negativität in unserem inneren Raum lässt sich nicht *bekämpfen*. (Vielleicht können wir sie mit Alkohol oder Medikamenten zeitweilig unterdrücken, doch das, so weiß Kapila, wirkt nicht dauerhaft und umfassend.) Wenn der Geist kämpfen würde, wen hätte er da zum Gegner? Kann der Geist gegen sich selbst zu Felde ziehen? Das ist absurd. Doch der Geist, der sich selbst zum Problem werden kann, hat auch die Macht, sich aus dem eigenen Sumpf zu befreien. Er muss sich neu ausrichten. Das ganze *Yogasutra*, ja, der ganze jahrtausendealte Weg des Yoga verfolgt im Kern nichts anderes als die Neuausrichtung des Geistes: Wir lösen uns von dem, was wehtut (*viyoga*), und verbinden uns mit unserer inneren Wahrheit (*yoga*).

Bei dieser Neuausrichtung geht es nicht um »Think pink«; *pratipaksha bhavanam* ist keine oberflächliche Form des positiven Denkens. Es meint nicht das Schönreden dessen, was schmerzhaft ist, auch nicht dessen Leugnung oder Unterdrückung. Vielmehr geht es darum, den Schmerz anzusehen und zu erkennen und anzuerkennen, dass etwas schmerzhaft ist – was einen hohen Grad an Bewusstheit voraussetzt. Erst dann gelingt einem möglicherweise ein Loslassen, dessen methodischer Kern die Hinwendung zu etwas Nicht-Schmerzhaftem ist.

Instinkte und Reflexe

Bevor eine Wahrnehmung (Input) zu einer Reaktion (Output) führt, läuft eine ganze Reihe von *mentalen Verarbeitungsprozessen* ab. Um diese soll es nun gehen.

Der erste Prozess nach der Wahrnehmung eines Objektes hat zu tun mit der Welt der Instinkte und Reflexe. Nehmen wir ein Beispiel: Wenn wir eine Straße überqueren und plötzlich ein Auto auf uns zurast, dann werden wir aller Wahrscheinlichkeit nach reflexartig zurückweichen. Dabei denken wir nicht nach, wir wägen nicht ab (»Soll ich? Soll ich nicht?«), sondern wir handeln ganz automatisch.

Jede eintreffende Wahrnehmung durchläuft zunächst einen instinkthaften und reflektorischen Scan: Auf einer grundlegenden biologischen Ebene läuft ein mentaler Prozess ab, so schnell, dass unser Geist nicht bewusst daran beteiligt ist – wir bekommen die Abläufe meist gar nicht mit. Folgende Fragen sind Teil dieses Prozesses: Kenne ich das, was ich hier sehe? Ist es freundlich? Wenn ja: Kann man es essen oder sich damit anfreunden? Eine Gelegenheit zur Paarung vielleicht? Ist es feindlich oder gefährlich? Sollte ich besser fliehen oder angreifen? Mit anderen Worten: Birgt die gegenwärtige Situation Chancen oder Gefahren? Bei unserem Beispiel mit dem Auto lautet die Analyse natürlich: potenziell lebensbedrohlich. Blitzschnell weist *manas* die Handlungsorgane an auszuweichen – es erfolgt eine reflektorische Handlung. Wir haben im Grunde nicht einmal die Wahl, denn *manas* sorgt dafür. Manche Dinge, die wir also zu tun meinen, *geschehen* uns vielmehr, als dass wir sie tun.

Bei einem herannahenden Auto ist das alles auch sehr nachvollziehbar und hilfreich. Doch wir Menschen reagieren – je nach Zustand unseres Geistes und des Grades unserer Bewusstheit – auf sehr viel mehr Dinge im Leben automatisch und unbewusst, einfach deshalb, weil wir *Gewohnheiten* entwickeln. Wahrnehmungen und Reaktionen habitualisieren sich, sie graben immer tiefere »Rinnen« in unseren Geist – im Yoga nennt man sie *vasanas* –, entlang derer wir »funktionieren«. Unser Geist wird zu einer Art Schallplatte, und die darin eingeprägten Lieder werden immer wieder abgespielt. Und wo wir glauben, bewusst wahrzunehmen, zu denken, zu entscheiden und zu handeln, ist es tatsächlich oft so, dass Programme sich abspulen, anstatt dass Bewusstheit zugegen wäre.

Gedanken

Manas kommt von der Sanskrit-Wurzel *man*, das heißt: denken, meinen, glauben, sich vorstellen, vermuten. Mit anderen Worten: nicht wirklich *wissen*. Das Denken von *manas* ist nicht das Denken von *buddhi*, unserer Intelligenz. Es ist mehr das »einfache Denken« unseres Alltags, das oft auch zweifelnden Charakter hat: Ich bräuchte noch dieses oder jenes, was soll ich nur nehmen? Was soll ich tun? *Manas* kann sich nicht entscheiden, weil es eben keine Entscheidungsinstanz ist. *Decision-Making* ist der Job von *buddhi*. Der Zweifel von *manas* kann in seiner gesteigerten Form zu Verzweiflung führen, zu einem totalen Nicht-Wissen angesichts der Frage, was in einer schwierigen Lebenslage am besten zu tun sei. *Manas* kann uns schwächen, ja lähmen. Genau das ist übrigens die Ausgangssituation der *Bhagavad Gita*: Arjuna, der tapfere Bogenschütze, soll in einen Bürgerkrieg ziehen. Er fängt an zu überlegen – nicht im Sinne klugen Nachdenkens oder Analysierens, sondern im Sinne des zweifelnden Denkens, ein Denken, das jede Entschlossenheit abtötet. Schließlich will er aufgeben: Er lässt

Bogen und Pfeile fallen und sinkt verzweifelt auf seinem Streitwagen nieder.

Zum Denken von *manas* gehört auch das zwanghafte Denken, der Motor im Kopf, der sich nicht abstellen lässt, der mentale Lärm, der uns manchmal nicht einmal mehr schlafen lässt. Wenn wir nachts schweißgebadet aufwachen, dann haben wir das *manas* zu verdanken. Auch der Ohrwurm, den wir nicht loswerden: Er singt in *manas*. So wichtig *manas* für unser Überleben ist, so sehr kann es uns auch zur Qual und zum Hindernis werden.

Gefühle

Manas ist der Monitor oder die Bühne, auf der all die Schauspieler unseres inneren Lebens auftreten, die vielen inneren Stimmen, die zu uns sprechen. Dazu gehören insbesondere auch die Gefühle. In der Philosophie des Yoga werden Denken und Fühlen nicht getrennt. Das ergibt Sinn, denn beide sind ganz eng miteinander verknüpft. Gedanken »triggern« Gefühle, die umgekehrt zu neuen Gedanken führen: Es ist ein permanenter Rückkoppelungsprozess, der sich natürlich auch in die neurotische Überspanntheit und sogar ins Psychotische steigern kann, eine krank machende Endlosschleife sozusagen. Wenn *manas* frei und unkontrolliert »herumläuft«, dann sind die Probleme vorprogrammiert: Das Wahrgenommene wird nicht bewusst angeschaut, es wird falsch eingeordnet und löst nicht hilfreiche Gedanken und Emotionen aus, denen entsprechende Handlungen folgen: Wir schaden uns selbst oder anderen Wesen.

Ein einfaches Beispiel: Wir begegnen einer fremden Person. Sie erinnert uns äußerlich an jemanden, den wir kennen und nicht mögen. *Manas* stellt sofort eine Verbindung zwischen dem Fremden und dem ungeliebten Bekannten her, was dazu führt, dass der Fremde – und das geschieht in Sekunden – als unsympathisch eingeordnet wird. Die zugehörigen Gefühle steigen auf. Bis zu diesem Punkt kann man in die »Manas-Automatik« kaum eingreifen, viel zu schnell laufen die Dinge ab. Doch wenn etwas Bewusstheit da ist, wenn also ein wenig von *purushas* Licht in unseren inneren Raum scheint, dann wird uns in diesem Moment klar werden, *dass* und *was* wir fühlen, anders ausgedrückt: Eine höhere Instanz ist gegenwärtig, welche die Gedanken und Gefühle sehen kann, weil sie jenseits davon ist: *Purusha* transzendiert Denken und Fühlen. Das Einsetzen der Bewusstheit ist genau jener Punkt, an dem die Manas-Automatik unterbrochen wird, was verhindert, dass nur gewohnheitsmäßig, mithin unbewusst, reagiert wird. So besteht die Chance, dass wir angemessen und sinnvoll handeln.

Dieses angemessene und hilfreiche Handeln geschieht freilich nie aus *manas* selbst heraus. Eine Reaktion, die *allein* innerhalb von *manas* »abgearbeitet« wird, ist immer reflexiv, instinktiv oder habitualisiert, sie ist also immer mehr oder weniger automatisch (und dazu meist auch unter dem starken Einfluss von *ahamkara*, unserem Ego). Die Gegenwart der Bewusstheit (die Gegenwärtigkeit) unterbricht die Automatik und ermöglicht die Beteiligung einer anderen, höheren Ebene unseres individuellen Geistes: *buddhi*.

Buddhi wird meist mit Intelligenz, Weisheit oder Intuition übersetzt und oft in einem rein positiven Sinne verstanden. Allerdings ist diese im populären Yoga vielfach kolportierte Vorstellung eine naive Verkürzung, die in die Irre führt und nicht der differenzierten Sicht der Sankhya-Psychologie entspricht. Ja, *buddhi* kann weise, intelligent, gütig und stark sein, muss es aber nicht. Und genau auf diesen Unterschied kommt es an. Einen Zugang zu buddhi zu haben reicht beileibe nicht, vielmehr muss *buddhi* in einer sattvischen Weise entwickelt werden. Was *buddhi* genau ist, seine Stellung im Gefüge unseres Geistes, und wie sich die *gunas* auf *buddhi* auswirken, darauf werden wir noch ausführlich zu sprechen kommen.

Manas – Zusammenfassung

Manas hat viele Aufgaben. Als äußere Ebene des inneren Organs (*antahkarana*) verbindet es uns mit der Außenwelt. Durch Manas können wir Objekte von außerhalb wahrnehmen und auf sie reagieren. Zudem kooperiert *manas* mit den zehn Aspekten des äußeren Organs, also mit unseren jeweils fünf Fähigkeiten des Wahrnehmens und Handelns. Weiterhin ist es der Monitor unserer inneren Welt, mithilfe dessen die Objekte, die aus unserer Erinnerung aufsteigen – innere Bilder und Gedanken –, wahrgenommen werden. *Manas* ist die Bühne unseres geistigen Lebens. Jede Wahrnehmung – im Außen wie im Innen – führt zu einer Kette von mentalen Prozessen auf instinktiver und reflektorischer Ebene. *Manas* besorgt zudem das einfache Denken, das hilfreich und überlebensdienlich oder zwanghaft und schädlich sein kann. Besonders als Ort des Zweifels – im Sinne des nicht zur Entscheidung gelangenden Hin-und-her-Überlegens – leistet *manas* uns oft wenig gute Dienste. (Das ist nicht zu verwechseln mit gesunder Skepsis, zu der immer auch eine gewisse Offenheit gehört.) Unsere Emotionen gehören ebenfalls zu *manas*. Schließlich setzt *manas* Entscheidungen um: entweder eigenständig – also im Sinne von Reflexen beziehungsweise gewohnheitsmäßig – oder auf »Anordnung« einer höheren Ebene unseres inneren Organs, namentlich *buddhi*.

Manas – die Bühne des menschlichen Geistes

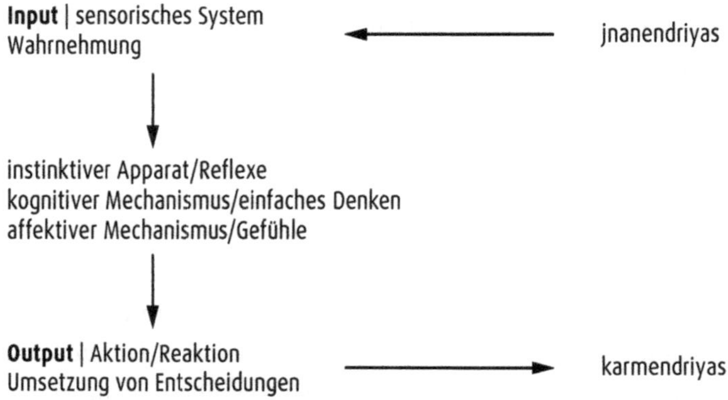

Ahamkara, das Ego

> *Wisse, dass deine innere Ruhe erst dann vollkommen ist,*
> *wenn dich kein Geschrei mehr berührt, kein Wort mehr aus*
> *der Fassung bringt, mag es Schmeichelei oder eine Drohung sein*
> *oder mag dir nur nichtssagender Schall in die Ohren dringen.*
>
> Seneca, römischer Philosoph (4 v. Chr.–65 n. Chr.)[59]

Aham heißt »ich bin«, und *kara* kommt von *kr*, tun oder machen. So ist *ahamkara* wörtlich der »Ich-Macher«. Dies ist ein sehr treffender Begriff, denn unser Ego ist genau das: eine mentale Instanz, die allen Dingen, die wir erfahren, das Etikett »Ich« anheftet. Erst dadurch wird eine Wahrnehmung zu *meiner* Wahrnehmung, ein Gedanke oder Gefühl zu *meinem* Gedanken oder Gefühl, so wie auch das Haus, das Auto, die Jacke, der Job, der Partner, die Partnerin, das Bankkonto und die Sozialversicherungsnummer zu *meinen* »gemacht« werden. *Ahamkara* bindet an alle Erfahrungen und Dinge unseres Lebens seine Fäden und hält sie auf diese Weise zusammen. Es grenzt damit das Ich gegen das Nicht-Ich ab. Es integriert die Vielfalt dessen, was uns ausmacht oder auszumachen scheint. Wir werden zur Person, die wir sind, allein deshalb, weil das Ego alles bündelt, was uns widerfährt. *Ahamkara* ist an allen mentalen Vorgängen beteiligt.

Notwendigkeit und Problem zugleich

Im spirituellen Kontext kommt das Ego meist sehr schlecht weg, es gilt als ein Übel, genauer: als *das* Übel überhaupt. Das ist freilich etwas kurz gedacht. Wir *brauchen* ein Ego. Selbst der Weise kann ohne ein solches nicht lange überleben, nicht physisch jedenfalls. »*Ahamkara*«, so heißt es kurz und bündig in der *Karika*, »ist das Prinzip der Selbstbehauptung (*abhimana*).«[60] Ohne ein Mindestmaß an Selbstbehauptungswillen und -kraft würden wir im Räderwerk des Lebens schlicht untergehen. *Das Ego integriert uns als Person.* Wäre uns ganz egal, was uns gehört und was nicht, verlören wir schnell alles, was wir haben, selbst das zum Leben Notwendigste. Und wüssten wir nicht, wo wir hingehören, könnten wir Mein und Dein nicht mehr unterscheiden, so würden wir, für jede Lebenswirklichkeit blind geworden, immer wieder die Grenzen überschreiten, die andere um sich ziehen. Das tägliche Leben erfordert dringend ein Gespür für die angemessene Nähe oder Distanz zwischen uns Menschen. Ohne eine Einordnung unserer Erfahrungen im Sinne von ich und mein könnten wir ja nicht einmal unsere Erinnerungen zusammenhalten, wir würden vielmehr in einem unstrukturierten »Ozean der Erfahrung« schwimmen und schließlich untergehen. Kurzum: Ganz ohne Ego geht gar nichts.

Aber das Ego ist zugleich unser größtes Problem: Die für das physische Überleben so notwendige Einteilung der Welt in mein, dein, ich und du nimmt uns gleichzeitig den Blick auf die inhärente Ganzheit und essenzielle Einheit der Schöpfung. Wir fühlen uns nicht nur getrennt von »den anderen«, sondern auch getrennt von Gott, Brahman, Tao oder wie immer wir das Höchste nennen wollen. Das Gefühl, ein vom Ganzen des Seins getrenntes Wesen zu sein, führt zu einer unseligen Dynamik, die dem Ich innewohnt: Das Ego will wachsen, will dem einfachen »Ich bin« immer mehr hinzufügen – ich bin *dies* und *das*, will dies und jenes, denke und meine so und so, ich habe oder habe nicht, ich will oder will nicht. Alles das erfolgt losgelöst von der Frage der Vernünftigkeit, muss doch das Angenehme, das man will, nicht unbedingt gut, oder das Unangenehme, das man nicht will, automatisch schlecht für uns sein. *Ahamkara* will sich schützen und absichern. Es will dominieren und kontrollieren. Aus *abhimana*, dem natürlichen und bis zu einem gewissen Grade notwendigen Selbstbehauptungswillen, kann reiner Machtwille werden.

Dem Wachstumsimpuls des Ego liegt im Kern die Angst vor dem eigenen Untergang zugrunde. Deshalb kreist das Ich immer um sich selbst: »Bin ich noch da? Bin ich groß und stark genug?« Stets will es im Zentrum sein. Es nimmt sich schrecklich wichtig, hasst Kritik, ist schnell beleidigt, neigt zu Selbstüberhöhung und Selbstüberschätzung. Und wenn es sich, umgekehrt, besonders klein, angreifbar, benachteiligt und leidend gibt, dann ist das oft nur eine subtilere Form des Kreisens um die eigene Bedeutung: Auch ein »kleines Ego« beschäftigt sich am liebsten mit sich selbst und ist daher, auf seine ganz eigene Weise, ebenso groß wie das Ego des Angebers.

»Wir sind viele«

Das Ego, dieses raffinierte Ding, kennt tausend Strategien, um für sein Dasein und Wachstum zu sorgen. Deshalb sagt der Dämon, den Jesus im *Evangelium nach Markus* austreiben will: »Legion heiße ich, denn wir sind viele.«[61] Der Dämon, Diabolos oder Satan: Das ist dieses vielgesichtige Ego, das die Wahrheit gern einmal verbiegt, wenn ihm das nutzt. *Satan* ist der wortverdrehende Ankläger, der »Antagonist«, der unserer inneren Offenheit, Weisheit und Güte so oft im Wege steht – der ausgestreckte und urteilende Zeigefinger, der auf den Splitter im Auge des anderen weist, wo er besser beraten wäre, den Balken im eigenen Auge zu sehen. *Ahamkara* steht nur allzu oft einer wirklich klaren Wahrnehmung im Wege, erst recht dem spirituellen Heimkommen, also dem Gewahrsein der tieferen Wirklichkeit, die wir sind. Es *wirft sich regelrecht dazwischen* – das ist die eigentliche Bedeutung des Wortes *diabolos* (*dia* = dazwischen und *bolos* = werfen; das deutsche Wort »Ball« kommt übrigens daher).

Wenn das Ego sich zum Krebsgeschwür auswächst, entfernt es uns von allem, was gut und heilig ist. So macht auch die von der kirchlichen Dogmatik ganz verzerrte Idee vom »Antichristen« Sinn: Christus ist *purusha*, unser inneres Licht, und wir sind auf dem spirituellen Weg aufgerufen, uns mit ihm zu verbinden (*yoga*), das Christuskind in uns selbst zur Welt zu bringen. Wir sind Maria. Wir sind auch die Krippe. Doch das kann uns nur gelingen, wenn sich nicht dauernd *ahamkara* dazwischenwirft und seine innere Dynamik des Sich-Aufblähens die Sicht auf unsere eigene Tiefe versperrt. Der Teufel ist kein böses Wesen. Er ist nur dieses bedauernswerte Ich, das sich zu wichtig nimmt. Das führt letztlich immer zu Schmerz. Das Ego ist eine der Hauptursachen, die zu Leid führt.

Das Ego als klesha

Das Yogasutra bezeichnet das Ego als *klesha*. Kleshas sind gemäß Patanjali die Hauptursachen des Leidens, und er zählt fünf davon auf. Sie folgen direkt aus der Unkenntnis unserer spirituellen Natur. Die spirituelle Blindheit, lässt uns glauben, ein »einsames Ego« im Kampf gegen den Rest der Welt zu sein. Das ist *asmita*, das »Ich-Gefühl«, wie Patanjali *ahamkara* auch nennt. Dieses ›ich will oder will nicht‹, *raga* und *dvesha*. Das grundlegendste Gut ist das nackte, physische Überleben. Das Ich fürchtet andauernd um seine Existenz, es ist der Quell, aus dem *abhinivesha*, die Angst vor dem Tod, geboren wird. Unsere Angst vor dem Tod ist im Kern das Nicht-Wissen um unsere wirkliche, unsterbliche, spirituelle Natur. »Was ungeboren, ewig und unvergänglich ist«, sagt Krishna zu Arjuna, »stirbt nicht, wenn der Körper stirbt.« Und im *Tao Te King* lesen wir:

> *Was bedeutet das, wenn man sagt:*
> *»Endloses Leid hängt am Körper«?*
> *Des Menschen wahre Natur ist ewig,*
> *und dennoch denkt er:*
> *»Ich bin dieser Körper, bald werde ich sterben.«*
> *Dieses falsche Verständnis seiner selbst*
> *ist die Ursache aller Probleme.*
> *Wenn einer sich nicht mit dem Körper identifiziert,*
> *sage mir: Welche Sorgen könnten ihn noch berühren?*[62]

Kleshas – die fünf Hauptursachen des Leidens im Yogasutra

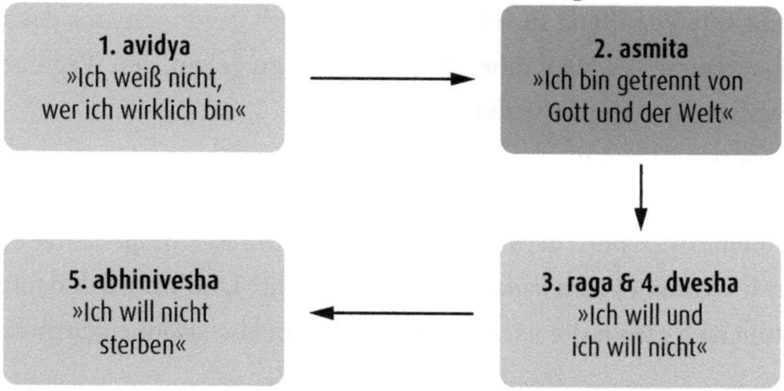

Die Zwitternatur des Egos

> *Es war als Hilfe gedacht. Doch man hat ihm erlaubt, ein Tyrann zu werden.*[63]
>
> Jane Roberts, Poetin & Seth-Channel (1929–1984)

Ahamkara, der Ich-Macher, ist irgendwie ein Zwitterwesen. Wir brauchen es zwar, damit wir auf der Erde leben können. Doch wenn wir erlauben, dass es zu groß und stark wird, wenn wir seinen unstillbaren Wachstumsimpulsen nachgeben, dann frisst es sich in unser Wesen hinein und zerstört schließlich unsere Beziehungen, unsere Gesundheit und unser Glück. Und je mehr Verantwortung wir tragen, zum Beispiel als Lenker von Unternehmen oder sogar Staaten, desto katastrophaler sind die Auswirkungen eines nicht eingehegten Ichs. Als *kollektives* Ego kann es besonders verheerend sein: Was richtet der Mensch als *Spezies* nicht alles an in der Welt! Es kommt mithin sehr darauf an, dass wir unser Ich in Schranken halten, damit es sich in den Dienst der höchsten Ebene unseres Geistes stellt und uns darin unterstützt, zum Guten in der

Welt wie auch für unsere eigene, positive Selbstentwicklung zu arbeiten. Vor allem: Es soll niemals die Kraft gewinnen, uns davon abzuhalten, den Weg inneren Wachstums zu gehen, den Weg nach Hause, der ein spiritueller ist.

Somit ist das Ich weder gut noch böse *an sich*, es ist einfach die Mitte zwischen *manas*, dem »äußeren Geist«, und *buddhi*, unserer Tiefendimension, dem »inneren Geist«. Die Kernfrage lautet damit: Ordnet es sich *buddhi* unter oder nicht? Und im Blick darauf stellt sich gleich die nächste Frage: Wie »tickt« *buddhi* eigentlich?

Buddhi, die innere Ebene des Geistes

> *Die Wahrheit ist:*
> *Du bist immer eins mit Gott –*
> *doch du musst das erkennen.*
> *Nichts weiter gibt es dann noch zu erkennen.*[64]
>
> Svetasvatara Upanishad

»Lux Buddhi«

Neben *manas*, der äußeren Ebene unseres Geistes, wo Wahrnehmen, Denken, Fühlen und Reagieren geschehen, und *ahamkara*, dem Ich, das alles zusammenhält, ist *buddhi* nun die dritte oder innere Ebene unseres Geistes. Das Wort kommt von *budh*, das bedeutet wissen, verstehen, begreifen, reflektieren, auch erwecken und erwachen. Von *budh* kommt *Buddha* – das ist der spirituelle Name des erleuchteten Prinzen Gautama Siddharta. Einmal fragte ihn jemand: »Wer bist du?« Darauf soll er geantwortet haben: »Ich bin *buddha*, erwacht.« Siddharta hätte auch so antworten können: »Ich bin achtsam, nicht mehr von der Welt betrunken. Ich bin klar und bewusst in jedem Moment. Ich bin luzide.«

Luzidität ist ein sehr schönes Wort: Das lateinische *lux* steckt darin, das bedeutet Licht – das Licht der Bewusstheit. Das Wort *Bewusstheit* fiel schon einige Male in diesem Buch. Synonyme dafür sind: Achtsamkeit, Luzidität, Klarheit, Wachheit oder auch Gewahrsein. Die Idee der *Trunkenheit* ist das Gegenteil davon. »Ich fand sie alle betrunken«, klagt Jesus im *Thomas-Evangelium*, »und ich fand keinen unter ihnen durstig.«[65] Eine schlimme Diagnose: Keiner hat einen klaren Kopf. Die Menschen sind sogar so besoffen, dass sie nicht zu bemerken scheinen, wie es wirklich um sie steht. Ohne Luzidität laufen sie im Rad der Welt und sind sich selbst und allem, was um sie herum geschieht, *ausgeliefert* – sie stochern im Nebel und tappen im Dunkeln. Wer so im Rausch (des Wahnsinns) ist, dem geht selbst der Durst nach Erkenntnis verloren. *Buddhi* ist jener »Ort« unseres Geistes, wo der Lichtschalter der Bewusstheit zu finden ist – wenn man ihn überhaupt noch betätigen will. Es ist oft der Schmerz, der diesen Wunsch auslöst. Der Schmerz lässt so manchen wach werden.

Wenn wir von Wachheit, Bewusstheit oder Luzidität sprechen, dann meint das eine ganze Reihe von mentalen Qualitäten:[66]

› Die *Klarheit des Denkens*: Bewusstheit ermöglicht es uns, ungehindert klare, vernünftige und logische Gedanken zu fassen. Das Verstricktsein in unser Habenwollen und Nicht-Habenwollen, in die äußeren Geschehnisse, Stress, Zweifel, Ablenkungen, Ärger, Groll, Sorge, Angst und so weiter, beeinträchtigen diese Fähigkeit.
› Die *Klarheit der Wahrnehmung*: Wir sind uns dessen bewusst, was im Moment geschieht. Unsere Sinne funktionieren und liefern

uns im Rahmen ihrer natürlichen Begrenzungen, derer wir uns ebenso bewusst sind, Daten, die verlässlich genug sind, dass wir, wenn nötig, *situationsgerecht* reagieren und handeln können.

- Bewusstheit gibt uns die *Fähigkeit, Entscheidungen zu treffen*. Das setzt voraus, Situationen zu verstehen, die Ereignisse einzuordnen, Prioritäten zu setzen, Alternativen zu erkennen.
- Die *Kontrolle darüber, was wir tun*, ist eine Qualität, die aus Bewusstheit erwächst. Sie ermöglicht es, unseren Willen zielgerichtet in vernünftige Handlungen zu übersetzen.
- Auch die so wichtige Fähigkeit, *gemachte Erfahrungen konstruktiv in den gegenwärtigen Moment einfließen zu lassen*, ist eine Frage der Luzidität. Ohne das Lernen aus Erfahrung sind wir verloren, weil wir dann immer wieder die gleichen Fehler machen – wir laufen im Hamsterrad von *samsara*.
- Richtiges Handeln bedeutet auch *gutes Handeln in einem ethischen Sinne*. Luzidität ist die Voraussetzung dafür, dass wir unser Handeln dahin gehend reflektieren können, ob es hilfreich oder schädlich in seinen Auswirkungen ist, sowohl auf uns selbst, vor allem aber auf andere.

Was das Fehlen von Bewusstheit bedeutet, bringt Krishna im zweiten Kapitel der *Bhagavad Gita* so auf den Punkt:

> *Wer dauernd an die Objekte der Welt denkt, entwickelt eine Anhaftung an sie. Aus dieser Anhaftung entstehen Wünsche. Und Wünsche führen zu Ärger (nämlich dann, wenn sie nicht erfüllt werden). Ärger vernebelt das klare Denken, was dazu führt, dass das Erinnerungsvermögen versagt. Wenn die Erinnerung versagt, ist die Vernunft dahin. Und wenn die Vernunft dahin ist, dann ist man verloren.*[67]

Der Yoga, wie er im Westen populär geworden ist, deutet *buddhi* gern verkürzt als die Ebene der Intelligenz und Weisheit. Diesem Verständnis zufolge ist sie immer sattvisch-klar, strahlend und wissend, eine Ebene, die in jedem Menschen vollkommen angelegt ist und nur noch freigelegt werden muss. Der etwas naiv anmutende Aufruf an den Sucher lautet dann: »In dir ist *buddhi* zu Hause, der Ort von Weisheit und Intelligenz. Versuche, zu *buddhi* zu finden, höre auf deine innere Stimme der Weisheit und handle danach.«

Die Vorstellung, dass in jedem Menschen vollkommene Weisheit und Intelligenz schlummern, mag tröstlich sein. Doch der Trost, der einer falschen Vorstellung entspringt, bedeutet noch nicht Klarheit, und deshalb ist er auch nicht hilfreich. Sankhya – und wie wir gerade gesehen haben: auch die *Gita* – ist beim Thema *buddhi* viel geerdeter. Zeigt uns nicht bereits die Alltagsbeobachtung, dass die Eigenschaften, welche *buddhi* so oft zugeschrieben werden – nämlich Willenskraft und Entschlossenheit, Losgelöstheit, Güte, Intelligenz, Weisheit und Intuition –, bei den Menschen grundsätzlich unterschiedlich entwickelt sind und darüber hinaus auch natürlichen Begrenzungen unterliegen? Oft sind sie sogar vollkommen abwesend. Es gibt schlicht keine Instanz in unserem inneren Organ, die *a priori* perfekt angelegt wäre, eine Instanz, zu der wir lediglich den Zugang finden müssten, um all unsere Lebensprobleme zu bewältigen und vollkommenes Glück zu finden.

Vom Erben und Erwerben

Selbst wenn wir hundert Jahre meditieren oder beten würden, machte uns dies allein noch nicht klug oder intelligent. Intelligenz ist zwar bis zu einem gewissen Grade erwerbbar, doch die Entfaltungsmöglichkeiten sind zugleich durch die Natur begrenzt. Ein Mensch mit Downsyndrom mag sich noch so sehr anstrengen, akademische Höchstleistungen wird er nie vollbringen, seine *buddhi* lässt das nicht zu. Dies sagt freilich nichts darüber aus, ob sein Handeln positive oder negative Effekte nach sich ziehen wird oder wie viel Glück oder Schmerz er im Leben erfährt. Auf der anderen Seite bewahrt uns Intelligenz keineswegs vor Fehlfunktionen: Die »Klugen« können ebenso depressiv, aggressiv, dement oder sogar wahnsinnig werden wie die »Dummen«. Manchmal mag der Intelligente sogar viel schlimmer unter seinem Geist leiden, weil er sich quälende Fragen stellt, auf die der »einfacher Gestrickte« nie kommen würde; es sind ja meist die Vieldenker, die zu melancholischen Grüblern werden.

Selbst die höchste Intelligenz schützt nicht davor, zu schädlichen Zwecken eingesetzt zu werden. So waren es hochintelligente Forscher, die besten der Welt, die auf Geheiß von »klugen« Politikern Atombomben und chemische Waffen entwickelt haben, grausame Massenvernichtungspotenziale, die beweisen, dass die operative Intelligenz des Menschen und das totale Fehlen tieferer Weisheit jederzeit eine unselige Allianz eingehen können.

Und wenn hohe Intelligenz sich mit starkem Machtwillen paart, geht es gerne besonders brutal zu: Dschingis Khan, Alexander der Große, Julius Caesar und Napoleon waren sicher allesamt hochintelligente, brillante Heerführer. Doch möchten wir sie angesichts des unvorstellbaren Leides, das sie rücksichtslos und ohne jedes Mitgefühl über Millionen brachten, weise oder gut nennen? Dasselbe gilt natürlich für die großen Staatslenker und Verbrecher der Moderne.

Die im populären Yoga so verbreitete Auffassung also, dass *buddhi* immer schon rein, weise und vollkommen sei, hat mit der

Wirklichkeit nichts zu tun, das ist ganz offensichtlich. Im Gegenteil, sie verschleiert die wichtige Tatsache, dass *buddhi* zum einen von der Natur vorgeprägt ist: Wir kommen mit unterschiedlichen Veranlagungen auf die Welt, unserem Erbe. Und zum anderen übersieht sie, dass *buddhi* entwickelt werden kann. Wir erwerben ein bestimmtes Maß an Kenntnissen, Intelligenz und Weisheit im Laufe unseres Lebens. Die Psychologie des Sankhya weiß das nur zu genau, deshalb heißt es in Vers 43 der *Karika:*

> *Die mentalen Veranlagungen […] können natürlich oder erworben sein. Sie haben ihren Sitz in buddhi […].*[68]

Es ist nicht nur so, dass Intelligenz und Weisheit entwickelt werden *können*, sondern die ganze Praxis des Yoga läuft darauf hinaus, dass sie entwickelt werden müssen. *Buddhi* kann nämlich auf Abwege geraten und im Sinne unserer menschlichen Reifung und spirituellen Entwicklung sogar völlig scheitern:

> *Durch die Ausrichtung auf das dharma steigt man zu höheren Existenzebenen auf. Durch das Verfehlen des dharma steigt man auf niedrigere Ebenen ab. Erkenntnis (jnana) bewirkt endgültige Befreiung, während das Gegenteil davon (also das Nichtwisssen oder die spirituelle Blindheit) Bindung bewirkt.*[69]

Kurzum, *buddhi* kann so vorgeprägt sein oder entwickelt werden, dass sie das Gegenteil dessen darstellt, was der populäre Yoga darunter so gerne verstehen möchte: Sie kann bösartig, gierig und rücksichtslos sein – Eigenschaften, die Leid und Schmerz in der Welt vergrößern. Sie schmieden die Ketten, die uns an die Welt binden.

Da *manas*, die äußere Ebene des individuellen Geistes, im Grunde eine rein operative Einheit ist, die im Rahmen ihrer Begrenzungen quasi automatisch »funktioniert«, und weil *ahamkara*, das Ego, keine eigene Wahl hat, da es seiner Natur entsprechend auf Wachstum ausgerichtet ist, kommt es also allein auf *buddhi* an. *Buddhi* muss entwickelt werden.

Ein Streitwagen als Bild für den Menschen

Die *Bhagavad Gita* gibt uns ein schönes Bild für die Rolle, die *buddhi* zukommt. Der Text ist dramaturgisch angelegt auf einem Schlachtfeld. Auf einem Streitwagen sitzend, führen Krishna und der Bogenschütze Arjuna am Vorabend eines Krieges ein spirituelles Gespräch. Dieses Setting steht für alle Ebenen des Menschen: Körper, Geist und spirituelle Dimension.

Der Streitwagen steht für Arjunas Körper. *Buddhi*, seine Intelligenz, lenkt den Wagen, so gut sie es gemäß ihrer natürlichen Veranlagung sowie ihres Entwicklungsstandes eben zu tun vermag. Die Zügel stehen für *manas*, die äußere Ebene des Geistes. Von *buddhi* geleitet, muss *manas* Sorge dafür tragen, dass der Wagen in die richtige Richtung fährt, dass also die fünf Pferde, die unsere fünf Sinne repräsentieren, sich nicht dauernd ablenken lassen von den vielen Straßen, auf denen der Wagen fährt. Die Straßen stehen für die Sinnesobjekte, die sich ihnen zeigen. *Ahamkara*, Arjunas Ego, identifiziert sich (noch) mit Streitwagen, Pferden, Zügeln und Straßen. Er denkt, er sei, was Körper, Sinne und Geist (*manas*) erfahren: »Das ist *mein* Streitwagen, *mein* Körper. Ich *bin* mein Körper. Und ich *bin* auch, was ich wahrnehme, denke und fühle.«

Krishna steht für *purusha*, das reine Gewahrsein, das aus dem Fenster des Streitwagens blickt und das Leben an sich vorbeiziehen sieht. *Purusha* strahlt in *buddhi* hinein wie die Sonne in einen

Kristall. Doch selbst der schönste Kristall spiegelt kein Licht wider, wenn er verschmutzt ist oder ein Tuch über ihm liegt: Buddhi muss kristallklar, sattvisch und rein sein, damit das Licht *purushas* in ihr aufstrahlen kann. Mit anderen Worten: *Einzig und allein auf* buddhi *kommt es an. Sie muss auf dem spirituellen Weg sattvisch werden: luzide, rein und klar.*

Die Symbolik des Streitwagens in der Bhagavad Gita

› Körper – Streitwagen

› *manas* (mind) – Zügel

› *ahamkara* (Ego) – Besitzer des Streitwagens

› *buddhi* (Intelligenz) – Wagenlenkerin

} antahkarana inneres Organ

› Sinne – fünf Pferde

› Straßen – äußere Welt

› purusha, Gewahrsein – Krishna, Fahrgast

Das psychologische Herzstück des Sankhya: Buddhi und die Bhavas

Das Rad des Lebens

Schon in der Einführung zu diesem Buch haben wir von *bhavachakra*, dem Rad des Lebens gesprochen. Es bedeutet wörtlich: *Rad der Zustände*. In einer Wissenschaft, die den Geist zum Gegenstand hat, kann es sich natürlich nur um *Zustände des Bewusstseins* handeln. Erstmals in der spirituellen Literatur Indiens wird dieses Bild in der *Svetasvatara Upanishad* erwähnt, einem Text, der intensiv aus dem Sankhya schöpft. Er beginnt mit den großen Fragen des Lebens:

> *Was ist der Ursprung des Weltalls? Ist es Brahman?*
> *Woher kommen wir? Warum leben wir?*
> *Wer befindet darüber, dass wir an das Gesetz*
> *von Freude und Schmerz gebunden sind?*[70]

Dann wird das All als ein Rad beschrieben, auf das wir gebunden sind, dem Kreislauf von Geburt, Leben, Tod und Wiedergeburt so lange unterworfen, bis wir endlich die Quelle erkennen, aus der wir kommen. Es ist die Quelle, zu der wir finden, wenn wir die Welt transzendieren, um uns mit *purusha* oder *atman* zu verbinden. Diese sind unser inneres Licht, das eins ist mit Brahman. Am Ziel der spirituellen Reise erkennt der erleuchtete Mensch, dass er reines Bewusstsein ist, ein »Funke Gottes« in der Welt.

Die acht Speichen, die das Rad des Lebens bilden, werden meist mit Buddhas Lehre vom »Achtfachen Pfad« assoziiert: So wird *bhavachakra*, das Rad des Lebens, zu *dharmachakra*, dem Rad der Lehre. Freilich ist auch Buddhas Lehre wesentlich eine Lehre der Geistesschulung, und so liegen die Ideen von *bhavachakra* und *dharmachakra* insofern nicht auseinander, als dass beide für jenes »Feld« oder den »Acker« stehen, auf dem die Arbeit des spirituellen Suchers geschieht, nämlich *buddhi*. Wenn diese vollkommen entwickelt ist, sind wir *buddha*: erwacht. Im Sankhya stehen die acht Speichen des Rades jedenfalls für die acht Zustände oder *bhavas* in *buddhi*. Die acht *bhavas* bilden vier *polare Paare*, die jeweils für hilfreiche (sattvische) oder nicht hilfreiche (tamasische) mentale Dispositionen stehen.

Bhavachakra, das Rad des Lebens, oder: Die acht Zustände von buddhi

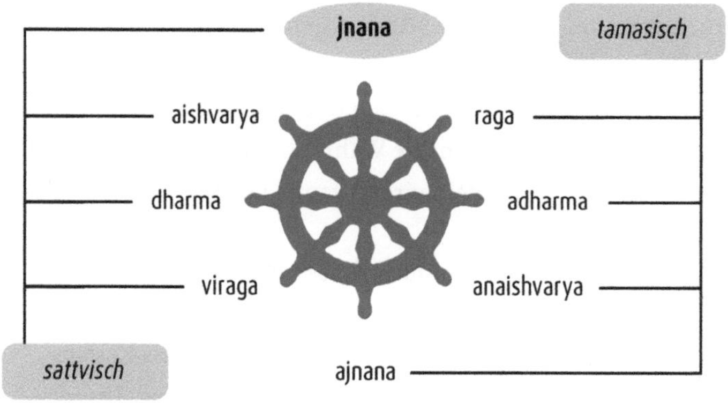

Einer dieser möglichen Zustände ist besonderer Natur, nämlich *jnana*, die Erkenntnis. Sie ermöglicht dem Menschen die Selbstverwirklichung. Der Weg dorthin führt über Meditation und Kontemplation. Die *Svetasvatara Upanishad* berichtet:

> *In tiefer Kontemplation erkannten die Weisen die höchste*
> *Wirklichkeit in sich selbst, das strahlende Wesen, den einen Gott,*
> *der als sich selbst bewusste Kraft in allen Wesen lebt.*
> *Er ist das Eine ohne ein Zweites.*
> *Tief in allen Wesen wohnt er, dem Blick verborgen,*
> *verschleiert von den gunas – sattva, rajas und tamas.*
> *Er herrscht über Zeit und Raum und alle scheinbaren Ursachen.*[71]

Kabir sagt über diesen Zustand, in dem alles Leid überwunden ist: »Dort kann der Irrtum nicht eindringen, und der Konflikt von Leben und Tod ist nicht mehr fühlbar.«[72] Das ist Heilung. Und Erkenntnis, so die Sankhya-Philosophie, ist das einzige Heilmittel, das den Menschen dauerhaft und umfassend von *duhkhatraya*, den drei Arten des Leidens, befreien kann.

Wie aber erlangt man einen Bewusstseinszustand, der solche Erkenntnis möglich macht? Anders gefragt: Wie muss unser Geist beschaffen sein, damit Selbsterkenntnis geschehen kann? Welche Eigenschaften muss *buddhi* haben oder entwickeln, damit *purusha* in ihr aufstrahlt und in unsere Wahrnehmung, Gedanken, Gefühle und Handlungen hineinwirken kann? Die *Karika* erklärt:

> *Buddhi ist jene mentale Instanz, die versteht und Entscheidungen trifft. Dominiert in buddhi die sattvische Natur, so führt dies zu einem Verhalten, das in Einklang mit den Gesetzen des Kosmos steht (dharma), ferner zu spiritueller Erkenntnis (jnana), Losgelöstheit (viraga) und Willenskraft (aishvarya). Dominieren hingegen die tamasischen Eigenschaften, so führt dies zum Gegenteil.*[73]

Betrachten wir dazu die *buddhi-bhavas* etwas genauer. Sie sind gewissermaßen das psychologische Herzstück des Sankhya. Die Ausbildung der vier sattvischen Qualitäten von *buddhi* markiert das große Selbst-Entwicklungsprogramm des Sankhya-Yoga.

Aishvarya, der starke Geist

> *Ich muss mich durch innere Widerstände hindurchkämpfen.*
> *Kämpfen wir also und rufen wir fremde Hilfe herbei!*
> Seneca, römischer Philosoph (4 v. Chr.–65 n. Chr.)[74]

Willenskraft

Aishvarya heißt Kraft, Stärke, Macht. Der »starke Geist« also ist gemeint. Wir könnten auch Willenskraft, Motivation oder Entschlossenheit dazu sagen. Das *aishvarya-bhava* ist notwendig, damit wir überhaupt irgendetwas beginnen und es dann auch umsetzen – die kleinen Dinge im Alltag ebenso wie ein großes Projekt: *Aishvarya* brauchen wir zum Beispiel, damit wir morgens aufstehen, gerade dann, wenn eine andere Stimme in uns sagt, dass wir viel lieber liegen bleiben würden – immer dann also, wenn wir den »inneren Schweinehund« überwinden müssen. Ohne *aishvarya* würden wir uns nicht regelmäßig zur Meditation hinsetzen und auch keiner anderen spirituellen Praxis folgen können. Auch zur Praxis von *asanas* oder anderen körperlichen Übungen brauchen wir die Qualität von *aishvarya*. Ohne *aishvarya* könnten wir in der Welt nichts erreichen, nichts lernen, uns nicht entwickeln, keine unserer Ideen verwirklichen, sei es nun zum Guten oder, wenn das unsere Absicht wäre, zum Schlechten. Mit anderen Worten: Wir kämen keinen Meter voran. *Aishvarya* ist die Kraft, die Widerstände überwindet – auch und vor allem die Widerstände im eigenen Inneren. Das Gegenteil des *aishvarya-bhava*, der tamasische Willensmodus gewissermaßen, ist *anaishvarya*, die Schwäche.

Entscheidungskraft

Die Stärke von *aishvarya* findet sich auch in der Entscheidungskraft: Sie überwindet den Zweifel, der in *manas* zu Hause ist, dieses unschlüssige Hin-und-her-Überlegen, das wir alle so gut kennen. Der *Zweifel*, das sei hier dazugesagt, ist von einem gesunden Maß durchaus hilfreicher *Skepsis* zu unterscheiden, die so manches be-*zweifelt* und uns so davor schützt, jedem Unsinn blind zu folgen. Wenn Skepsis verbunden ist mit einer prinzipiellen Offenheit dem Neuen gegenüber, dann ist das eine hilfreiche Ausstattung für unser inneres Wachstum. Der *spaltende* Zweifel aber, so menschlich er ist, schwächt uns: Man kann selbst im Hinblick auf die kleinen Dinge des Lebens so sehr ins Schwanken geraten, dass man schließlich gar nichts mehr anpacken will: »Will ich dies oder das? Was soll ich bloß tun? Ich weiß nicht!« Am Ende tun wir gar nichts, fallen in ein Loch, aus dem wir nicht mehr herauskommen. Stehen bleiben, nicht mehr weiter wollen – auch die Depression ist eine Facette von *anaishvarya*, der tamasischen Schwäche in *buddhi*. Gerade sie zeigt übrigens auch ein Dilemma im Zusammenhang mit *aishvarya*: Um Willensstärke und Entscheidungskraft zu entwickeln, braucht es immerhin genügend anfängliche Kraft, um den *initialen* Impuls auszulösen. Gerade dieser zündet bei Depressionen aber meist nicht mehr: Nicht einmal mehr der Entschluss, etwas zum Positiven zu verändern, mag da gefasst werden. Aus eigener Kraft finden Depressive deshalb oft nicht mehr aus ihrem psychologischen Loch heraus. Wie dem auch sei: Wenn unser Geist zwischen tausend Optionen hin- und herpendelt, dann ist er zerrissen, zerstreut, im wörtlichen Sinne unkonzentriert und vermag nichts. *Aishvarya* können wir also auch als die Kraft der Ausrichtung bezeichnen.

Die Kraft des Sehnens

Es bedarf manchmal *duhkha*, negativer Räume, damit der Wille stark genug wird, das eine oder andere im Leben zum Positiven hin zu verändern: Ein schmerzender Rücken mag uns zum Hatha-Yoga oder einem anderen körperlichen Training führen. Husten oder grünlich schleimiger Auswurf gibt uns vielleicht die nötige Motivation, um mit dem Rauchen aufzuhören. Und wenn die Konflikte im Job nicht mehr auszuhalten sind, versuchen wir möglicherweise, daran etwas zu ändern – und sei es nur, dass wir die Entschlossenheit finden, einen besseren Ort für uns zu suchen.

In spiritueller Hinsicht ist *aishvarya* jene starke Kraft, die aus der *Sehnsucht nach Befreiung* vom leidhaften Rad des Lebens erwächst. Das *Yogasutra* sagt, dass die Befreiung umso schneller erlangt wird, je stärker das Sehnen ist.[75] Diese spirituelle Dimension von *aishvarya* wird auch dadurch offensichtlich, dass das Wort etymologisch verwandt ist mit *Ishvarah*, ein Wort, das für Gott steht. Die Silbe Is heißt lenken, regieren oder herrschen. *Shva* meint den Atem und das Leben, und *ra* verweist auf das Feuer, die Hitze, den Schmerz und die Transformation. *Ishvarah*, eine höchste Kraft (Gott, Quelle, Tao, universelles Bewusstein), waltet in allem und durchflutet das ganze Sein (Ish). Sie belebt die Wesen und beatmet sie (*shva*). Schließlich tranformiert sie sie zur Selbsterkenntnis (*ra*). *Aishvarya* ist in diesem Sinne *Ishvarahs* Kraft in *buddhi*, die Energie, die zu der Quelle zurückfließen will, aus der sie strömt.

Wenn der *aishvarya-bhava* fehlt und stattdessen *anaishvarya* dominiert, übernehmen *manas* und *ahamkara* das Ruder. Wir werden von der »Automatik« der äußeren Ebene unseres Geistes und unseres wachstumssüchtigen Egos beherrscht. Wir handeln gewohnheitsmäßig, lust- und egozentriert, frei von bewusster und zielgerichteter Führung. Im Grunde sind wir dann Sklaven unserer selbst. Über diese Kraft, Herr unseres Geistes zu sein, spricht auch Jesus im *Thomas-Evangelium*:

> *Wenn der Eigentümer eines Hauses weiß, dass ein Dieb kommt,*
> *wird er Wache halten, bevor der Dieb kommt, und den Dieb nicht in*
> *das Haus, das ihm gehört,*
> *einbrechen und seine Besitztümer stehlen lassen.*
> *So sollt auch ihr wachsam sein gegenüber der Welt.*

> *Bewaffnet euch mit großer Stärke, sonst finden die Räuber*
> *einen Weg, zu euch zu gelangen, denn die Probleme,*
> *die ihr erwartet, werden kommen.*
> *Möge ein Mensch unter euch sein, der versteht.*[76]

Das Haus ist unser Geist. Die Besitztümer sind unsere sattvischen Eigenschaften, die uns Friede und Freude schenken. Die Räuber, das sind natürlich die losen Zügel (*manas*), die wild umherlaufenden Pferde (*jnanendriyas*) und *ahamkara*, das Ich, das sich für das Zentrum des Universums hält. Wir brauchen Stärke, um den Streitwagen unseres Körper-Geist-Komplexes auf einem guten Kurs zu halten. Es ist genau dieser Punkt des Sankhya, der Yogis erkennen ließ, dass der Geist Kontrolle braucht, gebündelt oder konzentriert werden muss, wenn etwas bewirkt werden soll: *Tapas*, die Bemühung um positiven Wandel im Leben mithilfe der praktischen Übungen des Yoga, zielt deshalb sehr auf die Kultivierung der Kraft in *buddhi*.

Energetische Aspekte

Intensive Praktiken der Geistesschulung können, so lesen wir im dritten Kapitel des *Yogasutra*, auch zu »paranormalen« oder »okkulten« Kräften führen. Gemeinhin werden sie *siddhis* genannt, und auch sie kann man als einen Aspekt von *aishvarya* begreifen. Paranormale Fähigkeiten sind – wie jeder Prozess, der in der Natur, in unserem Körper oder Geist abläuft – eng verbunden mit energetischen Aspekten. Die Arbeit an und mit *pranamayakosha*, unserem Energiekörper, nimmt daher viel Raum in der Praxis des Yoga ein. Im dritten Kapitel des *Yogasutra* gibt Patanjali zahlreiche Hinweise für die Arbeit mit dem Energiekörper. Tatsächlich enfaltet er dort in nur wenigen Versen den ganzen Energiekörper des Menschen.[77]

Aishvarya braucht Richtung

Mag man seine Fähigkeiten nun als »normal« oder »para-normal« einordnen: Ein starker Geist ist jedenfalls ein mächtiges Instrument. Er kann zum Guten oder zum Schlechten wirken. Es ist also sehr wichtig, dass *aishvarya*, die Kraft der Ausrichtung, in eine verantwortliche, gute und hilfreiche Richtung zielt. Das heißt: Wir brauchen Orientierung im Leben, ein hilfreiches Leitbild. Hierfür steht die Idee des *dharma* (oder, im tamasisch-negativen Sinne: *adharma*). Die *dharma-* und *adharma-bhavas* wollen wir uns als Nächstes ansehen.

Dharma, die Ausrichtung auf das »kosmische Gesetz«

> *Seine Rolle zu spielen in Harmonie mit dem Ganzen –*
> *das ist wirkliche Demut.*[78]
>
> Laotse (China, 6. Jh. v. Chr.)

Wir haben darüber gesprochen, dass *aishvarya*, die Kraft in buddhi, Orientierung braucht. Die Frage ist: *Woran* können wir uns in unserem Denken, Sprechen, Handeln – in unserem ganzen Lebensvollzug als Einzelne wie auch als Gemeinschaft – orientieren? Wer oder was sagt uns, was richtig und falsch, gut und böse ist? Welche Gesetze gelten in der Natur wie auch unter den Menschen? Nach welchen Regeln sollen wir leben? Worauf also sollen wir uns *ausrichten?*

Auf einer äußeren Ebene – wir könnten sie auch die *politische* nennen – mögen uns die gesellschaftlichen Gesetze, Regeln und Handlungsempfehlungen, geschrieben oder nicht, Orientierung geben. In Staaten, Regionen, Städten, Unternehmen, Religionsgemeinschaften, Verbänden, Familien: In jeder Art von Gemeinschaft finden sich die *dos and don'ts*, die uns sagen, was wir tun oder unterlassen sollen. Wenn wir uns nicht an sie halten, zieht dies – je nachdem, wo, mit welcher Motivation, wie intensiv und gegen welche Regel wir dabei verstoßen – mehr oder weniger schmerzhafte Konsequenzen nach sich: Menschen bestrafen andere Menschen, wenn sie gegen das von Menschen formulierte *dharma* verstoßen, ein *dharma*, das freilich überwiegend *relativ* ist, also abhängig von Zeit, Ort, Status und Umständen: Vor hundert Jahren galten bei uns andere Regeln als heute (Aspekt der Zeit). In anderen Ländern gelten andere Gesetze als bei uns (Aspekt des Ortes). Die Handlungsspielräume der Mächtigen sehen anders aus als die der einfachen Bürger, zudem gelten für deren Handeln oft andere Kriterien (Aspekt des Status). Und ein Handeln in außergewöhnlichen Situationen, zum Beispiel in Notwehr, wird anders beurteilt als das Handeln in gewöhnlichen Situationen (Aspekt des Umstandes).

Keine Frage: Wir *brauchen* (offensichtlich und leider) äußere Regeln, um es miteinander einigermaßen aushalten zu können. Die Politik auf all ihren Ebenen, von der Kommunal- bis zur Weltpolitik, beschäftigt sich fast ausschließlich mit der Schaffung und Abschaffung dieser zwangsbewehrten äußeren »Spielregeln«, die für unser Zusammenleben gelten. Es ist freilich nichts darunter, das von Dauer wäre, schon gar nichts, das ewig Bestand hätte, zudem nichts, das uns wirklichen *inneren* Halt geben kann. Von Menschen gemachte Regeln sind meist bloß äußerer Zwang. Der Verfall ist ihrer Natur inhärent, wie auch Laotse klar zum Ausdruck bringt:

»Dinge, die ihren Platz durch Zwang gewinnen, blühen eine Zeit, doch dann vergehen sie.«[79]

Orientieren wir uns an Gesetz und Recht, gibt es neben deren Relativität und Bedingtheit noch ein weiteres Problem: Gesetztes Recht, das *Legale* also, kann schrecklich ungerecht sein. In vielen Ländern der Welt wurden und werden bestimmte Bevölkerungsgruppen diskriminiert, unterdrückt, benachteiligt. In Südafrika war es ganz legal, dass Schwarze von wichtigen gesellschaftlichen Stellungen ausgeschlossen waren, in den USA durften sie nicht einmal zusammen mit Weißen in einem Bus sitzen. In den muslimischen Ländern werden Frauen unterdrückt, zum Beispiel indem man ihnen das Wahlrecht verwehrt oder sogar verbietet, ein Auto zu fahren. In ganz Europa war es jahrhundertelang legal, dass Menschen wegen Hexerei angeklagt, gefoltert und verbrannt wurden, wenn sie sich nicht an die religiösen Vorschriften der Kirche hielten. Und es ist noch nicht lange her, da wurde in Deutschland von höchster Stelle angeordnet, Menschen wegen ihrer »Rassenzugehörigkeit« millionenfach zu töten. Formal *legal* ist immer, was gesetzt (oder in einer Diktatur: befohlen) wird. Doch ist es deshalb schon gut und gerecht? Der Legalität *blind* zu folgen ist das Gegenteil von Zivilcourage und führt immer in den Irrtum.

Ethik

Jenseits von Gesetzen können uns *ethische* Prinzipien eine Orientierung zum Handeln geben. Doch auch die ethischen Prinzipien sind letztlich von Menschen formuliert, sie unterliegen ebenso dem Wandel und der Relativität wie die unüberschaubare Zahl der

Paragrafen eines Rechtsstaates: Ethische Grundfragen sind sehr oft *Streitfragen*, vor allem dann, wenn Themen berührt werden, die im Zusammenhang mit dem Anfang und Ende des menschlichen Lebens stehen, wie zum Beispiel die Präimplantationsdiagnostik, die Abtreibung, die Sterbehilfe oder die Frage der Todesstrafe. Hier gelten offenbar keine absoluten Wahrheiten, sondern die jeweiligen gesellschaftlichen Entwicklungen resultieren aus politischen Macht- und Mehrheitsverhältnissen: Ethisch ist demnach das, was sich jeweils durchsetzt.

Selbst interkulturell geteilte ethische Prinzipien – wie zum Beispiel das Tötungsverbot – sind der Relativität unterworfen: Staaten, darunter sogar Demokratien, richten ihre Bürger hin und lassen ihre Soldaten in andere Staaten einmarschieren. Gewalt und Unterdrückung herrschen noch allenthalben auf der Welt. Die Großen beuten die Kleinen heute so straflos aus wie gestern. Und während der reiche Teil der Welt mit dem Problem kämpft, dass immer mehr Menschen vom vielen Essen fett und krank werden, haben über eine Milliarde nicht einmal sauberes Trinkwasser. Ein Gefühl, dass es wirklich *ethisch* – will sagen: fair und gerecht – zuginge auf der Welt, will sich da nicht einstellen.

»*Kosmo-ethische*« Dimension

Die Menschen sind heute so weit davon entfernt wie eh und je, das wohl *allgemeinste Prinzip* der Ethik umzusetzen, ein *Proto-Prinzip* gewissermaßen. Würde dieses Prinzip wirklich gelebt, dann würde es jede weitere ethische Regel faktisch obsolet machen. Es ist ein Prinzip, das so einfach und grundlegend ist; Jesus sprach davon, und alle Religionen der Welt kennen es, jenes *dharma*, das man *regula aurea* nennt, die *goldene Regel*:

Wie immer ihr wollt, dass die Leute mit euch umgehen, so geht auch mit ihnen um! Denn darin besteht das Gesetz und die Propheten.[80]

Die logische Umkehrung hiervon dichtet der Volksmund so: »Was du nicht willst, das man dir tu, das füg auch keinem andern zu.« Keine ethische Idee ist einfacher zu verstehen als die goldene Regel, keine ist zugleich umfassender, keine könnte mächtiger sein als sie. Sie wurde auch als »ethische Weltformel« bezeichnet.[81] Ich denke, wir können noch weiter gehen und ihr einen »*kosmo-ethischen*« Rang einräumen: Ist vorstellbar, dass viel weiter entwickelte Wesen als der Mensch dieses Prinzip *nicht* verstehen würden? Würden jedenfalls *wir alle* danach leben, so wären über Nacht nahezu alle Übel auf der Erde beseitigt. *Regula aurea*, die goldene Regel, erschafft *saecula aurea*, das Goldene Zeitalter, über welches der römische Dichter Ovid (43 v. Chr.–18 n. Chr.) schrieb:

Jene vergangene Zeit, die wir doch die »Goldene« *nennen, ist mit den Früchten der Bäume und dem, was der Boden hervorbringt, glücklich gewesen und hat ihren Mund nicht mit dem Blute besudelt. Sicher schwangen da durch die Luft ihre Flügel die Vögel, frei von Ängsten streifte da mitten im Kraute der Hase, und sein arglos Gemüt brachte nicht den Fisch an den Haken. Ohne Verrat und ohne die Furcht vor Arglist war alles da und des Friedens voll.*[82]

Wir bezeichnen uns gern als *homo sapiens*, den weisen Menschen. Doch wir verwenden so viel Kraft und (zweifelhafte) Intelligenz darauf, die Natur zu schröpfen und unseren (vermeintlichen) Wohlstand zu steigern. Homo rapiens, der raffende Mensch, wäre deshalb der treffendere Begriff. Denn unsere Ausrichtung ist grundverkehrt: *Aishvarya* richtet sich nach *adharma*. Und so raubt, rafft, greift, verletzt, unterjocht und tötet der Mensch und macht sich gerade dadurch unfrei.

»Er ist nur ein Sklave«, sagt der römische Philosoph Seneca (4 v. Chr.–65 n. Chr.) über den Menschen und geht hart mit ihm ins Gericht:

> *Der eine ist Sklave seiner Begierde, der andere Sklave*
> *seiner Geldgier, ein dritter Sklave seines Ehrgeizes.*
> *Alle sind wir Sklaven der Hoffnung, Sklaven der Furcht.* [...]
> *Die tiefste Verachtung verdient, wer sich freiwillig zum Sklaven macht.*[83]

Sich selbst dem *dharma* der goldenen Regel zu unterwerfen: Das bedeutet Freiheit. Erst indem ich mir *nicht* erlaube, mir alles zu nehmen, was ich nehmen könnte, in der *bewusst gewählten Selbstbeschränkung* also, handle ich als wirklich freies Wesen. Ansonsten bin ich nur Diener von *manas* und *ahamkara*, bin Automat und Ego mit fehlgesteuerter *buddhi*: *rapiens* statt *sapiens*.

Die Darstellung der acht Glieder des Yoga, wie wir sie im zweiten Kapitel des *Yogasutra* finden, beginnt mit Regeln für den Umgang in unserem persönlichen Umfeld. Es sind ethische Regeln, die für Patanjali *universellen* Rang einnehmen, die also nicht zur Disposition stehen: Sie sind der Relativität von Status, Ort, Zeit und Umständen, wie wir ihr bei der Ethik des Menschen ansonsten begegnen, enthoben. Deshalb nennt er sie auch *mahavratam*, das Große Bekenntnis:

> *Die Regeln für das Verhalten in unserem persönlichen Umfeld sind:*
> *Nicht-Verletzen, Aufrichtigkeit, Nicht-Stehlen, leben im Bewusstsein*
> *um die Quelle, aus der wir kommen, und Nicht-Greifen.*

Diese Regeln sind universell gültig, unabhängig von Status, Ort, Zeit und Umständen. Sie sind mahavratam: das Große Bekenntnis.[84]

Dieses Bekenntnis, die Selbstverpflichtung also, nach universellen Prinzipien zu leben, ist das Fundament des Yoga. Wie viel *duhkha* verschwände aus der Welt, wenn es doch bloß zum Fundament des Menschseins würde!

Naturgesetze

Zur Idee des *dharma* gehören auch die Wirkkräfte im Kosmos, jene Naturgesetze, die Astronomen erforschen: Entstehung, Aufbau und Evolution des Weltalls und die darin wirkenden Kräfte wie Energie, Materie, Raum, Zeit, Kausalität und so weiter. Und je tiefer sie ins All eindringen, je mehr sie »wissen«, desto größer ist ihr Erstaunen angesichts der Weite und oft auch Unerklärlichkeit dessen, was sie da entdecken: Energien, die so stark sind, dass sie als »Schwarze Löcher« ganze Galaxien in ihren Abgrund saugen, in welchem selbst die Zeit verschwindet und das Licht gekrümmt wird. Sie stellen Berechnungen an, die belegen, dass der Kosmos sich seit seiner unerklärlichen Geburt fast mit Lichtgeschwindigkeit ausdehnt und dabei den Raum, in den hinein er sich entfaltet, selbst erschafft – sozusagen kommend aus der Fülle des Nichts und sich stetig erweiternd: Das Nichts wird zu etwas, indem es in den nicht vorhandenen Raum des Nichts expandiert. Und die Erde, auf der wir leben, mithin auch wir selbst, sind diesen Kräften unterworfen.

Das Nachdenken über die Grenzen des Alls – sein Anfang und sein Ende – rückt die Physik in die Nähe der Mystik, wie wir gesehen haben, als wir über die Sankhya-Idee des Potenzials sprachen: *avyakta* oder *mulaprakriti*, jener Urozean oder Wurzelgrund, der in den Augen der Astronomen ein unendlich kleiner, raumloser und massereicher Punkt ist, den sie *Singularität* tauften. An den Naturgesetzen also kommen wir nicht vorbei, auch sie sind *dharma*, wobei noch lange nicht ausgemacht ist, wo genau die Grenzen dieser Gesetze verlaufen.

Spirituelle Dimension: das Prinzip des Gebens

Um die spirituelle Idee des *dharma*- beziehungsweise *adharma-bhava* deutlich zu machen, möchte ich Krishna etwas ausgiebiger zu Wort kommen lassen. Im vierten Kapitel der *Bhagavad Gita* erklärt er seinem Schüler Arjuna den kosmischen *dharma* als Weg der Ausrichtung auf das Höchste, als den erwartungslosen Yoga des Loslassens, Gebens und Empfangens. Krishna sagt:

> *Immer dann, wenn der dharma, das Gute und Richtige,*
> *zu verfallen droht, und wenn adharma, das Böse und Falsche,*
> *überhandnimmt, dann zeige ich mich in körperlicher Form.*
> *Um das Gute zu beschützen, das Böse zu zerstören und den*
> *dharma wieder zu errichten, erscheine ich so Zeitalter um Zeitalter.*
> *Wer diese meine Wahrheit, meine Verkörperung und mein Handeln*
> *erkennt, wird nicht noch einmal geboren, sondern gelangt zu mir.*
> *Um dich zum Höchsten hin zu entwickeln, kontrolliere die Sinne*
> *mithilfe deines Geistes, lasse alle Anhaftungen los und praktiziere*
> *Karma-Yoga: Tu, was zu tun ist. So ein Handeln ist besser,*
> *als gar nichts zu tun, denn würdest du allem Handeln entsagen,*
> *dann könntest du nicht einmal deinen Körper am Leben erhalten.*
> *Aber: Die Welt wird dir zum Gefängnis, wenn du nur um deiner*
> *selbst willen handelst. Deshalb mache jede Handlung zu einer*
> *Gabe, vollkommen frei von persönlicher Anhaftung.*

> Als der Schöpfer am Anfang der Zeit die Menschheit und yagna, das Prinzip des Gebens, schuf, da sagte er: »Durch Geben sollt ihr euch vermehren und alles empfangen, was ihr euch wünscht.«
>
> Durch dein Geben ehrst du die himmlischen Wesen und sie ehren dich, so wirst du das Höchste erlangen. Durch dein Geben geehrt, geben die himmlischen Wesen dir alles, was du willst. Wer aber nur genießt, was ihm gegeben ist, ohne selber wieder zu geben, der ist in Wahrheit ein Dieb. […] Aus Nahrung erwachsen alle Wesen. Nahrung entsteht aus Regen. Regen ist Geben. Und dies Geben gründet im Karma.
>
> Wisse, dass Karma dem Veda entspringt, und der Veda kommt aus dem Höchsten Sein. Der alles durchdringende Veda ist also im Geben gegründet. Jeder hier auf Erden, der sich nicht ausrichtet auf das sich so drehende Rad gegenseitigen Dienens, der sein Leben darauf verschwendet, nur seinen Vergnügungen nachzugehen, lebt vergeblich.
>
> Doch wer seine Freude im inneren Licht allein findet, wer darin zentriert und zufrieden ist, der hat mit Sicherheit keine weiteren Pflichten mehr. Dann gibt es nichts mehr zu gewinnen durch Tun, nichts mehr zu verlieren durch Nicht-Tun und keinerlei Abhängigkeit von irgendjemandem wegen irgendetwas. Tu deshalb, was du tun musst, stets ohne Anhaftung daran. Tust du die Dinge ohne Erwartungen für dich selbst, wirst du den höchsten Zustand erfahren.[85]

Dharma in diesem kosmischen Sinne nennt man auch *sanatana-dharma*, das »Ewige Gesetz«. Es ist sozusagen ein Gesetz ohne Verfallsdatum. Das Wort *dharma* kommt von der Wurzel *dhri*: zusammenhalten, erhalten. Das unvergängliche Gesetz des Gebens, so die Idee, hält das All zusammen. Dieser *dharma* braucht nicht die Vorschriften und Regeln der Menschen. Ganz im Gegenteil, allzu oft ist es doch so, dass der von Menschen geschaffene *dharma* mit dem kosmischen über Kreuz liegt: Das ist *adharma*. Und so sagt Krishna, dass immer wieder verwirklichte Wesen wie er als Menschen auf die Welt kommen, um diesen das »Ewige Gesetz« aufzuzeigen und um zurechtzurücken, was schiefläuft. Zugegeben: Die Arbeit von Krishna, Laotse, Buddha, Jesus, Kapila, Patanjali, Kabir und den vielen anderen Weisen aller Zeiten trägt wohl immer noch nicht die Früchte, die wir gern ernten würden. Aus den Menschen auch *gute* Menschen zu machen ist ein mühseliges Geschäft.

Die Prinzipien des Gebens, des Loslassens, der Güte und des Mitgefühls, die Ausrichtung auf ein höheres Ziel, schließlich die spirituelle Selbstverwirklichung, deren Perspektive weit hinausweist über die begrenzte Zeit, die wir als physische Körper auf diesem Planeten zubringen: Das macht die Idee des kosmischen *dharma* aus, der nicht der Relativität und Vergänglichkeit menschlicher Gesetze und Ethik unterworfen ist. Wir könnten auch sagen: *Liebe*. In seiner Schrift *Gerechtigkeit gegen Tiere* aus dem Jahre 1787 beschreibt der englische Geistliche Humphrey Primatt (1725–1780) die Liebe als ein alles einschließendes universelles Prinzip, die Nabe, um die das Rad des Lebens kreist:

> *Liebe ist der große Mittelpunkt, um welchen sich die ganze Natur*
> *dreht. Die Schöpfung ist eine Abschrift der göttlichen Güte;*
> *und ein jedes Blatt in dem Buche der Natur gibt uns*
> *eine Lektion über die Weisheit und über das Wohlwollen*
> *ihres großen Urhebers.*[86]

Die persönliche Ebene

Wenn die Prinzipien des kosmischen *dharma* zu unseren leitenden Lebensprinzipien werden, zu *svadharma*, unserem persönlichen roten Faden, entlang dessen wir denken, sprechen und handeln, dann sind wir beim eigentlichen Verständnis des *dharma-bhava* angelangt: ein Bewusstseinszustand, der sich auf das Höchste ausrichtet und seine Kraft (*aishvarya*) dahin gehend bündelt, wissend, dass er das allein auf der Grundlage wertschätzender Güte und im Bestreben um Harmonie mit der Schöpfung erreichen kann, deren Teil er ist – sonst verletzt er sich selbst. Wer den *dharma-bhava* in *buddhi* entwickelt hat, weiß um die Gegenwart des Höchsten, er ist *gegenwärtig*, achtsam und im Hier-Jetzt: Er macht die Dinge im Leben intuitiv richtig, weil er es aus tiefstem Herzen so will. Er handelt, weil er von innen heraus so handeln muss und will, nicht um eines fremd- oder selbstbezogenen Zweckes willen, und schon gar nicht deshalb, weil er lediglich irgendwelche äußeren Vorschriften beachtet. Das ist vollkommene Authentizität, »ein Handeln, ohne zu handeln«, *karma* in *akarma*, wie die Gita sagt. Laotse nennt es *wu wei*. Vor dem Hintergrund des Gesagten können wir nun den folgenden Vers des Tao Te King und den eigentlichen Sinn des *dharma-bhava* einordnen:

Solange die Großartigkeit des Tao gegenwärtig ist,
handelt der Mensch aus dem eigenen Herzen.
Ist die Großartigkeit des Tao abwesend, handelt er nach den
Regeln der »Freundlichkeit« und »Gerechtigkeit«.
Wenn du Regeln brauchst,
um freundlich und gerecht zu sein,
wenn du tugendhaft handelst,
dann ist das ein sicheres Zeichen dafür,
dass die Tugend abwesend ist.
Und so sehen wir die große Scheinheiligkeit.[87]

Svadharma, die persönliche Ebene des *dharma*, wird manchmal auch im Sinne von *Berufung* oder sogar *Schicksal* verstanden: Was ist meine Lebensaufgabe? Warum bin ich hier? Was sind meine Begabungen, und wie kann ich sie leben? Welchen Berufsweg soll ich beschreiten? Will ich wirklich tun, was ich jeden Tag tun muss? Muss ich tun, was ich nicht tun will? Welchen Weg soll ich gehen?

Die recht ernüchternde Antwort im Kontext unseres Themas lautet allerdings, dass Kapila, Patanjali, Krishna – und alle Heiligen der Welt – in ihren Schriften keinerlei konkrete Antworten auf die Frage *Was soll ich tun?* geben. Stattdessen gehen sie, mal mehr, mal weniger direkt, auf die Frage ein: *Wie oder mit welcher Lebenshaltung soll ich tun, was ich tun muss (wenn ich es denn schon tun muss)?* Und sie würden demjenigen, der notorisch um sich selbst, um seine Lebensfragen und -probleme kreist, dasselbe sagen, was Krishna zu Arjuna sagte:

> *Tu deshalb, was du tun musst, stets ohne Anhaftung daran.*
> *Tust du die Dinge ohne Erwartungen für dich selbst,*
> *wirst du den höchsten Zustand erfahren.*[88]

Krishna zeigt Arjuna nicht den schnellen Weg zum oberflächlichen Glück, macht keine Vorschläge für ein freudvolleres Tun. Arjuna will nicht kämpfen. Doch Krishna sagt ihm: Du bist ein Krieger. Und ein Kampf ist es, der nun ansteht. Er ist unausweichlich. Also nimm ihn an – und lass dein Nicht-Habenwollen (*dvesha*) los. Die Weisen empfehlen uns keine Wunschzettel. Ob wir nun dies oder das machen wollen oder sollen, ist nicht ihr Thema. Besser gesagt: Sie wollen, dass wir uns über diese Themen *erheben*, über sie hinausgehen, sie transzendieren. Sie möchten unser Glück *unabhängig* von diesen Fragen sehen. Denn was immer wir auch tun, die Dinge werden sich ändern, alles ist begrenzt, befristet und im dauernden Wandel – auch das Leben selbst. Das *Tun* in der Welt von *prakriti* bringt keine Erlösung, sagen die Weisen, sondern allein die *Haltung*, mit der wir tun, was wir tun. So lehren sie uns das Loslassen dessen, was wir anders haben wollen, und das Annehmen dessen, was wir nicht ändern können. Die Botschaft ist leicht zu verstehen, doch sie zu leben ist unendlich viel schwerer.

Vairagya, das Loslassen

> *Alle Liebe der Welt ist auf Eigenliebe gebaut.*
> *Hättest du die gelassen, so hättest du die Welt gelassen.*[89]
>
> Meister Eckhart (1260–1328)

Vairagya (oder *viraga*) und *raga* nehmen in der Yoga-Philosophie einen zentralen Stellenwert ein. In *raga* steckt *ra*, das Feuer der Leidenschaft. Da kündigt sich der Schmerz schon im Wort an. *Raga* steht für das Habenwollen und Festhalten. Im *Yogasutra* bildet es ein Paar mit *dvesha*, dem Nicht-Habenwollen oder Ablehnen. Weil *dvesha* im Grunde nur ein Anders-Habenwollen dessen ist, wie die Dinge sind, ist es also auch wieder nur ein Habenwollen. *Raga* und *dvesha* sind keine Gegenteile, sondern zwei Ausdrucksformen derselben Sache. Wenn die *Karika* von *raga* spricht, ist *dvesha* also immer schon mitgesagt. *Vairagya* ist demzufolge das Gegenteil von Festhalten und Ablehnen, also Loslassen und Annehmen. Es meint ein Loslassen dessen, was schmerzhaft ist, nämlich nicht hilfreiche Denk- und Verhaltensmuster, und das Annehmen jener Dinge, die wir nicht ändern können. Der *vairagya-bhava* trägt den Duft eines Lebens ohne Kampf.

Über den *vollendeten* Grad von *vairagya*, der zusammenfällt mit *samadhi*, der glückseligen Einheitserfahrung tiefster Meditation, weiß Kabir zu berichten:

> *Im Ozean der Schöpfung, der die Liebe des Lichts ist,*
> *fühlen sich Tag und Nacht an wie eins.*
> *Freude für immer, kein Leid, kein Kampf!*
> *Dort hab ich Freude erlebt zum Rand gefüllt,*
> *Vollkommenheit der Freude –*
> *Dort ist kein Platz für den Irrtum.*[90]

Über das Habenwollen und das Ego

Patanjali zählt *raga* (und *dvesha*) zu den Hauptursachen des Leidens. Sie sind direkte Folge der Tatsache, dass wir uns als vom Ganzen des Seins getrennte Wesen fühlen. Das Habenwollen ist also eine Funktion von *ahamkara*, dem wachstumssüchtigen Ich. Wenn *buddhi* nicht genügend *vairagya* kultiviert hat, folgt das Ich den Impulsen des Ego.

Das Ego ist, wie es ist: Es ist seine Aufgabe, unser Dasein zu sichern, wachsen zu wollen, sich durchzusetzen; und bis zu einem gewissen Grad ist das zum Überleben in der physischen Welt zweifelsfrei notwendig. Wenn das Ego also groß werden will, macht es nur seinen Job, es tut, wozu es da ist: Es bezieht Wahrnehmungen, Gedanken, Gefühle, Erinnerungen – einfach alle Erfahrungen – auf sich. Die Probleme, die Egos machen, liegen damit nicht im Ego selbst, sondern in *buddhi*, die oft nicht die Herrin im Hause ist. Es ist daher unmöglich, mit dem Ego *direkt* arbeiten zu wollen, um mehr Zufriedenheit in unserem Leben zu finden. Das Ego ist dafür der falsche Adressat. *Buddhi* muss das Loslassen und Annehmen üben. Dieses Üben stärkt zugleich die

Willenskraft (*aishvarya*). Wie weit bei jemandem *buddhi* entwickelt ist, erkennen wir daran, wer der Meister ist: *buddhi* oder das Ego, die zurückhaltende Vernunft oder die Gier. Die Tatsache, dass die meisten Alphatiere moderner Gesellschaften Egomanen sind, zeugt von der weitverbreiteten traurigen Ego-Kultur, deren Motto lautet: »Mehr, immer mehr und alles mir!« Irgendwie erinnert das Wort Ego*manie* an Ego plus *manas*: Das Habenwollen des Egos und das unreflektierte Handeln von *manas* geben ein unseliges Paar ab. Im Menschen ist zwar viel operative Intelligenz vorhanden, doch nur sehr wenig Weisheit; zugleich kennzeichnet ihn eine große Schwäche, die vor dem Ego einknickt. Und so halten wir heute die Technologien des 21. Jahrhunderts in Händen, wo wir doch im Kopf die Steinzeit noch nicht verlassen haben.

Raga und seine Stellung innerhalb der Kleshas

Sehen wir uns nochmals die fünf *kleshas* oder Hauptursachen des Leidens an, wie sie im *Yogasutra* aufgezählt wurden. Da ist zunächst *avidya*, das Nicht-Wissen um unsere wahre Natur. Dies führt zu *asmita*, dem Ich-Gefühl: Wir fühlen uns als voneinander getrennte Ichs, als einsame Reiter auf der Welt, denen das Hemd grundsätzlich näher ist als die Jacke. Die drei *kleshas*, die dann folgen, sind im Grunde alle Ausdrucksformen des Festhaltens, alle sind Wirkungen des Egos: *raga*, das Habenwollen, *dvesha*, das Nicht-Habenwollen, und schließlich das, was wir am allerwenigsten haben wollen (beziehungsweise am meisten nicht haben wollen), *abhinivesha*, das Festhalten am Leben, zugleich die Angst vor dem Tod. Das Festhalten am Leben ist nur eine spezifische Ausdrucksform von Habenwollen und Nicht-Habenwollen. Damit rückt das Problem von *raga* logisch zwingend in den Kern der Betrachtung. Und deshalb ist auf dem Weg des Yoga die Entwicklung von *vairagya* (oder *viraga*) zugleich einer der wichtigsten methodischen Ansatzpunkte.

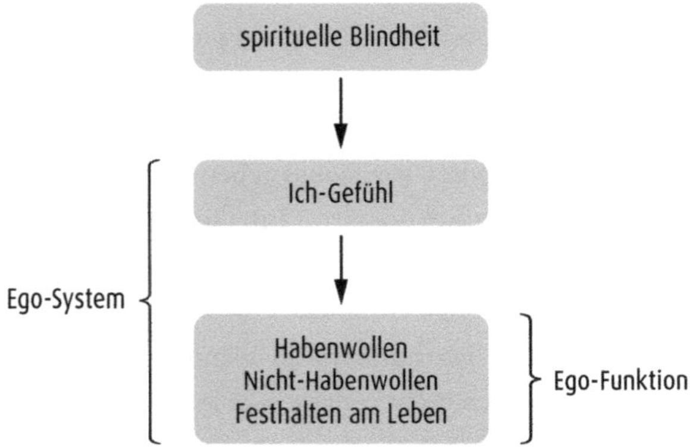

Im ersten Kapitel des *Yogasutra* fasst Patanjali den Yogaweg als das Üben (*abhyasa*) von *vairagya* zusammen:[91] Das ganze Leben ist ein Lern-Spiel-Feld, das uns jeden Tag erneut mit Habenwollen und Nicht-Habenwollen konfrontiert, jenen Regungen oder *vrittis* unseres Geistes, die immer wieder neuen Schmerz produzieren. Es ist die schmerzhafte Unzufriedenheit von *raga* (»Ich will dies, ich will jenes! Immer mehr davon!«) und *dvesha* (»Dies und das mag ich nicht! Das halte ich nicht aus! Weg damit!«). Immer wieder bekommen wir nicht, was wir wollen, und wollen wir nicht, was wir bekommen oder schon haben. So fordert uns das *Yogasutra* auf, uns nicht von *raga* und *dvesha* dominieren zu lassen. Vielmehr sollen wir uns, soweit wir eben können, darüber erheben und immer wieder aufs Neue dasjenige loslassen, was letztlich zu Schmerz führt, und annehmen, was unvermeidlich ist.

Raga, das Habenwollen, ist immer ein Zustand der Unzufriedenheit, ein Zustand, der so lange anhält, bis das Wollen befriedigt ist. Ist der Wunsch erfüllt (habe ich also endlich, was ich will), kehrt wieder Zu-*Frieden*-heit ein – so lange, bis ein neuer Wunsch entsteht. Das *Tao Te King* sagt nicht umsonst: »Greifen und Aufhäufen – das kennt kein Ende.«[92] Freilich war *vor* dem Wunsch die Zu-*Frieden*-heit da, die mit Eintreten des Wunsches verloren ging – jedenfalls im Blick auf diesen einen Wunsch: Ohne Wünsche ist der Geist still. Das unablässige Wollen und Wünschen des Menschen liegt damit dem Zustand des Yoga, dem Zustand inneren Friedens, diametral entgegen.

Beim Thema *vairagya* geht es nicht primär darum, äußere Dinge loszulassen. Wir sind nicht aufgefordert, unser Hab und Gut zu verschenken, sofern dieses nicht ein vernünftiges Maß exorbitant überschreitet. Wenn *aishvarya*, die Willenskraft, und *dharma*, die Ausrichtung am kosmischen Prinzip des Gebens, entsprechend entwickelt sind, kann ein Reicher viel Gutes mit seinem Eigentum bewirken. Wir müssen auch nicht Haus, Hof und Familie verlassen, um spirituell zu wachsen. Kabir, einer der größten Mystiker aller Zeiten, lachte über die seltsamen Yogis, die sich vor der Welt verkrochen. Er selbst war ein einfacher Handwerker und lebte mit seiner Familie zusammen. Den Yogis, die eigentlich nicht wirklich Yogis waren, stellte er ein geradezu vernichtendes Zeugnis aus:

Der Yogi färbt seine Kleider, anstatt seinen Geist
in den Farben der Liebe zu färben.
Er sitzt im Tempel des Herrn und verlässt
Brahma, um einen Stein zu verehren.

Er sticht Löcher in seine Ohren, hat einen langen Bart
und verfilzte Locken – er sieht aus wie eine Ziege.
Er geht hinaus in die Wildnis und tötet alle
Wünsche ab – er macht aus sich einen Eunuchen.
Er rasiert seinen Kopf und färbt seine Kleider.
Er liest die Gita und wird ein großer Redner.
Kabir sagt: »Mit gefesselten Händen und Füßen
bist du unterwegs zu den Toren des Todes!«[93]

Loslassen als sterben lernen

Die Idee des Loslassens meint also nicht einen *äußeren* Akt, sondern eine *innere Haltung*: Es geht um das Loslassen falscher Identifikationen. Das Problem ist mithin weniger, dass wir einen Körper (schön oder hässlich), Dinge (wenige oder viele), Gedanken (gute oder böse, intelligente oder dumme), Gefühle (Freude oder Schmerz), persönliche Geschichten (lange, kurze, erfolgreiche oder nicht) und so weiter *haben*, sondern dass wir glauben, all dies zu sein.

An dieser Stelle sei nochmals an das *Gedankenexperiment zur Selbsterforschung* im Kapitel »Negative Räume« erinnert. Wenn wir unser Sein mit einem Bündel von Zuschreibungen identifizieren, sind wir im Grunde verloren – *purusha* ist dann ein Gefangener von *prakriti*. Wir begeben uns in die Fänge von *raga*, unterwerfen unsere Intelligenz und Weisheit dem Ego und sind in unserem Wohlsein gnadenlos abhängig von den äußeren Umständen in der Welt. Anders gesagt, wir sind immer versucht, die Gegebenheiten gemäß unseren Wünschen zu kontrollieren, sind im Kern dauernd besorgt um unsere Existenz. Doch letztlich – und das ist das eigentliche Drama – können wir die Geschehnisse nicht wirklich kontrollieren: Kontrolle über das Leben ist eine Illusion. Am Ende holt uns der physische Tod unausweichlich ein.

Sich den eigenen Tod immer wieder vor Augen zu führen ist eine gute Methode, *vairagya* zu üben. Dem Beispiel Sokrates' folgend, überschrieb der französische Politiker und Philosoph Michel de Montaigne (1533–1592) einen seiner Essays mit dem Titel *Philosophieren heißt sterben lernen*. Er war viel eher ein Yogi als jene Inder, über die sich Kabir zu Recht lustig machte. Um die Angst vor dem Tod loszulassen, empfiehlt Montaigne, das ganze Leben zu einer *praktischen Meditation über den Tod* zu machen:

> *Berauben wir den Tod zunächst seiner stärksten Trumpfkarte, die er gegen uns in Händen hält, und schlagen wir dazu einen völlig anderen als den üblichen Weg ein: Berauben wir ihn seiner Unheimlichkeit, pflegen wir Umgang mit ihm, gewöhnen wir uns an ihn, bedenken wir nichts so oft wie ihn! Stellen wir ihn jeden Augenblick und in jeder Gestalt vor unser inneres Auge. Fragen wir uns beim Stolpern eines Pferdes, bei einem herabstürzenden Ziegel, beim geringsten Nadelstich immer wieder sogleich: »Wie könnte das nicht der Tod persönlich sein?« […] Halten wir inmitten der Feste und Freuden stets die Erinnerung an unsere menschliche Bedingtheit wach und lassen wir uns nie hemmungslos vom Vergnügen hinreißen, dass uns hierbei nicht zuweilen durch den Kopf ginge, von wie vielen Seiten her der Tod unsere Fröhlichkeit ins Visier nimmt und auf wie vielfältige Weise sein Zugriff droht.*[94]

Loslassen als Hingabe

Die Idee der Hingabe an eine Kraft, die größer ist als wir selbst, eine schöpferische Energie oder Quelle, die wir Gott, Brahman, Allah oder anders nennen mögen, nennt man in der Yoga-Philosophie *Ishvarah-pranidhana*, was wörtlich in etwa heißt: Wir unterstellen uns *Ishvarah*, wir vertrauen uns ihm an. Gemeint ist jene Kraft, die alles durchflutet und beherrscht (*is*), die uns belebt (*shva*) und transformiert (*ra*). Wenn wir uns jemandem anvertrauen, wenn wir mit ihm gehen wollen, müssen wir das loslassen, woran wir uns jetzt noch festhalten. Das ist ein Sichfallenlassen. Es ist zugleich eine innere Öffnung, das Lösen jener Blockaden, die uns nicht fühlen lassen, dass wir Teil eines Ganzen sind, dass Gott auch durch *unsere* Augen in die Welt blickt.

Weil die Entwicklung von Hingabe ein emotionaler Weg der Spiritualität ist, der die starken Energien von Vertrauen und Liebe in Richtung eines Höchsten kanalisiert, und weil es ein Weg ist, der kein Wissen erfordert, spielt er in allen Traditionen eine wichtige Rolle. Kabir war ganz und gar durchdrungen von der Hingabe an Gott. Sie verband sich bei ihm mit der Kraft des Sehnens – ein Loslassen der Welt im Sehnen nach Gott, den er im folgenden Lied den »Geliebten« nennt:

Mein Herz muss sich festhalten an meinem Geliebten.
Den Schleier muss ich zurückziehen und mit meinem ganzen Körper
Ihm begegnen. Meine Augen müssen zu Liebeslichtern werden.
Kabir sagt:
»Höre mir zu, Freund! Er versteht den, der liebt.
Wenn du keine sehnende Liebe für deinen Geliebten fühlst,
dann ist es sinnlos, deinen Körper zu schmücken und vergebens,
deine Augen zu salben.«

Loslassen als Flow

Wenn wir die Hingabe weniger emotional verstehen, begegnet sie uns als *shradda*, ein grundlegendes Vertrauen darauf, dass der Fluss der Dinge letztlich gut und richtig ist, sodass wir uns in diesen Fluss begeben, um einfach mitzufließen: *Vairagya* ist Loslassen und Annehmen zugleich. Wir vertrauen in den Weg, den wir gehen. Dieser Aspekt der Hingabe begegnet uns im Taoismus sehr oft. Zhuangzi rät uns kurz und knapp: »Der Fisch gebe sich dem Wasser hin, der Mensch dem Tao. Mehr ist nicht nötig.«

Loslassen als nicht-urteilen

Wir haben vom kristallenen Gemüt gesprochen, von klarer Wahrnehmung. Auch das ist ein Aspekt des Loslassens. Denn es sind vor allem unsere Urteile, die uns daran hindern, die Dinge so zu sehen, wie sie sind.

Ohne Urteil zu sein, meint nicht, dass wir die Dinge im Hinblick auf bestimmte lebenspraktische Gesichtspunkte gar nicht beurteilen sollten – zum Beispiel, ob etwas, das wir tun, hilfreich und zielführend ist oder nicht. Auch Michelangelo musste seinen David immer wieder genauestens betrachten, um zu beurteilen, ob er die Gestalt annahm, die Michelangelo für ihn anstrebte. Das Problem ist weniger das Be-Urteilen als vielmehr das Ver-Urteilen. Nahezu alles, was wir ansehen, einschließlich unserer selbst, betrachten wir durch die Brille von *raga* und *dvesha*: »Mag ich, mag ich nicht. Dies oder das, ich oder du, dieser oder jener ist so oder nicht so, wie ich finde, dass er sein sollte.«

In der Geschichte der Menschheit trägt die verzerrte Wahrnehmung ihre hässlichste Fratze immer dann, wenn wir andere für weniger wertvoll halten als uns selbst. Und oft bemerken wir diesen mentalen Prozess nicht einmal. Wir halten nicht inne, um zu registrieren, was wir da eigentlich denken. Es ist die mentale Mechanik von Rassismus und Speziesismus. Das gleiche *mindset*, das uns einst denken ließ – und bei vielen ist das heute noch so –, dass andere menschliche »Rassen« niederer Natur seien, lässt uns seit jeher (und heute vielleicht mehr noch als früher) denken, die Spezies Mensch sei wertvoller als die nicht-menschlichen Spezies. Das ist nichts als ein fundamentales Fehlund Vor-Urteil, das allen anderen Wesen versagt, was wir für uns selbst in Anspruch nehmen: physische und psychische Integrität. Diese Form von *raga* verstößt gegen die goldene Regel, sie ist nicht kompatibel mit dem *dharma*, über den wir ausführlich gesprochen haben, und ist zudem Ausdruck wirklicher Schwäche; denn wahre Stärke würde den Schwächeren nie ausbeuten oder quälen. Im Speziesismus liegt die Ursache für die Zerstörung der Umwelt und das Ausnutzen fühlender Wesen. All das ist Ausdruck einer unklaren Wahrnehmung.

Das Ver-Urteilen verhindert das klare Be-Urteilen, erst recht das Erkennen der schlichten *Soheit* einer Sache. Wir sehen und nehmen die Dinge nicht so, wie sie sind, sondern so, wie wir wollen. Zen-Meister Kanchi Sosan, der im 6. Jahrhundert lebte, rät uns deshalb:

> *Du brauchst die Wahrheit nicht zu suchen, wenn du nur keinen vorgefassten Urteilen und Meinungen anhängst.*[95]

Das Loslassen nicht hilfreicher Gedanken und Emotionen

Das *Yogasutra* beschäftigt sich mit den nicht hilfreichen Aspekten unseres Geistes, den schmerzhaften Gedanken und Emotionen. Was wir an Negativem über andere oder uns selbst denken, ist niemals hilfreich. Denn es führt immer zu *duhkha*, in die negativen Räume schmerzhafter Gefühle. Die meisten Menschen verbringen einen beträchtlichen Teil ihrer mentalen Aktivität damit, sich über Zustände oder Personen aufzuregen, sich zu ärgern und zu sorgen und immer wieder die gleichen unerfreulichen Szenen im Kopf abzuspulen. Sie verheddern sich ganz im Theaterstück, das auf der Bühne von *manas* gegeben wird. Ein Moment der Bewusstheit nur und die Frage »Wem hilft das?« könnte den Mental-Roboter, wenigstens kurz, in uns anhalten und Distanz schaffen zwischen uns, der wir *purusha* sind, der unberührte Beobachter reinen Gewahrseins, und dem unwirklichen Palaver in *manas*. Die Bewusstheit führt zu *vairagya* im Sinne des Loslassens schmerzhafter mentaler Muster. Patanjali empfiehlt uns:

> *Der Geist wird ruhig, wenn wir eine innere Haltung kultivieren,*
> *die sich dem Glück anderer freundlich zugewandt zeigt und*
> *von Mitgefühl für leidende Wesen geprägt ist, eine Haltung,*
> *die ehrliche Freude über Gutes zum Ausdruck bringt und*
> *von Gelassenheit gegenüber dem Negativen zeugt.*[96]

Wir sollten uns einmal ehrlich fragen: Finden wir uns in diesem Ratschlag wieder? Oder beneiden wir andere um ihren Erfolg, um ihre Gesundheit, ihr Glück oder ihre Talente? Sind wir mitfühlend gegenüber Mensch und Tier, die beide leidensfähig sind? Können wir Gelassenheit bewahren angesichts all der Negativität, der wir doch immer wieder ins Auge sehen müssen? Diese wenigen Zeilen aus dem *Yogasutra* schon offenbaren, wie anspruchsvoll das psychologische Programm des Yoga eigentlich ist. Die *asanas* oder Körperübungen stellen nur den kleineren Teil im Yoga dar. Weder Kapila noch Patanjali verlieren darüber viele Worte. Lediglich zur Meditationshaltung sagt Patanjali etwas: Sie sollte stabil und angenehm sein, damit man die Anspannung *loslassen* kann. Was nützen auch tausend *asanas*, wenn unser Herz keinen Frieden findet? Patanjali belässt es übrigens nicht dabei, uns nur zu empfehlen, *dass* wir uns in eine positive Richtung entwickeln sollten. Vielmehr gibt er uns den wertvollen Hinweis, *wie* es uns gelingen kann, mit negativen Gedanken und Emotionen umzugehen: nämlich nicht, indem wir sie bekämpfen, sondern indem wir den Geist neu ausrichten und das Gegenteil üben – das ist *pratipaksha bhavanam*.

> *Wenn uns negative Gedanken oder Gefühle umtreiben, sollten wir gegenteilige Gedanken kultivieren. Negativen Gedanken und Gefühlen, wie zum Beispiel, jemanden verletzen zu wollen usw. – ob wir dies nun selbst tun, veranlassen oder autorisieren wollen; ob aus Gier, Ärger oder Verwirrung; ob mild, mäßig oder stark –, solchen Gedanken und Gefühlen begegnen wir, indem wir uns bewusst machen, dass sie nur zu endlosem Leid und Verblendung führen: Das ist die Praxis von pratipaksha bhavanam, das Kultivieren gegenteiliger Gedanken.*[97]

Wir sehen auch hier wieder, dass es eines positiven Willens (*aishvarya*) dazu bedarf; das Üben ist nicht immer leicht und erfordert Achtsamkeit und Kraft. Und wichtig ist eine positive Richtung (*dharma*). Denn alle *bhavas* in *buddhi* wirken zusammen und formen so eine komplexe Dynamik.

Das *Loslassen von Groll*, also die »Reinigung« unserer Erinnerungen – Jesus nannte das *Vergebung* –, erleichtert und energetisiert uns und lässt uns wieder klar und positiv nach vorne schauen. Es ist im Grunde das Loslassen der Vergangenheit. Um Vergebung zu bitten und selber zu vergeben: Das ist eine Form des Loslassens, die wirklich *befreiende* Kraft hat, denn Vergebung ist viel mehr als nur verzeihen. Verzeihen tut dem Ego nicht weh. Ganz im Gegenteil, es kann sich mit dem großzügigen Akt sogar selbst auf die Schulter klopfen und sich noch größer machen: »Okay, ich verzeihe dir!« Und unausgesprochen schwingt da zwischen den Zeilen mit: »Was bin ich doch für ein guter Mensch! Viel besser als du! Dass mir das ja nicht wieder vorkommt!« Verzeihen ist nicht bedingungslos. Verzeihen ist nicht vergessen.

Vergebung dagegen ist, als wäre nicht geschehen, was geschehen ist. Die Vergangenheit wird getilgt – real ist sie ohnehin nicht mehr. Und der Vergebende befreit nicht den Übeltäter von seiner Schuld (wie sollte das auch möglich sein?), sondern: Er befreit sich selbst von dem Schmerz, in dem der Groll ihn gefangen hielt. Vergebung ist immer Selbst-Befreiung von *duhkha*, ein Ausbruch aus negativen Räumen.

So wie wir üben können, die Vergangenheit loszulassen, können wir auch üben, die Zukunft loszulassen: das *Loslassen des Sich-Sorgens*. Sicher können wir nicht den *Anlass* der Sorgen einfach abschaffen, doch wir können lernen, im Moment des Sorgens zu bemerken, *dass* wir uns sorgen. Dazu müssen wir lediglich Achtsamkeit entwickeln. Durch bewusstes Atmen zum Beispiel. Durch die regelmäßige Beobachtung unserer Gedanken. Durch irgendeine Form der meditativen Praxis. Wenn Sorgen uns in negative Räume führen, dann können wir fragen: »Wem hilft das?« Mit anderen Worten, wir können das Licht unserer Bewusstheit in den Moment strahlen lassen, um so zurück in die Gegenwärtigkeit zu finden.

Die vielen Facetten des Loslassens

Vairagya hat so viele Gesichter. Ein paar weitere seien hier nur angedeutet:

› das Loslassen nicht hilfreicher Gewohnheiten: Scheinbar genussvolles, doch ungesundes Verhalten in allen Lebensbereichen aufzugeben und durch ein entsprechendes gesundes Verhalten zu ersetzen, mag nicht leicht sein, doch es ist immer hilfreich.

› Das Loslassen von Selbstbegrenzungen hilft uns, die Dinge im Leben zu erreichen, die uns ansonsten verwehrt sind. Sich selbst kleinzumachen (»Ich kann nicht!«), bringt uns keinen Zentimeter weiter. Im Gegenteil, wenn wir dieses Denken zur Gewohnheit werden lassen, wird das Leben unsere Gedanken bestätigen.

› Meditationstechniken, in all ihrer Vielfalt, sind Übungen in *vairagya*. Beispielsweise lassen wir die Eindrücke unserer Sinne los und gehen in die innere Welt: Wir blicken auf die Bühne von *manas* und sehen, welch Schauspiel sich da vollzieht. So werden wir vom Schauspieler zum Zuschauer. Oder wir richten unsere Konzentration fest auf ein Objekt, zum Beispiel den Atem, und lassen auf diese Weise alles andere, das unseren Geist beschäftigen will, los. Wir können auch meditieren, indem wir das genaue Gegenteil davon tun: indem wir also alles, was geschieht, ganz bewusst wahrnehmen und zulassen – alle Sinneseindrücke, unser Körpergefühl, einfach alles. So dehnen wir unsere Bewusstheit aus: Das ist Loslassen im Sinne des meditativen Annehmens.

› Wir können Atemtechniken üben – *pranayama* –, um unseren

Energiekörper zu stärken, vor allem aber, um seinen Fluss zu verbessern. Das führt zum Lösen energetischer Blockaden.

- Der Zustand von *samadhi* ist die ultimative Verwirklichung von *vairagya*. Wer diese meditative Gipfelerfahrung durchlebt, verweilt jenseits seines Körpers, jenseits von *manas*, *ahamkara*, jenseits sogar von *buddhi*: »Der Seher« hat alle Verstrickungen mit der aus *gunas* gemachten Welt losgelassen und ruht nun in sich selbst. Kein Ich erfährt da etwas außerhalb seiner selbst, sondern *purusha* erfährt *purusha*.

Auf der *fundamentalen* Ebene geht es bei den vielen Gesichtern von *vairagya* immer nur um eines: dass wir die falschen Vorstellungen über unser eigenes Sein loslassen, dass wir anerkennen und schließlich auch existenziell erfahren, dass wir mehr sind als der physische Körper und die Gedanken und Gefühle, die sich darin regen. Der Weg des Yoga ist damit ein Reinigungsprozess auf allen Ebenen. Läuterung ist das alte Wort aus dem christlichen Vokabular. Ich mag besonders diesen Satz aus dem *Yogasutra*:

> *Entwicklung wird nicht durch das Setzen von Ursachen vorangetrieben (spirituelle Handlungen, gute oder schlechte Taten), es ist vielmehr wie bei einem Bauern, der die Hindernisse beseitigt, sodass das Wasser über seinen Acker fließen kann.*[98]

Wir können *vairagya* als eine Idee verstehen, die den spirituellen Weg *an sich* überschreibt. *Raga* führt zu *duhkha*. *Vairagya*, so versprechen es die Weisen, führt aus *duhkha* heraus in das Licht der Klarheit, zu innerem Frieden in gelebter Freiheit. Eine klare Botschaft. Aber ich denke, so offen muss man schon sein: Einfache Botschaften bedeuten noch nicht, dass sie auch einfach zu leben wären.

Jnana, die Erkenntnis

Sechs Speichen auf *bhavachakra*, dem Rad der Bewusstseinszustände, haben wir bis hierher kennengelernt: *aishvarya* und *anaishvarya*, Willenskraft und Schwäche; *dharma* und *adharma*, die Ausrichtung auf das kosmische Prinzip von Güte und Geben und das Gegenteil davon; sowie *vairagya* und *raga*, das Loslassen und Festhalten. Die *Karika* spricht von acht *bhavas*. Es fehlen also noch: *jnana* und *ajnana*.

Das Licht der Bewusstheit

Jnana heißt Erkenntnis. Nicht Erkenntnis im Sinne weltlichen Verstehens oder Begreifens, sondern im unfassbaren höchsten Sinne: die Erkenntnis unserer wahren Natur. Wenn *jnana* in *buddhi* aufscheint, wird der Mensch zu Buddha, das Christuskind kommt zur Welt. *Jnana* ist *vidya*, das Sehen, mithin das Ende der spirituellen Blindheit und damit auch das Ende unseres existenziellen Hauptproblems – dass wir Leben für Leben immer wieder neu mit negativen Räumen konfrontiert werden.

Jnana ist in der Sankhya-Philosophie das Ziel am Ende des Weges. Der Zustand von *jnana* ist der Zustand des Yoga. Er ist die Erkenntnis, die uns Menschen zu *jivanmuktis* macht: zu befreiten Seelen, noch während wir in unserem Körper wohnen, jenem Gefährt, das uns so viele Freuden schenken kann, die wir nach Kräften festzuhalten suchen. Und gerade deshalb erfahren wir auch so viel *duhkha*. Wir erleben, wie unser Körper alt wird und nicht mehr kann, wie er soll, dessen Verfall auch die strahlendste Schönheit verblassen lässt, der krank wird und dessen Geist den Geist aufgibt, um bald schon den letzten Atemzug zu tun. Doch *purusha* – durch *jnana*, das Licht der Erkenntnis, nun in sich ruhend und seiner selbst gewahr – berührt das alles nicht. Es ist, als würde das innere Licht sich selbst ins Gesicht schauen. *Purusha* spiegelt sich in der kristallenen Klarheit von *buddhi* – endlich ist er mit sich, bei sich, zu Hause in Stille. »Das also bin ich!«, sagt er. Der verlorene Sohn ist heimgekehrt. Wie es wohl gewesen sein mag, als der Mensch erstmals sein Spiegelbild in einem klaren Gewässer erblickte und dabei sich selbst – *seinen* Körper, *sein* Gesicht – erkannte? Und um wie viel wundersamer muss es da sein, wenn sich das Innerste auf dem klaren See des Geistes spiegelt? Im *Thomas-Evangelium* sagt Jesus:

> *Lass den Suchenden nicht aufhören zu suchen,*
> *bis er findet. Wenn er findet, wird er verwirrt sein.*
> *Wenn er verwirrt ist, wird er sich wundern,*
> *und er wird herrschen über das All.*[99]

Der geniale Poet Friedrich Rückert (1788–1866) – er stammte aus dem bayerischen Schweinfurt und beschäftigte sich intensiv mit östlicher Mystik – dichtete über diesen Zustand:

> *Als wie der Schwan, der rein auf reinen Fluten schwimmt,*
> *Im Himmel unter sich sein Spiegelbild vernimmt,*
> *Und wenn er lang' im See gezogen seine Kreise,*
> *Taucht unter, und zurück lässt keine Spur der Reise.*[100]

Der Schwan ist das Symbol für den Menschen, der heimkehrt. Am Ende der Reise sind wir zu Hause, wieder dort, von wo wir auszogen, ohne jemals fortgegangen zu sein, zurück im Ozean des Seins.

Wenn wir das oben geschilderte Bild aus der *Gita* aufgreifen, können wir auch sagen: *Purusha* verwechselt sein Wesen nicht länger mit dem Streitwagen, der auf dem Schlachtfeld des Lebens aufgerieben wird. Die Identifikationen mit Körper, Gedanken und Gefühlen hat er hinter sich gelassen. Die *Karika* formuliert:

> *Das Studium und die Durchdringung der Elemente der Sankhya-Philosophie führt zur Erkenntnis (jnana), dass ich (im Sinne eines Egos) nicht existiere, dass mir nichts gehört, dass ich »Nicht-Ich« bin. Diese Erkenntnis ist umfassend und rein, weil sie frei von Irrtum ist – es ist absolute Erkenntnis.*[101]

Wenn *purusha* – ein Wort, das übrigens auch mit *Mensch* übersetzt werden kann – aus dem Streitwagen aussteigt, hinterlässt er keine Spuren. Er war nur eine Zeit lang Fahrgast. Wenn *Yama*, der (physische) Tod, einst kommt, so können seine Arme *purusha* nicht greifen. *Purusha* kennt weder Zeit noch Tod, keine Angst und keinen Kampf. Er ist SAT, reines Sein und absolute Wirklichkeit. Er ist bewusst, CHIT. Und er ist glückselig, ANANDA. Sein – Bewusstsein – Glückseligkeit, das ist die Natur von *purusha* oder *atman*: SAT – CHIT – ANANDA.

Ajnana-bhava ist das Gegenteil von alledem. Es ist der geistige Zustand des Nicht-Erleuchteten, der »ganz normale Irrsinn« des Seins der meisten Wesen auf der Welt, selbstvergessen und ichbesessen. Nicht SAT oder Sein, sondern *maya* oder Illusion. Nicht CHIT, das Licht der Bewusstheit, sondern *tamas*, die Blindheit. Nicht ANANDA, die Glückseligkeit, sondern *duhkha*, der Schmerz. Wir haben die Wahl: *maya-tamas-duhkha* oder SAT-CHIT-ANANDA.

Buddhi, das haben wir schon gesagt, ist auch der »Ort« der operativen Intelligenz, die komplexe Aufgaben bewältigen kann, jene Intelligenz, die mathematische Probleme lösen oder philosophische Überlegungen anzustellen vermag. Die so verstandene Intelligenz betrachtet die *Karika* sinnigerweise nicht als einen *Zustand* oder als *bhava* in *buddhi*: Denn Intelligenz ist an und für sich neutral, nicht sattvisch, nicht tamasisch und in einem ethischen Sinne weder positiv noch negativ. Intelligenz ist einfach nur ein Werkzeug. Man nennt sie *vijnana* (und manchmal versteht man darunter auch so etwas wie Weisheit, doch das greift zu kurz, denn damit wird *vijnana* als grundsätzlich positiv, klar und sattvisch gedeutet).

Auf die Anwendung unserer Intelligenz kommt es an. Denn bekanntlich nutzen die Menschen sie immer wieder auf destruktive Weise, indem sie *vijnana* gegen *dharma*, das kosmische Prinzip des Gebens und der Güte, richten. Sie bauen Bomben, zerstören die Umwelt und quälen die Kreatur um ihrer eigenen Vorteile willen. Der Wissenschaftler, der Tötungsmaschinen baut, mag über viel *vijnana* verfügen, über komplexe Kenntnisse, Erfahrungen und sogar intellektuelle und technische Brillanz. Dennoch ist sein Geist tamasisch, dunkel und weit weg vom sanften Licht des *jnana-bhava*. *Vijnana*, die Intelligenz, verbrüdert sich leider sehr oft mit ajnana, und so kann hohe Intelligenz mit vollkommener Verblendung verschmelzen. Die intelligenten Bösen sind meist viel gefährlicher als die dummen: Wenn *vijnana* sich mit *ajnana* paart, ist das Verhängnis nicht weit.

Umgekehrt bedarf es auch nicht unbedingt der operativen Intelligenz, um zu *jnana* zu gelangen. Das Erleuchtungswissen hat nichts mit technischem Wissen zu tun. Wir müssen nicht intelligent oder gebildet sein, um das Höchste in uns finden zu können. Güte, Empathie und Mitgefühl, sozialer Feinsinn und die

Bereitschaft zu geben, Achtsamkeit, Hilfe, Wärme, Liebe: Es ist das reine Herz, das Yogis meinen, wenn sie vom reinen Geist sprechen – nicht der Verstand! »Indem man sich auf das Herz ausrichtet«, erklärt Patanjali, »erlangt man Wissen über die Natur des Geistes.«[102] Sich auf das Herz auszurichten ist eine wunderbare Meditationsübung – nicht nur zwei mal zehn Minuten am Tag, sondern als Übung fürs Leben. Herz und Geist: In der Psychologie des Yoga sind sie nicht »bloß« ein Paar, vielmehr sie sind EINS.

Die *bhavas* im Überblick

Buddhi, die höhere Ebene unseres Geistes, kennt acht Grundzustände oder *bhavas*. Jeweils zwei *bhavas* bilden ein Paar mit einer hilfreichen oder sattvischen Seite und einer weniger hilfreichen oder tamasischen Seite. Jeder Mensch trägt bei seiner Geburt sein ganz einzigartiges und individuelles *bhava*-Muster, ein Muster, das dank der Kraft von *rajas* verändert, entwickelt und optimiert werden kann. Je nach individuellem Entwicklungszustand und auch situativem Kontext haben wir mehr oder weniger Willenskraft, eine stärkere oder schwächere Ausrichtung, haben wir mehr oder weniger Losgelöstheit sowie eine schwächer oder stärker ausgeprägte spirituelle Bewusstheit.

Es gibt auf der *individuellen* Ebene also unendlich viele Kombinationsmöglichkeiten. Wenn alle *bhavas* vollkommen sattvisch geworden sind, geht das Individuum über sich selbst hinaus und erfährt sich in der transformierenden Gipfelerfahrung als eins mit allem, was ist: *unio mystica*. Auf dieser Ebene weicht die Bewusstheit des Ichseins (im Sinne einer Getrenntheit von allem anderen) der Wahrnehmung des Einsseins: *Jna*, der Seher – reine Bewusstheit – ruht in sich selbst.

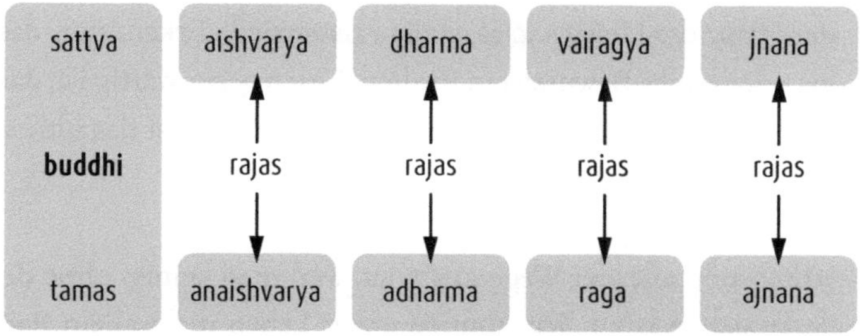

Es entspricht dem Prinzip der Evolution, dass wir Menschen – ja *alle* Wesen – uns »nach oben« entwickeln wollen und sollen, hin zu *jnana* oder spiritueller Selbsterkenntnis. Dazu brauchen wir einen gangbaren und zielführenden Weg: *dharma*, das Wissen, das uns Orientierung gibt und uns so von »unten« nach »oben« führen kann. Auf diesem Weg werden wir von *aishvarya* unterstützt, der Willenskraft, die uns auf dem Weg hält. Der *methodische Kern* der Bemühung auf diesem Weg ist immer *vairagya*, das Loslassen. Es ist eine Übung fürs Leben, die uns in allen spirituellen Traditionen begegnet, ganz egal, welche konkreten Methoden oder Techniken im Einzelnen angewendet werden. Bezogen auf den Yoga sind das vor allem die vier großen Wege:

› *Bhakti-Yoga*, der Weg der liebenden Hingabe an eine Kraft, die größer ist als wir selbst, eine Kraft, die wir Gott, das Höchste oder anders nennen können, eine Kraft, vor der das Ego sich verbeugt. Wir lassen uns selbst los.
› *Karma-Yoga*, der Weg des Tuns, ohne zu tun, indem wir die Erwartungen, die wir für uns hegen, loslassen – ein selbstloses Tun also.
› *Raja-Yoga*, der Weg der Meditation (*dhyana*) und Selbsterforschung (*svadhyaya*), in welchem wir alle falschen Vorstellungen über die Welt und uns selbst loslassen.
› *Jnana-Yoga*, der Weg der Kontemplation, des Nachdenkens und meditativen Durchdringens der Prinzipien der Schöpfung und

der Natur des Geistes. Ziel ist die existenzielle Erkenntnis, dass *jna* oder reines Bewusstsein in allen Wesen gegenwärtig ist, dass wir im Kern nichts wirklich sind außer *jna*. Das ist das ultimative Loslassen des Sankhya.

Letztlich sind alle vier Wege EIN WEG, weil man keinen ohne den anderen gehen kann: Wir können unser Leben nicht allein Raja-Yoga widmen und auf ewig meditierend in einer Höhle sitzen. Wir müssen auch Dinge im Leben tun, und sei es allein zum Erhalt unseres körperlichen Daseins, also sind wir auch Karma-Yogis. Ohne Liebe und Vertrauen auf eine letztlich gütige und weise Kraft, die das All durchflutet, sind wir zudem verlorene Seelen, die nur noch darauf hoffen können, dass die Menschen es eines fernen Tages schon schaffen werden, ein »Paradies auf Erden« zu errichten. Ganz ohne Bhakti wird es also düster auf der Welt. Und schließlich haben wir Intelligenz und Verstand, um sie als hilfreiche Werkzeuge zu benutzen. Auch Jnana-Yoga ist also unser Weg.

Wenn wir das bis hierher Gesagte ganz nach unten brechen, wenn wir es reduzieren auf seine Essenz, dann sehen wir, dass Kapila uns im Kern diese Empfehlungen mit auf den Lebensweg geben will:

1. *Entwickle Willenskraft* (aishvarya). *Ohne diese Energie kannst du nichts im Leben bewirken oder erreichen, auch kein inneres Wachstum.*
2. *Lenke diese Kraft in die richtige Richtung* (dharma). *Versuche ein guter Mensch zu sein und strebe nach spirituellem Wachstum und Selbsterkenntnis.*
3. *Lerne das Loslassen auf allen Ebenen des Lebens* (vairagya).
4. *So erlangst du absolutes Wissen, vollkommene Weisheit, Selbsterkenntnis* (jnana).

Sankhya und Yoga, das sollte klar geworden sein, verstehen sich nicht als Schnellstraßen zur Selbstverwirklichung. Die gibt es auch gar nicht. Wer das schnelle und umfassende spirituelle Glück verspricht, ist naiv, weiß nicht, wovon er redet, oder schlimmer noch: Er nutzt unser Sehnen für seine eigenen Zwecke aus. Das *Tao Te King* mahnt uns deshalb ganz zu Recht: »Hüte dich vor denen, die einen schnellen und leichten Weg versprechen.«[103] Und dennoch: Die Erlösung kann *jetzt* geschehen – in genau *diesem Augenblick!*

Eine kurze Zusammenfassung

Bisher haben wir die drei Aspekte besprochen, die *antahkarana*, das innere Organ oder den individuellen Geist, bilden:

› Zum einen *manas*, das Organ der Wahrnehmung, der Instinkte und Reflexe, jener Aspekt auch, der einfache Denkoperationen durchführt und zugleich der »Ort« unserer Gefühle ist. *Manas* ist die Bühne, auf der wir das Schauspiel der Welt erfahren – das äußere ebenso wie jenes, das sich in unserem Inneren vollzieht. Und *manas* ist auch das Organ, das uns auf dieses Schauspiel reagieren lässt. Dazu arbeitet es eng mit den Instrumenten der Wahrnehmung (*jnanendriyas* oder *buddhindriyas*) und des Handelns (*karmendriyas*) zusammen.

› Zum Zweiten ist da *ahamkara*, das Ich, das alle Erfahrungen integriert und die Wahrnehmungen, Gedanken und Gefühle erst zu den *unseren* macht: Das ist *mein* Gedanke, *mein* Gefühl, *meine* Wahrnehmung. Seiner natürlichen Eigendynamik folgend, strebt es dauernd nach (der Illusion von) Sicherheit und muss in einer potenziell bedrohlichen Umwelt beständig wachsen, um noch mehr (scheinbare) Sicherheit zu schaffen. Der schlimmste Feind des Ego ist immer der Tod. Ihm gilt die größte Angst (*abhinivesha*).

Angst unterliegt letztlich jeder schmerzhaften psychologischen Erfahrung: jedem Verlust, jeder Sorge und jedem Groll.

› *Buddhi*, der dritte Aspekt von *antahkarana*, ist der Bereich der Bewusstheit, der Intelligenz und des logischen Denkens, auch die Intuition hat dort ihren Sitz. In *buddhi* wirken acht *bhavas* oder mentale Zustände. Diese Dispositionen bilden insgesamt vier Paare mit einer jeweils hilfreichen (sattvischen) beziehungsweise weniger hilfreichen (tamasischen) Seite. Während *manas* und *ahamkara* im Grunde bloß »Automaten« sind, die tun, wozu sie da sind (Schnittstelle und Integration), ist *buddhi* die Leitung des Geistes. Dort werden die *Entscheidungen* getroffen in Abhängigkeit von:

(1) Willenskraft (aishvarya – anaishvarya),
(2) Ausrichtung oder Orientierung (dharma – adharma),
(3) Intensität der Anhaftung an die Vorgänge der äußeren und inneren Welt (vairagya – raga) sowie dem
(4) Grad an Weisheit (jnana – ajnana)

Alle Wesen kommen mit einer gewissen Grundausstattung oder Vorprägung hinsichtlich *buddhi* auf die Welt, die zwar unsere mentale Startposition im Leben vorgibt, nicht aber unsere Entwicklungsmöglichkeiten schon zur Gänze determiniert. *Buddhi* kann mit der Energie von *rajas* entwickelt werden, sodass tamasische Tendenzen sich zur sattvischen Seite hin verändern. Der Schmerz des Lebens, den *rajas* auch repräsentiert, fungiert gewissermaßen als Katalysator, der diesen Prozess immer dann vorantreibt, wenn wir nicht auf natürliche Weise mit ihm fließen.

Rajas, der energetische Aspekt der Veränderung, wirkt logischerweise in zwei Richtungen: Das Tamasische kann sattvischer werden, doch das Sattvische kann zuweilen auch ins Tamasische abgleiten – Entwicklung ist nicht zwangsläufig eine Einbahnstraße hin zum Positiven. So ist es durchaus möglich, dass das Negative (die Fehlausrichtung oder *adharma*) im Menschen und in der Welt dominiert, selbst dann, wenn bereits seit Jahrtausenden immer wieder sattvisch-vollendete Wesen unter uns leben.

Im Hinblick auf einen kosmischen Maßstab aber wird man wohl davon ausgehen dürfen, dass Evolution sich *letztlich* hin zu *jnana*, Erkenntnis, vollzieht. Der vollkommen sattvisch gewordene Herz-Geist, der klar ist, stark, offen, losgelöst und weise, erfährt die absolute Erkenntnis (*jnana*), das Ende von *avidya*, der spirituellen Blindheit, Er-Lösung (*kaivalya*) oder Befreiung (*moksha*). Es ist für ihn zugleich das Ende aller negativen Räume (*duhkha*), indem er über sich selbst hinausgeht. *Jna*, das reine Gewahrsein, wird sich seiner selbst gewahr oder: *Purusha* erkennt sich im Spiegel des vollkommen sattvischen, kristallenen Gemütes.

Chitta, die Datenbank

Neben *manas*, *ahamkara* und *buddhi* gibt es noch einen vierten Aspekt unseres Geistes, den es zu besprechen gilt: *chitta*. Dieser Begriff wird von der *Sankhya Karika* gar nicht erwähnt, was freilich nicht heißt, dass er dort nicht *implizit* mitgedacht wäre. In Patanjalis *Yogasutra* hingegen ist *chitta* der wichtigste Begriff überhaupt, wenn es um den menschlichen Geist geht. Allerdings definiert Patanjali *chitta* nicht näher. Nicht zuletzt dieser Tatsache ist es wohl geschuldet, dass Kommentare zum *Yogasutra* oder andere Texte der Yoga-Philosophie recht verwirrend sein können, denn je nachdem, wie man *chitta* versteht und verwendet, kommt ganz Unterschiedliches zum Ausdruck. Für ein angemessenes Verständnis ist es jedoch entscheidend, dass man den Gegenstand der

Betrachtung so klar fasst wie eben möglich, sonst bewegt man sich in ziemlich sumpfigem Gelände.

Sehen wir uns zunächst die ursprüngliche Bedeutung dieses Begriffs an: *Chitta* kommt von *chit*, das bedeutet wahrnehmen oder sehen und meint *bemerken* oder auf etwas *aufmerksam* werden. *Chitta* ist das Gesehene, alles das, was bemerkt worden ist, auf das unser Bewusstsein seine Aufmerksamkeit gerichtet hat, sei es in diesem Moment oder in der Vergangenheit. Alles, was wir jemals erlebt haben, bewusst oder unbewusst, heute, gestern, vor zehn Jahren oder sogar in einem früheren Leben: All das wird zu *chitta*, dem Pool unserer Erfahrungen. Was wir erleben, wird zu einem Teil *unseres Geistes*, indem es dort seine Eindrücke hinterlässt wie Fußabdrücke im weichen Sand. *Chitta* ist die Gesamtheit unserer Erfahrungen und Erinnerungen.

Damit kommen wir ganz logisch zur nächsten Dimension von *chitta*. Unsere Wahrnehmung erfolgt weitgehend unbewusst. Ein leistungsstarkes Filtersystem, das in unser inneres Organ eingebaut ist, sorgt dafür, dass wir immer nur einen bestimmten Teil unserer sinnlichen Wahrnehmungen wirklich bewusst erleben, sonst wären wir hoffnungslos überfordert. Wir sind täglich Millionen von Eindrücken ausgesetzt, doch die wenigsten davon sind von Bedeutung. Wenn wir morgens zum Beispiel mit dem Auto zur Arbeit fahren, empfangen wir unzählige Eindrücke (*samskaras*): die Straßen, auf denen wir fahren, die Geräusche, die wir hören, die Landschaft, die Dinge und Personen, die wir sehen, die Gedanken, die uns durch den Kopf gehen, und so weiter. Allein während einer halbstündigen Autofahrt stürmen Hunderttausende Eindrücke auf uns ein. »Hunderttausende« ist immer noch maßlos untertrieben: Aus der neurologischen Forschung weiß man heute, dass die 100 Milliarden Neuronen unseres etwa 1,3 Kilogramm leichten Gehirns (die grobstoffliche Manifestation des Geistes) jeweils mit 1000 bis 10 000 anderen

Neuronen vernetzt sind. Das ergibt rechnerisch mehr Kombinationsmöglichkeiten, als es Atome im Weltall gibt. Und würden wir alle Neuronen eines menschlichen Gehirns aneinanderreihen, würde eine solche Kette fast 200 000 Kilometer umfassen; das entspricht der halben Wegstrecke von der Erde bis zum Mond.[104] Die Natur hat es in ihrer übergroßen Fülle so eingerichtet, dass diese 100 Milliarden Neuronen nicht weniger als 400 Milliarden Informationseinheiten (»bits«) pro Sekunde verarbeiten können. Doch nur 2000 davon – das entspricht dem verschwindend geringen Anteil von 0,0000005 Prozent – werden verwertet.

Das wenigste also, das uns erreicht oder in uns geschieht, erfahren wir bewusst. Und an noch viel weniger erinnern wir uns aktiv. (Wie oft haben wir das Bremspedal bei der letzten Autofahrt gedrückt?) Dennoch: Alles ist und bleibt in *chitta* gespeichert wie die Daten auf einer großen Computer-Festplatte. Weil sich nun der weitaus größte Teil unserer Eindrücke und Erinnerungen nicht bewusst vollzieht, ist *chitta* auch ein Begriff für das *Unbewusste.*

Schließlich wird *chitta* als Synonym für *antahkarana*, das *gesamte* innere Organ, verwendet. Als solches umfasst chitta *manas*, *ahamkara* und *buddhi* ebenso wie unsere unbewussten Wahrnehmungen, und wir dürfen davon ausgehen, dass Patanjali den Begriff in dieser weitgefassten Bedeutung verstand.

Bedeutungsebenen von chitta

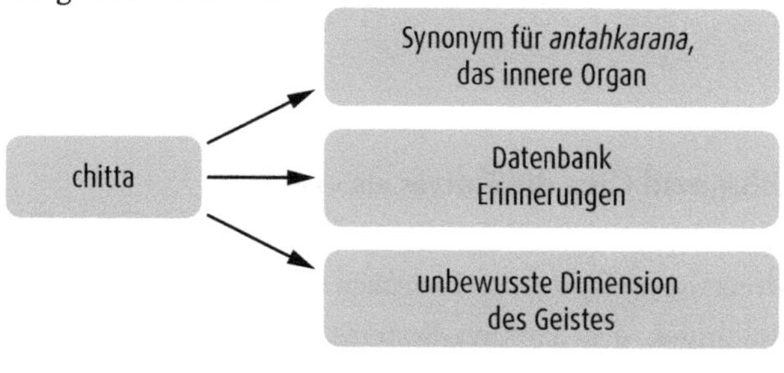

Das innere Organ im Überblick

So können wir nun *antahkarana*, das innere Organ beziehungsweise den individuellen menschlichen Geist, mit all seinen Aspekten in einer Übersicht zusammenfassen: *manas*, Wahrnehmung, Denken, Fühlen und Reagieren; *ahamkara*, das Ego; *buddhi* und die acht *bhavas*; schließlich *chitta* im Sinne der überwiegend unbewussten Gesamtheit unserer Erfahrungen:

Antahkarana, das innere Organ

manas *»Schnittstelle«*	**ahamkara** *»Integration«*	**buddhi** *»Leitstelle«*
Wahrnehmung Reflexe Instinkte Denken Zweifel Fühlen (Re-)Agieren kooperiert mit den Wahrnehmungs- und Handlungsorganen	»Ich-macher« Ich/Ego Sicherheit Überleben Wachsen	Intelligenz Intuition Entscheidungsinstanz **8 bhavas** Willensstärke/Schwäche positive/negative Ausrichtung Losgelöstheit/Anhaftung Weisheit/Blindheit
chitta *»Datenbank«* Erinnerungen Erfahrungen Gesamtheit der Eindrücke vor allem: Unbewusstes		

Die Bhagavad Gita: die Tattvas als »Feld«

Das dreizehnte Kapitel der *Bhagavad Gita* dürfte zu den kürzesten Darstellungen des Sankhya-Systems gehören, die es überhaupt gibt. Denn dort erklärt Krishna seinem Schüler Arjuna die Sankhya-Philosophie. Wenn Krishna »ich« sagt, dann spricht er als *purusha*, als reines Bewusstsein – der höchsten Ebene der Wirklichkeit. Krishna also sagt:

> *Dieser Körper, Arjuna, wird kshetra genannt, das Feld. Und der Mensch, dessen Geist das Feld erfährt, heißt kshetrajna, der Kenner des Feldes. Wisse, dass ich alle Felder kenne. Das Wissen über das Feld und den, der es erfährt, ist das wichtigste Wissen überhaupt.*
> *Diese Aspekte bilden das Feld:*
> *die fünf großen Elemente,*
> *Ahamkara, das Ich,*
> *Buddhi, die Intelligenz,*
> *die nicht manifeste Urnatur,*
> *die zehn Fähigkeiten des Wahrnehmens und Handelns,*
> *Manas, das Denken und Fühlen,*
> *sowie die fünf Objekte der Sinne.*
> *Auf diesem Feld erscheinen:*
> *Wollen und Nichtwollen,*
> *Freud und Leid,*
> *Körper, Bewusstsein und Wille.*[105]

Hier sind alle Prinzipien (*tattvas*) auf wenige Zeilen verdichtet. *Prakriti*, die Welt, und *purusha*, das Bewusstsein, werden *kshetra* und *kshetrajna* genannt: das »Feld« und der, der es erfährt. Das Feld haben wir in der *Karika* bereits als *vyakta prakriti* kennengelernt, womit unser individueller Geist, der Körper und die äußere Welt mit all ihren Objekten und Ereignissen gemeint sind. *Purusha*, das reine Bewusstsein, ist der transzendente Seher, vor dessen Augen *lila*, das kosmische Spiel des Lebens, stattfindet.

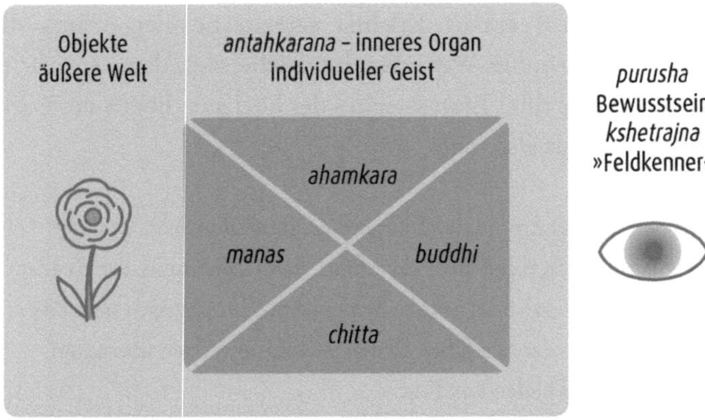

kshetra, das Feld, auf das *purusha* blickt

Wir haben bereits 15 dieser insgesamt 25 Prinzipien der Sankhya-Philosophie kennengelernt:

1 *Purusha*, das reine Bewusstsein
2 *Avyakta prakriti*, das nicht-manifeste Potenzial, aus dem alle Dinge hervorgehen

Dann folgen die 23 Prinzipien von *vyakta prakriti*, der manifesten Welt, beginnend mit »den Drei«, die unseren individuellen Geist bilden:

3–5 *buddhi, ahamkara und manas*, die zusammen antahkarana (oder chitta) bilden, das innere Organ
6–10 fünf *jnanendriyas* oder Wahrnehmungsfähigkeiten
11–15 fünf *karmendriyas* oder Aktionsfähigkeiten

Die letzten zehn *tattvas*, die wir noch nicht besprochen haben, sind:

16–20 fünf *tanmatras* oder feinstoffliche Elemente (»Objekte der Sinne«)
21–25 fünf *mahabhutas* oder grobstoffliche Elemente (»große Elemente« bzw. die materielle Welt)

Die »fünf Objekte der Sinne« sowie die »fünf großen Elemente«, die Krishna anspricht, bilden die »äußersten« oder »gröbsten« Prinzipien der Sankhya-Philosophie (wobei »grob« relativ gemeint ist: grobstofflicher als die anderen Prinzipien). Wir werden uns diesen zehn *tattvas* im Kapitel über das Evolutionsmodell des Sankhya zuwenden. Zunächst jedoch ein einfaches Beispiel, an dem wir das Zusammenspiel der Elemente unseres Geistes im Sinne der Psychologie Kapilas nachvollziehen können.

Von der Dynamik des Geistes

Ein einfaches Beispiel soll die grundlegende Funktionsweise des inneren Organs deutlich machen:

Es ist später Abend, eine laue Sommernacht in der Stadt. Sie machen noch einen Spaziergang vor dem Schlafengehen. In Gedanken versunken überqueren Sie eine Straße und bemerken nicht, dass die Fußgängerampel auf Rot steht. Von rechts kommt ein Radfahrer und betätigt die Fahrradklingel. Ihre Wahrnehmung (die Inputseite des äußeren Organs – *jnanendriya*: das Gehör) registriert das Klingeln und leitet den Impuls an *manas* weiter (die Schnittstelle oder äußere Schicht des inneren Organs). *Manas* analysiert die Situation blitzschnell und kommt zu dem Schluss: hohes Gefahrenpotenzial. Die Aktionsorgane (die Outputseite des äußeren Organs – *karmendriya*: Gehen, Mobilität) werden von *manas* angewiesen auszuweichen: Sie handeln reflektorisch.

All das geschieht im Bruchteil einer Sekunde, ohne dass Sie die Situation bewusst beurteilen, Alternativen prüfen oder Entscheidungen treffen. Die Überlebensautomatik des »Gatekeeper« *manas* sorgt nach der ersten Prüfung auf der Ebene der Instinkte und Reflexe dafür, dass die anderen Aspekte des inneren Organes am weiteren mentalen Verarbeitungs- und Entscheidungsprozess gar nicht mehr beteiligt werden. Dafür ist die Zeit zu knapp. Nicht einmal das Ego bekommt in einem solchen Fall wirklich mit, was geschieht. In akuten Situationen, wenn es um unser unmittelbares biologisches Überleben geht, funktionieren wir also oft wie Automaten; allein *manas* führt dann Regie.

So lebensnotwendig die *manas*-Automatik ist, kann sie uns aber auch täuschen. Wenn wir zum Beispiel einem Menschen begegnen, der einem anderen, mit dem wir schlechte Erfahrungen gemacht haben, ähnlich sieht, wird *manas* dafür sorgen, dass wir ihn als eher unsympathisch wahrnehmen. Oder: Hat uns einmal ein Hund gebissen, entwickeln wir wahrscheinlich die Neigung, Hunden insgesamt distanziert gegenüberzutreten, sogar eine handfeste Phobie kann daraus entstehen. Solche mentalen Muster sind meist nicht rational, und sie sind auch nicht hilfreich, denn sie hindern uns daran, die Dinge so zu sehen, *wie sie sind*. Sie trüben unsere Wahrnehmung und ersetzen Klarheit und Offenheit durch ein Vorurteil. Auch diese Prozesse laufen ungeheuer schnell und automatisiert ab: Es dauert oft nur Millisekunden, und der erste Eindruck, den wir von einem Menschen haben, steht. Leider bleibt es oft auch der letzte Eindruck, nämlich dann, wenn wir nicht *bewusst* auf diesen Menschen blicken. Wenn wir unachtsam sind und uns nicht selbst beobachten, übernimmt *manas* ganz schnell das Ruder, und wir (re-)agieren gewohnheitsmäßig, unreflektiert, unbewusst – um nicht zu sagen: bewusstlos. Dadurch sind wir den Dingen *ausgesetzt* – wir erleiden sie mehr, als dass wir sie erfahren.

Doch zurück zu unserem Beispiel: Es ist alles noch mal gut gegangen ,und Sie konnten dem Radfahrer souverän ausweichen. Nach diesem Schreck setzen Sie Ihren Spaziergang fort. Es ist schon nach 22 Uhr, als Sie an einem Pizzastand vorbeischlendern. Ihre Nase registriert Duftmoleküle (*jnanendriya*: Riechen). *Manas* analysiert die Situation: keine Gefahr, ganz im Gegenteil, der Duft ist angenehm, verlockend. *Chitta*, die Datenbank, wird durchforstet, und es zeigt sich (das heißt: Sie erinnern sich), dass es der Duft einer Vier-Käse-Pizza ist, Ihre Lieblingssorte – dieselbe, die Sie beim Spaziergang am letzten Wochenende auch schon gegessen haben. *Ahamkara*, das Ich, möchte sofort zugreifen. Über Jahrmillionen der Evolution hat es sich darin geübt, jede Chance zur Steigerung des eigenen Überlebens zu nutzen. Normalerweise müssen Lebewesen in der Natur immer wieder Zeiten durchstehen, in denen das Nahrungsangebot knapp ist. So sind sie darauf programmiert, in fetten Zeiten an Gewicht zuzulegen, um die mageren Zeiten zu überstehen. (Dass sich dies heutzutage in modernen Städten nicht mehr so verhält, ist beim Ego noch nicht so richtig angekommen: Angesichts des *permanenten* Nahrungsangebotes wird dauernd gegessen. Und so wird der moderne Zivilisationsmensch fett.)

Die erste Situationsanalyse von *manas* hat in unserem Beispiel keinen der unmittelbaren Überlebenssicherung dienenden Handlungsbedarf ergeben, daher folgt es nun nicht blindlings dem biologischen Impuls des Ego, sondern schickt die Information an die Leitstelle *buddhi* zur weiteren Analyse und Entscheidung. *Buddhi* stellt fest: »Vier-Käse-Pizza. 22:30 Uhr. Vor drei Stunden reichlich Pasta zu Abend gegessen. Überaus angenehme Wahrnehmung im Moment. Es wäre ein Genuss. Aber auch eine echte Kalorienbombe.« Das Ego schaltet sich ein und signalisiert: »Ich will die Pizza haben.«

Wie es nun weitergeht, hängt *allein* von *buddhi* ab: Wenn sie willensstark ist (*aishvarya-bhava*) und wenn sie loslassen kann (*vairagya-bhava*), wird die Sache wohl so ausgehen: So spät noch eine üppige Mahlzeit zu essen ist unvernünftig und ungesund; es macht träge, fett, verursacht Sodbrennen und schlechten Schlaf. Ist *buddhi* also stärker als *ahamkara*, so wird *manas* angewiesen, keine Pizza zu kaufen.

Dies ist nur ein einfaches Beispiel, doch verdeutlicht es die Funktionsweise des inneren Organs. Und es zeigt: Allein auf *buddhi* und den Entwicklungsstand ihrer *bhavas* kommt es an. Je mehr Bewusstheit (*jnana*), Willensstärke (*aishvarya*), vernünftige Ausrichtung (*dharma*) und Nicht-Anhaftung (*vairagya*) da sind, desto klüger und heilsamer gehen wir mit der Welt und mit uns selbst um.

Äußeres Organ, inneres Organ und die Zeit

Wir erfahren die Welt über einen dreistufigen Prozess:

› Wahrnehmung
› mentale Verarbeitung: das innere Erleben und die Deutung dessen, was die Sinnesorgane uns vermitteln
› Reaktion

Wahrnehmung und Reaktion machen den äußeren Teil unserer Beziehung zur Welt aus. Sie werden von den jeweils fünf Wahrnehmungs- und Handlungsfähigkeiten vollzogen, die zusammen das äußere Organ bilden. Wir haben sie auch als Input- und Outputseite des Geistes bezeichnet. Die drei inneren Instrumente *manas*, *ahamkara* und *buddhi*, die zusammen das innere Organ (unseren individuellen Geist) bilden, machen aus der objektiven Außenwelt unsere subjektive Innenwelt.

Vers 33 der *Sankhya Karika* fasst die Verbindung zwischen äußerem und innerem Organ wie folgt zusammen:

> *Das innere Instrument hat drei Elemente. Die äußeren Instrumente, die dem inneren Instrument die Erfahrung ermöglichen, bestehen aus zehn Elementen.*[106]

Diese ersten beiden Sätze von Vers 33 beschreiben damit in größtmöglicher Verallgemeinerung die Dynamik der inneren und äußeren mentalen Ebenen unseres Welterlebens durch die Kooperation der sogenannten »Dreizehn«, bestehend aus fünf *jnanendriyas*, fünf *karmendriyas*, *manas*, *ahamkara* und *buddhi*.

Die eigentliche Weisheit und Tiefe dieses Verses aber findet sich in dem kurzen, fast beiläufig anmutenden dritten Satz:

Die äußeren Instrumente funktionieren in der Gegenwart, die inneren Instrumente in allen drei Zeiten.

Diese auf reiner Erfahrung beruhende Feststellung ist so grundlegend, dass die wenigsten Menschen überhaupt darauf kämen, jene Frage zu stellen, auf die sie eine Antwort darstellt. Nämlich: In welchem Verhältnis stehen *Wahrnehmung*, *Handeln* und *Denken* zum Phänomen Zeit?

Der Geist und die drei Zeiten

Die inneren Instrumente (*manas*, *ahamkara*, *buddhi*), so die *Karika*, funktionieren oder arbeiten in Bezug auf alle drei Zeiten. Die drei

Zeiten, das sind natürlich: Vergangenheit, Gegenwart und Zukunft. Zwar geschieht der reine Akt des Denkens immer hier und jetzt, doch sein *Gegenstand* kann neben dem Hier-Jetzt auch das Gestern und Morgen sein. Tatsächlich ist das sogar meistens der Fall. Und genau darin besteht die Krux: Obwohl gestern und morgen nicht *mehr* oder *noch* nicht existieren, im Grunde also fiktional sind, wirken sie durch unser Denken in unser Wahrnehmen, Fühlen und Handeln hinein und verursachen sehr viel *duhkha*.

Die Tatsache, dass *antahkarana*, das innere Organ, auch in Bezug auf Vergangenheit und Zukunft funktioniert, ist an sich nichts Negatives. Ganz im Gegenteil, nur der Prozess des Sicherinnerns ermöglicht Selbstentwicklung im Sinne eines Lernens durch Erfahrung. Und die Fähigkeit, die Konsequenzen unseres Handelns zu bedenken, ist ebenfalls notwendig: Ein vernunftgeleiteter Blick in die wahrscheinliche oder mögliche Zukunft kann uns vor großen Dummheiten im Hier-Jetzt bewahren. Wenn wir die durch unser Handeln gewonnenen Erfahrungen ebenso ins Jetzt einbringen, wie wir mögliche Konsequenzen bedenken, dann arbeitet unser Geist effektiv.

Doch leider läuft das Spiel sehr oft anders: Nur allzu gerne beschäftigt sich der Geist im Hier und Jetzt mit Vergangenem, er kann sich darin geradezu verstricken; er hadert, ist verärgert und leidet darunter, dass die Dinge gestern so gelaufen sind, wie sie eben gelaufen sind, obgleich sich nichts mehr daran ändern lässt. Zu einem vermeintlichen Misserfolg in der Vergangenheit tritt der Schmerz hinzu, den Ärger und Groll verursachen. Hinsichtlich der Zukunft verhält es sich ganz ähnlich: Der Geist spielt fiktive, negative Szenarien durch. Er verheddert sich in seinen Gedanken, und wir erleben Sorge und Angst. So quälen uns die Spuren des Gestern und der Schatten von morgen, obgleich sie gar nicht existieren. *Diese* Art des Funktionierens in den drei Zeiten ist leidhaft, ja sinnlos. Es macht den größten Teil jener negativen Räume aus, in denen so viele von uns leben.

Die Sinne und das Jetzt

Der Weg aus dem Leid ist immer ein Weg ins Jetzt. Und genau an diesem Punkt weist die *Karika* mit der Bemerkung, dass die äußeren Instrumente – anders als die inneren – nur in der Gegenwart funktionieren, auf eine Lösung hin. Wahrnehmung und Handeln funktionieren nur hier und jetzt. Nur *jetzt* kann ich hören, sehen, riechen, kann ich sprechen, gehen oder jemanden berühren. Morgen mag ich mich wohl noch daran erinnern, kann ich die Eindrücke und Bilder anschauen, die in meinem Geist davon zurückgeblieben sind; doch *wirklich sehen* kann ich immer nur im gegenwärtigen Moment. Das Lied, das gerade gespielt wird, kann ich real nur jetzt hören. Das Auge blickt nicht ins Gestern, und meine Haut fühlt nicht das Morgen. Das Auge also, mit dem wir *bewusst* wahrnehmen, zwingt uns in die Gegenwart.

Weil bewusstes Riechen, Schmecken, Sehen, Hören und Fühlen eine direkte Verbindung zur Gegenwart herstellen – frei vom Groll über die Vergangenheit, frei von der Angst vor dem Morgen –, sind sie ein perfektes Tor zur Meditation. Sie laden ein zum Verweilen im Hier-Jetzt. So kann *antahkarana*, dieses so betriebsame innere Organ, wenigstens zeitweilig zu heilsamer Ruhe kommen. Ganz in diesem Sinne gibt uns Patanjali im ersten Kapitel des *Yogasutra* Tipps für die Meditation, wenn er etwa sagt, dass die Ausrichtung auf unsere sinnliche Wahrnehmung den Geist zur Ruhe bringen, ihn stabilisieren kann.[107] Es kann so einfach sein: Wir setzen uns hin, schließen die Augen und horchen. Nichts sonst. Wir hören, was von draußen kommt. Wir benennen nichts.

Wir sind »ganz Ohr«. Keine Etiketten. Keine Urteile. Wir lassen zu, dass uns die Energie des Klangs in ihren unendlichen Variationen erreicht. Wir nehmen alles an. Dabei lassen wir zugleich uns selbst los. *Antar mouna*, das meditative Hören, das uns zum Hören der Stille in unserem Inneren führen kann, ist eine wunderbare Übung für *buddhi*. Es trainiert *vairagya*, die Indifferenz gegenüber Sinneseindrücken, Gleichmut.

Das *Yogasutra* macht auch diesen Vorschlag:

> *Der Geist kommt auch zur Ruhe, indem wir die Atmung kontrollieren, vor allem, wenn wir den Fokus auf die Ausatmung legen und auf die Stille, die ihr folgt.*[108]

Den Atem fühlen: Das ist wohl die grundlegendste Form der Meditation. Es ist eine Meditation der Sinne. Alle Kulturen haben sie entdeckt, denn nichts verbindet uns mit dem Leben intensiver als der Atem. »Kontrolle« bedeutet hier: das Atmen nicht unbeobachtet geschehen zu lassen. Wenn wir bewusst wahrnehmen, wie der Luftstrom durch unsere Nasenöffnungen fließt, wenn wir die Bewegung von Brust und Bauch spüren, während wir atmen, wenn wir also mit den Sinnen, die allein in der Gegenwart arbeiten, bei unserem Atem sind, wird er sanfter, regelmäßiger und kommt zunehmend aus seiner eigenen Tiefe. Dann sind wir am Puls des Lebens selbst. Und wenn der Atem ruhiger wird, dann folgt ihm bald der Geist, denn beide sind aufs Engste miteinander verbunden.

Diese Verbindung von Atem und Geist bringt auch das aramäische Wort *rukha* treffend zum Ausdruck: Als *Rukha d'Qudsha* wurde es zum Heiligen Geist der Bibel und meint nicht ein theologisch-theoretisches Konzept, sondern den Lebensgeist, der uns durchflutet. Wenn Jesus von *rukha* sprach, ging es ihm um das sinnliche

In-Verbindung-Treten mit dem eigenen Atem. Das ist eine Verbindung mit dem Leben selbst – und mit der Quelle, aus der es kommt: Himmel und Erde werden eins. Der erste Satz der Bergpredigt wurde uns so überliefert: »Selig die Armen im Geist – ihnen gehört das Himmelreich.« Wo hier »Geist« steht, da sagte Jesus *rukha*, Atem. *Arm im Geiste sein* bedeutet im spirituell-psychologischen Sinne: Allein den Atem habe ich, wenn ich auf die Welt komme, nur ihn habe ich noch, wenn ich abends schlafen gehe – und ihn hauche ich aus, wenn ich einst das physische Gewand ablegen werde. Der Atem allein verbindet uns mit dem Leben in der Welt. Dieses Leben ist zugleich Ausdruck von Geist, eine Manifestation von Bewusstsein, weil ohne Bewusstsein nur Tod ist. Es ist die Energie *purushas*, die unseren Brustkorb hebt und senkt, solange wir physische Wesen sind. Und wenn wir dieses Leben – diesen Atem – nicht *jetzt* spüren, sind wir im Grunde leblos.

Ein arabisches Volkslied besingt dieses Wissen wie folgt:

> *Dein Vergangnes ist ein Traum / Und dein Künft'ges ist ein Wind; / Hasche den Augenblick, der ist / zwischen beiden, die nicht sind.*[109]

Der Geist und die Vitalkräfte

Unser individueller Geist und unsere Lebensenergie sind über den Atem besonders eng miteinander verbunden; mehr noch, der Geist ist die Grundlage und Stütze der Lebensenergie. Sankhya sagt:

> *Die drei inneren Instrumente haben jeweils spezifische Aufgaben.*
> *Ihre gemeinsame Aufgabe ist es, die Vitalkräfte zu stützen*
> *(und so die Aufrechterhaltung des Lebens sicherzustellen).*[110]

Bewusstsein oder Geist, das haben wir schon gesagt, geht in der Philosophie des Yoga dem materiellen und körperlichen Sein voraus. Und dieser Vers der *Karika* unterstreicht das nochmals: Geist ermöglicht physisches Leben, nicht umgekehrt. Wir atmen, weil da Geist ist. Wir können uns körperlich manifestieren, weil der Geist den Körper lebendig macht. Der Volksmund drückt sich also sehr treffend aus, wenn er sagt, dass etwas »seinen Geist aufgegeben hat«, und damit meint, dass es kaputt ist. Ohne Bewusstsein kein Leben, so einfach.

Bewusstsein, Atem und Leben sind ein einheitlicher Komplex. Wir könnten die Begriffe sogar untereinander austauschen oder durch einen einzigen Begriff ersetzen – wenn wir denn einen solchen hätten, so wie er Jesus mit *rukha* zur Verfügung stand. Doch der Materialismus, in dem wir leben, drückt sich in unserer Sprache aus, entsprechend benutzen wir kein eigenes Wort mehr dafür. Obgleich wir eins hätten: Früher sagte man im Deutschen *Odem*, ein Wort, das etymologisch mit Atem verwandt ist, doch weit über das enge physiologische Verständnis hinausweist, das heute mit dem Begriff des Atems verbunden ist.

Die Vayus

Der Geist und der Körper sind über die Vitalkräfte beziehungsweise den Energiekörper miteinander verbunden. Die Vital- oder Lebenskräfte werden im Sankhya *vayus* genannt (wörtlich: »Winde«). Es gibt mehrere dieser *vayus*, die die Energieversorgung des Körpers sicherstellen. Fünf von ihnen gelten als besonders wichtig:

› *Prana-vayu* ist der energetische Aspekt, der für die Aufnahme von Stoffen oder Einflüssen verantwortlich ist. Das betrifft vor allem die Einatmung und die Nahrungsaufnahme. Natürlich nehmen wir Energie nicht nur in grobstofflicher Form über Nahrung und Atemluft zu uns, sondern auch bei jeder Kontaktaufnahme mit der Welt. »Ausstrahlung« gilt hier im doppelten Sinne des Wortes: Wir nehmen die positive oder negative Ausstrahlung anderer Wesen ebenso auf wie die Vielzahl nichtbiologischer Strahlungen (Radiowellen, Röntgenstrahlung und so weiter). Der physische Bereich, der mit *prana-vayu* vor allem korrespondiert, ist der Brustkorb, weil wir das meiste *prana* mit der Atmung aufnehmen.

› *Samana-vayu* ist die Energie, die alles, was wir aufnehmen, umwandelt und in eine für uns nutzbare Form bringt: der Vorgang der Assimilation, die Verstoffwechselung. Dazu gehört auch, Nutzbares vom Nicht-Nutzbaren zu trennen – Entgiftung. Physisch zeigt sich *samana-vayu* vor allem in der Kraft der Verdauung und den zugeordneten abdominalen Körperbereichen: Magen, Darm, Leber, Nieren.

› *Apana-vayu* ist der Gegenpol zu *prana-vayu*: Alle Formen des Ausscheidens – Urin, Stuhl, Sexualflüssigkeiten, Schleim und so weiter – gehen auf diese Kraft der Exkretion zurück. Der Schwerpunkt von *apana-vayu* liegt im Urogenitalbereich.

› *Udana-vayu* ist die Kraft, die durch unsere Gliedmaßen und den Kopf strömt, also jene Körperbereiche, die uns physisch mit der Außenwelt verbinden und sinnliches Erfassen, Berührungen und Bewegung ermöglichen.

› *Viyana-vayu* schließlich ist die Kraft, die für die Zusammenarbeit der anderen Vitalenergien verantwortlich ist. Sie durchflutet den ganzen Körper und steht ihm somit als Energiereserve jederzeit zur Verfügung.

Die verschiedenen Arten von *prana* bilden eine Vielzahl von Strömen oder *nadis*, die den ganzen Körper mit Energie versorgen.

Das freie, ungehinderte Fließen dieser energetischen Ströme ist die Voraussetzung dafür, dass wir Gesundheit und Wohlbefinden erfahren. Die wichtigsten *nadis* im Yoga sind als *ida*, *pingala* und *sushumna* bekannt, die den linken, rechten und zentralen Teil des Körpers (Wirbelsäule) durchströmen. Die abertausend Prana-Flüsse kreuzen sich immer wieder und bilden so an zentralen Stellen des Körpers energetische Zentren, die *chakras* (wörtlich: Räder) genannt werden.

Der größte Teil der Energie – jene im Prinzip unerschöpfliche kosmische Energie, die wir schon bei unserer Geburt mitbekommen – fließt jedoch nicht frei im Körper, sondern ruht oder »schläft« am unteren Ende der Wirbelsäule. Man nennt dieses Energiepotenzial *kundalini*. Symbolisiert wird es durch eine dreieinhalbfach eingerollte Schlange – eine Anspielung auf die vier Bewusstseinszustände des Menschen: Wachbewusstsein, Traum, traumloser Tiefschlaf und *turiya*, »der Vierte«, jener Zustand, in dem *purusha* in sich selbst ruht.

Die Energiearbeit der Yogis zielt darauf ab, diese Energie zu aktivieren. Es ist gewissermaßen die energetische Entsprechung des mentalen Prozesses von spiritueller Erkenntnis, die im Zustand von *turiya* erlangt wird.

Natürlich haben nicht nur Yogis die Lebensenergie entdeckt. Viele Menschen und Kulturen waren sich seit jeher der Verbindung von Geist, Lebensenergie und Atem bewusst. Und sie gaben der Lebensenergie eine Vielzahl von Namen. Hier sind einige Beispiele:

› Chi oder *ki* (China und Japan)
› *Hayye* und *rukha* (aramäisch)
› Lung (Tibet)
› Yesod (Kabbalah)
› *Mana* (Polynesien)

- *Orenda* (amerikanische Indianer)
- *Anima mundi* (Avicenna, 980–1037, persischer Astronom und Philosoph)
- *Orgon* (Wilhelm Reich, 1897–1957, österreichischer Psychiater und Sozialforscher)
- *Ectoplasma* (Charles R. Richet, 1850–1935, französischer Arzt, Nobelpreisträger)

Weitere Begriffe für die Idee der Lebensenergie sind:

- *Bioplasma oder bioplasmatische Energie*
- *Bioflux*
- *kosmisches Fluidum*
- *noetische Energie*
- *psychotronische Energie*
- *primordiale kosmische Energie*
- *Lebensfluidum*

und viele weitere noch …

Als Erkenntnisweg beschäftigt sich Sankhya nicht direkt mit der Lebensenergie, so wie es zum Beispiel in der Atemarbeit des Yoga, beim *pranayama*, der Fall ist. Entscheidend ist vielmehr die Einsicht des Sankhya, *dass das Prinzip Geist dem Physischen vorausgeht*. Schwindet der Geist, so schwindet auch die Lebensenergie. Unser individueller Geist ist damit die energetische Plattform, aus der sich die Lebensenergie speist. Diese Erkenntnis aus der Sankhya-Philosophie schuf die Grundlage dafür, dass man im Yoga nach Techniken suchte, um direkt mit der Lebensenergie zu arbeiten.

Wir wissen nicht, ob Kapila *pranayama* oder andere energetische Übungen praktizierte. Sicher aber wusste er um die Verbindung von Bewusstsein, Energie, Atem und physischem Leben.

Wie gelangen wir zu Wissen?

Das Zusammenspiel der Dreizehn[2] ermöglicht uns, mit der Welt in Beziehung zu treten. Über die Sinnesorgane nehmen wir Reize auf, die im inneren Organ zu Informationen verarbeitet werden. Die Summe dieser Informationen, wie wir sie in einen inneren Zusammenhang bringen und deuten, macht unser Wissen aus – wie richtig oder falsch es im objektiven Sinne auch sein mag. Dieses Wissen – genauer: unsere Vorstellungen über die Welt oder ihre Deutung – bildet die Grundlage unseres Handelns.

Es liegt auf der Hand, dass eine bloß beliebige Vorstellung von der Wirklichkeit uns wenig nutzt. Anders gesagt, nicht jedes Wissen ist auch richtiges oder verlässliches Wissen. Genau das aber brauchen wir, um sinnvoll handeln zu können.

2 Zur Erinnerung: fünf *jnanendriyas* oder Sinnesfähigkeiten, die drei Aspekte des inneren Organs *manas*, *ahamkara* und *buddhi* sowie die fünf Handlungsorgane, die *karmendriyas*.

Die Welt im Spiegel des Geistes

Die Sankhya-Psychologie bricht die Vielzahl an Möglichkeiten, durch die wir lernen und verlässliches Wissen (*pramana*) erwerben können, auf nur wenige Prinzipien herunter. Die *Karika* sagt:

> *Es gibt drei anerkannte Wege, wie man zu verlässlichem Wissen gelangen kann. Jede Erkenntnis muss auf einem dieser drei Wege gründen: direkte Wahrnehmung, logisches Schließen oder gültiges Zeugnis.*[111]

Direkte Wahrnehmung oder *drishta* – wörtlich: »gesehen«, das also, was wir mit eigenen Augen sehen oder persönlich erfahren – ist die erste und zugleich wichtigste Quelle, über die wir zu verlässlichem Wissen gelangen. Sie geht den beiden anderen, indirekten Formen des Wissenserwerbs zwingend voraus, denn diese kommen ohne direkte Wahrnehmung nicht aus.

Wenn wir einen *logischen Schluss* (*anumana*) ziehen, so tun wir das aufgrund bereits vorhandenen Wissens, das wir durch eigene Beobachtung oder auf der Grundlage von Informationen seitens anderer Menschen erworben haben. Ich höre ein Bellen, also muss da auch ein Hund sein. Oder: Jemand berichtet mir, dass Rauch aus dem Wald kommt, demzufolge muss es dort ein Feuer geben. Wenn wir von einem guten Lehrer unterrichtet werden, wenn wir ein Buch oder eine Schrift studieren – alles Beispiele dafür, was im Sankhya als *gültiges Zeugnis* (*agama*) bezeichnet wird –, brauchen wir ebenfalls die Fähigkeit sinnlicher Wahrnehmung.

Kurzum: Ohne Wahrnehmung – und sei sie noch so rudimentär, subtil oder beschränkt – kann kein Wesen auf der Welt Erfahrungen machen und Wissen erwerben.

Dies führt uns zur Betrachtung der Mechanik der Wahrnehmung: Was ist Wahrnehmung eigentlich? Und wie geschieht sie?

Patanjali trifft im *Yogasutra* eine Feststellung über die Wahrnehmung, die in ihren Konsequenzen sehr weitreichend ist:

> *Ob ein Objekt erkannt wird oder nicht, hängt von dessen Reflexion in unserem Geist oder Bewusstsein ab.*[112]

Nehmen wir an, wir sehen ein Pferd auf einer Wiese stehen. Erkenntnistheoretisch bedeutet »sehen« im Sankhya: Das Pferd, mit dem wir sinnlich in Kontakt treten, indem wir es anschauen, hinterlässt einen Eindruck in unserem Bewusstsein oder Geist, einen Fußabdruck in *antahkarana* sozusagen. So ein Eindruck heißt *samskara*, ein Wort, das oft mit »Same« übersetzt wird. In *samskara* steckt *kr*, was auf das Handeln verweist und meint: Die Erfahrungen, die wir machen, werden unserem Geist eingeprägt. In ihrer Gesamtheit formen unsere Wahrnehmungen dessen »Gestalt« und beeinflussen dadurch unsere künftigen Wahrnehmungen und Handlungen. Wahrnehmungen sind somit Samen (Ursachen), die im Geist gesät werden, um in der Zukunft Früchte zu tragen (das heißt, Folgen hervorzubringen).

Wenn wir nun sagen, das Pferd hinterlässt einen Eindruck in unserem Geist, dann meint das: Vom Pferd, das in der äußeren Wirklichkeit tatsächlich existiert, wird ein *mentales Bild* erzeugt. Dieses mentale Bild ist unsere Wahrnehmung, unser Wissen, unsere *persönliche* Wirklichkeit. Was wir sehen, ist also nicht das Pferd an sich, sondern nur das Bild, das in unserem Geist von ihm entsteht, ganz ähnlich wie auch ein Foto nur das Abbild der äußeren Wirklichkeit, nicht jedoch die Wirklichkeit selbst ist. Das bedeutet:

Jede Wahrnehmung ist eine *mentale Konstruktion* beziehungsweise eine *Re-Konstruktion* der äußeren Welt im inneren Raum.

Die Formulierung »äußere Welt« meint dabei nicht allein die Objekte, die uns in dem jeweiligen Moment umgeben, sondern auch jene, die in unserem inneren Raum aufsteigen und die Bühne von *manas* betreten. Die äußere Welt umfasst also ebenso Erinnerungen und Gedanken sowie die mit ihnen verbundenen Gefühle – Objekte, die unsere Wahrnehmung zu einem früheren Zeitpunkt erreicht haben. (Zur Erinnerung: *Manas* ist die Schnittstelle oder äußere Dimension des inneren Organs, der Ort, an dem Äußeres und Inneres aufeinandertreffen.)

Es versteht sich von selbst, dass die Qualität der Re-Konstruktion – will sagen: ihre Wirklichkeitstreue – von den Möglichkeiten, Grenzen, Konditionierungen und Prägungen unserer Sinnes- und Geistesfähigkeiten bestimmt wird. Die Welt, in der wir leben, ist eine bloß vermittelte Welt. Sie ist »mental gemacht«. Im besten Falle ist sie eine Annäherung an die Wirklichkeit, eine Art innerer Kopie, welche die Wirklichkeit *repräsentiert*.

Weil Wahrnehmung ein subjektiver Vorgang ist – meine Wahrnehmung ist immer nur meine eigene, niemals kann ich die Wahrnehmungen eines anderen Menschen erleben –, so ist auch unsere (innere) Welt stets unsere eigene. Nicht nur bleibt es uns versagt, das Pferd in seiner unvermittelten Soheit wahrzunehmen. Wir können darüber hinaus das Erlebte auch mit niemandem wirklich teilen: In unserer individuellen Wahrnehmung sind wir also die einsamsten Wesen im Kosmos. Wir wissen niemals, was und wie der andere wahrnimmt oder erlebt, egal, wie genau er sich uns mitzuteilen vermag. Meine Welt ist nicht deine Welt – und doch leben wir in einem gemeinsamen Raum.

Wie wirklich ist die Wirklichkeit?

Weiter oben habe ich gesagt, dass das Pferd, welches einen Eindruck im Bewusstsein des Betrachters hinterlässt, tatsächlich existiert. Man könnte allerdings auch die Gegenthese aufstellen und sagen, dass unsere Wahrnehmung uns nur die Illusion einer in Wirklichkeit nicht existenten Welt vermittelt. Die Welt als *maya* oder Täuschung: Es gibt gar kein Pferd, sondern nur ein Bewusstsein, das meint, ein Pferd zu sehen (und die vielen anderen Dinge im Leben, in welche wir uns verstricken). Genau dies ist die Position des *Advaita Vedanta*. Nichts, so sagt diese indische Denkschule, existiert außer dem reinen Bewusstsein. Aber irgendwann muss das Bewusstsein auf die sonderbare Idee gekommen sein, dem Geist eine äußere Wirklichkeit vorzugaukeln. Wir kennen Beispiele für Täuschungen dieser Art aus anderen Lebensbereichen: Ist es nicht auch so, dass »verwirrte Geister« Dinge sehen, die wir »Normalen« eben nicht sehen? Wenn zum Beispiel der Demenzkranke einen Pudel durch die Luft fliegen sieht, wer vermöchte ihm zu beweisen, dass nicht wirklich ist, was er sieht? Und wer vermag dem Schamanen, der Ayahuasca trinkt, beweisen, dass die Erfahrungen, die er macht, nicht real seien? Er *erfährt* doch, was er erfährt. Für ihn jedenfalls ist es wirklich – es ist seine Welt, die Welt, in der er lebt. Die Idee, dass die Welt nur eine Illusion sein könnte, ist also nicht ganz und gar abwegig. Wenn es aber so sein sollte (was ich nicht glaube, so wenig wie Kapila und Patanjali das taten), dann scheint es mir für eine ziemlich große Langeweile zu sprechen, die das Bewusstsein verspüren muss, wenn es auf sich selbst zurückgeworfen ist. Warum sonst erschafft es sich eine Fiktion? Und wenn das Bewusstsein sich eine Fiktion erschafft, weil eine solche aus irgendeinem unbekannten Grund eine wichtige Rolle zu spielen hat, warum sollten wir diese Fiktion durch einen noch dazu mühsamen Entwicklungsprozess mit dem Ziel der Erkenntnis wieder auflösen wollen? Warum existiert überhaupt das Potenzial für eine solche Fiktion? Auch der *Advaita Vedanta* gibt also auf die grundlegenden Warum-Fragen keine Antwort.

Man kann natürlich auch auf die genau gegenteilige Idee kommen und behaupten, dass das Pferd, das wir da sehen, genau so ist, wie wir es sehen, dass unsere Wahrnehmung uns die Wirklichkeit also *en détail*, eins zu eins zeigt. Dies kann freilich nicht die Tatsache erklären, dass alle Wesen die Dinge irgendwie anders sehen: Für die Zecke ist das Pferd nur Wärme und der Geruch von Buttersäure, eine gute Mahlzeit, wenn sie durch das dicke Fell kommt. Für ein anderes Pferd ist es ein Herdenmitglied, vielleicht ein Partner zur Paarung. Dem Pferdemetzger verspricht es ein gutes Geschäft, und der Jockey sieht sich und das Pferd auf der Rennbahn. Mit wieder ganz anderen Augen betrachtet der Querschnittsgelähmte das Pferd, ist er doch einst von einem heruntergefallen, was sein Leben total veränderte. Und nochmals anders sieht der Pferdefreund das Pferd, der Pferde einfach liebt und sie gerne um sich hat. Doch was von alledem ist das Pferd in Wirklichkeit?

Die Philosophie des Yoga kann mit beiden Vorstellungen nicht viel anfangen: Weder ist sie der materialistischen Auffassung, dass die Welt um uns herum genau so ist, wie wir sie wahrnehmen, noch hält sie sie für eine bloße Illusion. Kapila, der ›Rote Zauberer‹, vertritt zwischen diesen beiden Extrempositionen eine kluge und ganz und gar nicht »magische« Mitte, eine Art *repräsentativen Realismus*. Er sagt: Die Welt, die wir sehen, existiert tatsächlich. Doch *wie* wir sie sehen, hängt ganz entscheidend vom Medium ab, das uns die Welt vermittelt, von unseren Sinnen und unserem Geist. Je mehr dieser von *tamas* und *rajas* geprägt ist, desto verzerrter ist seine Wahrnehmung. Wer sieht das Pferd klarer: das staunende Kleinkind, das, ohne zu urteilen, mit großen Augen auf das Pferd blickt, oder der Züchter, der es zum Höchstpreis verkaufen will? Welche Wirklichkeit ist wirklicher?

Jesus sagt im *Thomas-Evangelium*: »Diese Kinder, die gestillt werden, sind wie diejenigen, die ins Königreich eingehen.«[113]

Eine nicht-konditionierte Wahrnehmung, so die Botschaft, ein Schauen ohne Filter oder Urteil, bringt uns der Wirklichkeit am nächsten. Was wir sehen, ohne es durch die Brille unseres Habenwollens und Nicht-Habenwollens wahrzunehmen, befreit von eingefahrenen Vorstellungen, frei von Erinnerung, richtigem und falschem Wissen, ohne Urteil und ganz ohne Erwartungshaltung: Das ist Wahrnehmung, die der Soheit am nächsten kommt.

Patanjali formuliert im *Yogasutra* ein sehr überzeugendes Argument, um eine Lanze für den repräsentativen Realismus zu brechen:

> *Ein und dasselbe Objekt wird von jedem Bewusstsein anders wahrgenommen. Deshalb müssen Objekt und Bewusstsein getrennte Entitäten sein. Die Existenz des Objektes ist nicht abhängig vom einzelnen Bewusstsein. Wäre es anders, was würde dann mit dem Objekt geschehen, wenn es nicht wahrgenommen würde?*[114]

Patanjali stellt im Grunde diese Frage in den Raum: Wenn Züchter, Jockey und Pferdefreund die Pferdewiese verlassen, was geschieht dann mit dem Pferd? Existiert es dann noch? Spitzen wir das Problem noch etwas zu und stellen wir uns vor, dass irgendwo im Kosmos ein Baum umfällt. Und nehmen wir zusätzlich an, dass es nirgendwo im Weltall ein Wesen gäbe, das Ohren hat – der Hörsinn wurde nicht erschaffen in der Evolution: Würde der fallende Baum ein Geräusch machen? Gibt es Klang ohne Ohren? Ja, sagt Sankhya ganz klar, denn die Energie, die wir Schall nennen und mithilfe des Hörsinns wahrnehmen können, ist in ihrer Existenz unabhängig davon, ob jemand sie hören kann. Und genauso ist es mit dem Pferd. Um zu sein, braucht es keinen, der es wahrnimmt, es wird auch dann noch grasen, wenn alle Beobachter gegangen sind. Es ist ganz und gar unabhängig von unserem Bewusstsein. Die äußere Welt und unser Geist sind also *getrennte Entitäten*. Objektive Wirklichkeit existiert. *Prakriti* ist keine Illusion. Aber *prakriti* ist ebenso wenig die letzte Wirklichkeit, um die es Kapila geht.

Meditation und Soheit

Kann man zur Soheit des Pferdes, zu seiner Wirklichkeit gelangen? Ist es erfahrbar als das, was es ist? Die klare Antwort der Sankhya-Yoga-Philosophie lautet: Ja! Doch dazu muss der Sucher *prakriti* »verlassen«, sie transzendieren, muss über die »kleine Welt« hinausgehen, zu der auch sein individueller Geist (*manas, ahamkara, buddhi*) gehört, der ja ein Teil von *prakriti* ist. Er muss zu *purusha* durchdringen, dem reinen Bewusstsein (*jna*), das hinter dem Geist liegt. Zu jener Kraft, die dem Geist erst sein Denken ermöglicht, dem Auge das Sehen und dem Ohr das Hören, und die doch zugleich weder Geist, Auge und Ohr ist. Das reine Bewusstsein ist die Energie, die allem Wahrnehmen, Denken und Fühlen *vorausgeht*. Dorthin kommt der Yogi durch Meditation, so das Versprechen Patanjalis, durch jene Praxis also, die den Geist zur Ruhe führt.

Pramana, das verlässliche Wissen, ist also kein Wissen im absoluten Sinne. Es ist ein richtiges und hilfreiches Wissen im Blick auf die Welt, in der wir (über-)leben, ein Wissen, das uns hilft, den Alltag zu bewältigen. Doch es ist nicht *sankhya* im Sinne seiner Wortbedeutung. Denn *sankhya* bedeutet: vollkommenes Wissen. Ein solches Wissen ist transzendenter Natur, ist die Erkenntnis, die *duhkha* überwindet. Sie vermag aufzuscheinen in jener vollkommenen Stille, die das Tao Te King mit der Balance von *yin* und *yang* in Verbindung bringt, den polaren kosmischen Kräften, die in uns allen wirken. In der Praxis des Yoga stehen die Pranaströme *ida* und *pingala* für sie. Über den Atem lassen sich diese Kräfte gut erreichen:

> *Alle Wesen unterstützen yin und umarmen yang.*
> *Das Zusammenspiel dieser beiden Kräfte*
> *erfüllt den ganzen Kosmos.*
> *Doch nur am Ruhepunkt zwischen Ein- und Ausatmung*
> *kann man beide in vollkommener Harmonie erkennen.*[115]

Es ist ganz gleich, sagt Patanjali, welche Form der Meditation wir wählen, weil jede zur Selbstverwirklichung führen kann. Doch ohne Zweifel ist das Gewahrsein des Atems eine der mächtigsten. Im ersten Kapitel des *Yogasutra*, wo es um *samadhi* geht, die Gipfelerfahrung der Meditation, gibt uns Patanjali drei zentrale praktische Hinweise für ein Leben, das im Yoga gründet: zum einen die Hingabe oder *Ishvarah-pranidhana*, unser Vertrauen in den Weg, das Leben und die kosmische Intelligenz, die ihm zugrunde liegt.[116] Dann die Arbeit an uns selbst im Sinne der Entwicklung positiver Eigenschaften wie Freundlichkeit, Offenheit und Mitgefühl.[117] Und drittens, als *erste konkrete Meditationsanweisung*: den Atem. Wie das Tao Te King verweist auch das *Yogasutra* auf den Ruhepunkt zwischen zwei Atemzügen: »Der Geist kommt zur Ruhe«, sagt Patanjali, »indem wir die Atmung kontrollieren, vor allem, wenn wir den Fokus auf die Ausatmung legen und auf die Stille, die ihr folgt.«[118]

Wir könnten das Basisprogramm des *Patanjali-Sankhya-Yoga* in drei Aufforderungen auch so zusammenfassen:

Hab Vertrauen und fließe mit dem Leben!
Versuche, ein guter Mensch zu werden!
Erforsche dich selbst! Dein Atem wird dir dabei helfen.

Das *Yogasutra* und das *Tao Te King* sprechen von der Atemmeditation; Buddha praktizierte sie; sie ist von zentraler Bedeutung im Zen; und mit *rukha*, dem Atem, eröffnet auch Jesus seine Bergpredigt. Die alten Schriften der Essener drücken es in diesen wunderbaren Worten aus:

> *Im Moment zwischen Ein- und Ausatmung liegt*
> *das Geheimnis des unendlichen Gartens verborgen.*[119]

Zwischen Ein- und Ausatmung also liegt das Mysterium. Dort liegt die Stille jenseits des Atems, jenseits von *prakriti*. Dort gehen wir über alle Formen der Wahrnehmung hinaus, indem das, was wahrnimmt, sich selbst wahrnimmt.

Feiner Stoff, grober Stoff

Wie kommt das Pferd in meinen Kopf?

Das Pferd auf der Wiese existiert also wirklich, sagt die Sankhya-Philosophie. In dem Moment, da wir es ansehen, hinterlässt es einen Eindruck in unserem Geist und wird dadurch zu unserer inneren Wirklichkeit. So existiert es gewissermaßen in zweierlei Hinsicht, nämlich als grobstoffliche Realität (der physische Körper) wie auch als mentale Wirklichkeit. Das Grobstoffliche und der Geist sind offensichtlich irgendwie miteinander verbunden. Es muss eine Brücke geben zwischen ihnen, ein Medium der Berührung und Kontaktnahme sozusagen. Wie sonst sollte das Materielle auf das Immaterielle wirken können? Wie sonst könnte das Pferd in meinen Geist kommen?

Wenn wir sehr weit zurücktreten in der Betrachtung dieses Problems, dann löst es sich zunächst von selbst auf, weil sich die Kategorien des Materiellen und Immateriellen in ihrer Unterschiedlichkeit auflösen. Ich will noch mal daran erinnern, was wir im Zusammenhang mit der Idee von Ursache und Wirkung diskutiert haben, nämlich das Prinzip *satcaryavada*: Der Effekt prä-existiert in seiner Ursache – Marmor und David sind essenziell eins. Oder:

> Potenzial, Geist und stoffliche Welt bilden ein Kontinuum.

Wenn wir über das Pferd reden, das unser Geist wahrnimmt, dann befassen wir uns mit der aus *gunas* strukturierten Welt: Alles, was existiert, ist eine Komposition aus den drei energetischen Grundkräften oder Seinsweisen. Wenn ein Wesen auf ein anderes blickt und dieses andere einen Eindruck in ihm hinterlässt, dann treten *gunas* mit *gunas* in Verbindung: Der Geist gehört ebenso zu *prakriti* wie der Körper des Pferdes.

Und *purusha* sieht diesem Spektakel zu. Leider verstrickt er sich meist darin und wird so vom Zuschauer zum Mitspie<ler, er gerät in die Mühle von *duhkhatraya*, den drei Arten des Leidens. Der große Physiker Werner Heisenberg (1901–1976), einer der herausragenden Forscher der Quantenphysik, sagte einmal: »Es gibt keine Materie, sondern nur ein Gewebe von Energien, dem durch intelligenten Geist Form gegeben wird.«[120] *Gunas* treten mit *gunas* in Verbindung. Sagen wir es doch so:

Erfahrung geschieht, wenn die Welt mit sich selbst spielt.

Aus der Gesamtperspektive betrachtet, stellt sich also gar nicht die Frage, wie das Pferd in unseren Geist kommt. Denn beides ist einfach »Stoff« – oder Energie, was physikalisch betrachtet auf dasselbe hinausläuft, weil eines sich ins andere wandeln lässt. Es handelt sich um unterschiedliche Feinheitsgrade: Eis löst sich in Wasser auf, und Wolken werden zu fallendem Regen. Geist und Pferd sind gewissermaßen nur unterschiedliche »Aggregatszustände« (*tattvas*) ein und derselben Substanz (*prakriti*). Wasser ist feiner als Eis. Geist ist feiner als Fleisch. Geschaffenes (*vyakta*) ist gröber als das Potenzial, dem es entspringt (*avyakta*).

Um den Feinheitsgrad geht es nun auch, wenn wir die Frage, wie das Pferd in den Geist kommt, in einem *engeren* Sinne beantworten möchten. Und damit kommen wir zu den uns noch fehlenden zehn *tattvas*, den Elementen, Prinzipien oder auch »Aggregatszuständen« von *prakriti*. Sie vervollständigen das Weltbild des Sankhya.

Die grobstofflichen Elemente

Die Vielfalt der Dinge, von den Atomen bis zu den Galaxien, versteht die Sankhya-Philosophie lediglich als die äußere Schicht von *prakriti*, die dichteste Form, in der sich reines Potenzial manifestiert, die trägste oder tamasischste Manifestation von Energie. Die materielle Welt, die dem westlichen Geist als die Summe all dessen gilt, was existiert, ist für Kapila nur die Oberfläche des Seins.

Sankhya bricht die zahllosen materiellen Dinge auf nur fünf *mahabhutas*, große Prinzipien oder grobstoffliche Elemente, herunter. Dies sind vom Sattvisch-Feinen zum Tamasisch-Groben: Raum (*akasha*), Luft (*vayu*), Feuer (*agni*), Wasser (*apas*) und Erde (*phritvi*). Alle Dinge sind wesentlich eine Mischung aus diesen Elementen, die ihrerseits, daran sei nochmals erinnert, natürlich aus *gunas* geschaffen sind. Die *gunas* bilden gewissermaßen die Sphäre, in der alle materiellen Prozesse sich vollziehen. Die Luft ist das Prinzip der Bewegung. *Feuer* ist das assimilierende und transformierende Element. Dann gibt es das *Wässrige* und sich im Fließen Verdichtende. Und schließlich das *Feste* und Erdhafte.

All das finden wir auch an und in unserem eigenen Körper: den Raum, den er selbst einnimmt, sowie die zahllosen Räume in seinem Inneren; den (Lebens-)Atem, der die Räume durchflutet und belebt; das Prinzip des Feuers als das Assimilierende, das für den beständigen Umbau komplexer biochemischer Prozesse steht; dann die vielen Vorgänge des Fließens: Wasser, Blut, Sekrete und so weiter; schließlich alles Feste, wie Knochen, Muskeln und Gewebe aller Art.

Freilich, so mag man einwenden, was ist mit massiven Körpern wie etwa einem Stein? Wo findet sich darin Raum? Wo fließt da etwas? Der Punkt jedoch ist: Der Stein *erscheint* uns nur als vollständig fest und raumlos, tatsächlich aber besteht er aus Atomen und subatomaren Partikeln. Der Stein ist nicht bloß ein Stein, das ist er nur in unserer begrenzten Sinnenwelt. Er repräsentiert vielmehr einen *energetischen* Prozess. Dinge sind Prozesse, die in ständiger Bewegung und Transformation sind. Die Prinzipien Raum und Bewegung sind also auch im Stein gegenwärtig. Und das Gleiche gilt für die anderen *mahabhutas*: Einst muss der Stein glühende Lava gewesen sein, geboren aus dem Feuer des Erdinneren. Hitze und Wasser formten und verdichteten ihn, bis der Schwerpunkt seines Seins ins Erdhafte mündete. So formen die *mahabhutas* in ihrer Gesamtheit den Raum und Stoff, wie wir ihn kennen.

Kommen wir nochmals auf die Singularität, den ursprünglichen Zustand des Universums zurück: Das Weltall war einst ein nicht-vorstellbarer, nicht-räumlicher und nicht-zeitlicher »Punkt«. Dann explodiert der Punkt im Urknall. Mit ihm tritt der Raum als erstes Prinzip ins Sein (dazu Zeit, Ursache und Wirkung). Darin entfaltet sich nun alles Weitere in den Prozessen von Bewegung und Umbau, es verdichtet sich, fließt zusammen und wieder auseinander, und schließlich nimmt es Gestalt und Festigkeit an.

Würde Kapila mit einem modernen Astronomen an einem Tisch sitzen, so wäre er sicher erstaunt darüber, wie tief der Mensch heute ins All zu blicken vermag, so tief, dass das Licht, das er da sieht, 13 Milliarden Jahre brauchte, um auf die Linse des Teleskops zu treffen. (Und das will etwas heißen, wenn man weiß, dass Licht eine Reisegeschwindigkeit von 300 000 Kilometern in der Sekunde hat.) Ich stelle mir vor, wie Kapila dann Folgendes zu dem Astronomen sagt:

»Willst du all diese Sterne erforschen und vermessen, wo du doch noch nicht einmal die Tiefen der Wasser auf der Erde erkundet hast? Wie viele Fakten wirst du sammeln müssen, bis du alles zu wissen glaubst, was es zu wissen gibt? Wenn du diese Fakten zusammenhast, denkst du, dass du sie überblicken könntest? Und selbst wenn es dir gelänge, ich sage dir: Du kratzt doch nur an der Schale des Eis. Die Wirklichkeit liegt jenseits dieser Schale, jenseits von Raum und Zeit, jenseits des Punktes, den du die *Singularität* nennst, jenseits jenes Zustands, den ich *avyakta prakriti* genannt habe. Du erforschst nur die Bühne des Theaterstücks. Doch wer ist der Regisseur? Und wer bist du selbst?«

Die feinstofflichen Elemente

Die Frage, die uns interessiert, lautet doch: Wie kommt das Pferd in meinen Kopf? Wie werden physische Dinge zu mentalen Inhalten? Wie wird Grobstoffliches feinstofflich? Sankhya sagt, dass die grobstofflichen Prinzipien mit feinstofflichen verbunden sind, mit ihnen korrelieren. Und so gibt es den fünf *mahabhutas* entsprechend fünf feinstoffliche Prinzipien oder *tanmatras*.

Um diese Auffassung unserem Denken zugänglicher zu machen, könnten wir uns vorstellen, dass grobstoffliche Objekte *Träger von Eigenschaften* sind, die eine Brücke zu unseren Sinnen darstellen und so den Weg in den Geist ermöglichen: Dem Raum entspricht das Prinzip des Schalls oder Klanges (*shabda*), der sich mit unserem Hörsinn verbindet. Wenn zum Schall das Prinzip

Berührung (*sparsa*) hinzukommt, gelangen wir zum Element Luft. Addieren wir die Form (*rupa*) hinzu, so haben wir das Feuer. Ergänzen wir das *tanmatra* Geschmack (*rasa*), dann entspricht das dem Prinzip des Fließens. Zum Erdhaften schließlich gelangen wir über das Prinzip Geruch (*gandha*).

Es ist für unseren Verstand kaum möglich, sich das konkret vorzustellen, doch das logische Prinzip ist bestechend: Alles Materielle (grober Stoff), so die Idee, korreliert mit dem Immateriellen (feiner Stoff): Das Grobe trägt das Feine, das ihm vorausgeht, in sich. Dieser feine Stoff kann sich dann anbinden an noch feineren Stoff, nämlich unsere Fähigkeit wahrzunehmen, um sich so weiter zu verfeinern und schließlich als ein Bild in unserem Geist zu erscheinen.

Eigentlich ist die Verbindung zwischen dem Feinen und dem Groben noch viel wundersamer, denn das Grobe kommt aus dem Feinen: So sind die *mahabhutas* nicht nur Träger der *tanmatras*, sondern aus dem Feinstofflichen fließt die Materie aus, entsprechend der Gesamtlogik der Sankhya-Philosophie: *vyakta* kommt aus *avyakta*. *Voilà, satcaryavada!*

Damit sind wir an den Punkt gekommen, wo wir über das im Sankhya angelegte Prinzip der *Evolution* sprechen können, das uns schließlich zur *Involution* führen wird: Entfaltung der Schöpfung und Heimkehr des verlorenen Sohnes. Ausfließen und Einfließen, Auszug und Rückkehr, die Schöpfung der Welt und die Erkenntnis des Schöpfers. Wir kommen im nun folgenden Kapitel zur Gesamtschau von Kapilas Denken, jenes Denken, das Patanjalis *Yogasutra* inspirierte, die *Bhagavad Gita* und *Ayurveda*, die indische Medizin, jenes philosophische und psychologische System, das alles Sein auf 25 Prinzipien oder *tattvas* gründet.

Die Verbindung von äußerer Welt und Geist: mahabhutas, tanmatras und jnanendriyas

jnanendriyas	*tanmatras*	*mahabhutas*
Hören	Klang	Raum
Fühlen	Klang + Berührung	Luft
Sehen	Klang + Berührung + Form/Gestalt	Feuer
Schmecken	Klang + Berührung + Form + Geschmack	Wasser
Geruch	Klang + Berührung + Form + Geschmack + Geruch	Erde

Schöpfung und Heimkehr

In Lebensfluten, im Tatensturm Wall ich auf und ab,
Wehe hin und her! Geburt und Grab. Ein ewiges Meer.
Ein wechselnd Weben, Ein glühend Leben,
So schaff ich am sausenden Webstuhl der Zeit,
Und wirke der Gottheit lebendiges Kleid.

Johann Wolfgang von Goethe (1749–1832)

Die Entfaltung des Kosmos aus der Quelle

Am Anfang des Seins existieren allein zwei transzendente Entitäten oder Aspekte: *purusha*, reines Bewusstsein, und *avyakta prakriti* oder *mulaprakriti*, reines Potenzial, die nicht-geschaffene Urnatur oder auch der Wurzelgrund, aus dem die Schöpfung ausfließen wird. *Avyakta prakriti* verharrt in völliger Ruhe, in Stille und Harmonie. Sie ist *trigunatmika*, das heißt, die drei *gunas* wirken in ihr im Zustand eines völligen energetischen Gleichgewichts. Keine Bewegung gibt es da, keine Entwicklung. Es ist die ganz und gar unbegreifliche Leere vor der Schöpfung, aus der auch wir selbst geboren werden. Wir könnten auch sagen: die Ruhe vor dem Sturm.

Die geheimnisvolle Nähe *purushas* bringt nun die *gunas* aus ihrer Balance. Und damit setzt der Prozess der Schöpfung oder Evolution ein. Wir erfahren aus der Sankhya-Philosophie nicht, warum und wie *purusha* sich *avyakta* nähert und was dieses »Annähern« in einem nicht-zeitlichen und nicht-räumlichen Kontext überhaupt bedeuten kann. Es wirft auch die Frage auf, »wo« *purusha* wohl zuvor gewesen sein mag. Das vermag menschlicher Geist sich nicht vorzustellen, und deshalb haben wir dafür auch keine Worte.

Wie dem auch sei, die Nähe, Kraft oder Energie *purushas* wirkt auf das ruhende Potenzial der Schöpfung ein: Auf der glatten Oberfläche des Urozeans beginnen sich die Wellen der Existenz zu kräuseln, die Formlosigkeit beginnt sich zu strukturieren. Was bislang nur Potenzial war, geht den Weg in die Manifestation, *avyakta* wird *vyakta*. Die Singularität beginnt ihren Entfaltungsprozess in eine Welt der Vielfalt. *Purusha* und *avyakta*, diese anfängliche Zweiheit, erinnert an die mythischen Vorstellungen jener namenlosen Situation vor der Schöpfung, von Gottes Geist, der über den Wassern schwebt – der Geist, der sagt: »Es werde!«

Die erste Manifestationsform – wir könnten auch sagen: die erste *vyakta* oder Schöpfungsstufe – ist *mahat*, »das Große«. Es ist eigentlich ein Synonym für *buddhi*. Und dennoch ist da ein subtiler Unterschied: *Mahat* ist kosmische Intelligenz, die über-individuelle kosmische Blaupause gewissermaßen, aus der alles Weitere sich entwickelt. Auf individueller Ebene, im Geist des Menschen, zeigt sich *mahat* als *buddhi*, ist also unsere höhere Intelligenz, Weisheit, Intuition, Unterscheidungs- und Entscheidungsinstanz. Als *mahat* ist *buddhi* direkt mit der Schöpfungsintelligenz verbunden, und *purushas* Licht strahlt in sie hinein. Doch zugleich hat sie sich schon etwas von der Quelle entfernt, hat sich individualisiert. Die *buddhi* eines jeden Menschen ist ein Unikat, ganz und gar einzigartig und individuell. Sie ist vorgeprägt durch unsere früheren Leben, denen wir deshalb nicht entkommen können: Die verursachten Prägungen (*samskaras*) schaffen gewissermaßen »Cluster« und werden zu unseren Persönlichkeitszügen (*vasanas*), die ihre

Wirkungen entfalten. Dieser Zusammenhang ist uns als *karma* bekannt. Allerdings bilden die Vorprägungen nicht zwingend ein unabänderliches Schicksal, denn *buddhi* ist entwickelbar. Darüber haben wir im Kapitel über die acht *bhavas* oder Zustände von *buddhi* ausführlich gesprochen. Daraus ergibt sich logisch, dass wir nur im Rahmen unserer Prägungen determiniert sind, nicht aber *in toto*. Mit anderen Worten: Freiheit existiert, auch wenn es nicht die ganz große Freiheit sein mag. Nicht alles im Leben, das zeigt auch unsere Alltagserfahrung, können wir uns aussuchen. Das philosophische Problem von Freiheit und Determination wird also mit der Position einer klugen Mitte beantwortet.

Aus der unvorstellbar feinen »prä-stofflichen« Stofflichkeit, aus der primordialen Materie oder Energie *avyaktas*, entfaltet sich also zuallererst kosmischer Geist, dann individueller Geist. Und *purusha* beginnt allmählich, seine wahre Natur zu vergessen: Er steigt hinab in die sich als Geist entfaltende Welt und beginnt, sich mit ihr zu identifizieren. »Ich bin hier, und Nicht-Ich ist dort«, mag er sich sagen. *Purusha* ruht nicht mehr in sich selbst. *Ahamkara*, das Ego, fließt aus *buddhi* aus, und das Ich-Gefühl (*asmita*) ist geboren. Es ist der logische Schritt, der dem Selbst-Vergessen (*avidya*) folgt. Das Ich will hinaus, will haben (*raga*) und nicht haben (*dvesha*), es will leben, erleben, immer mehr davon. Und so erschafft es sich seine »Welt der myriaden Dinge«, wie man im Taoismus sagt, den wundersamen Spielplatz des Lebens. Es ist ein Theaterstück, bei dem der Mensch nicht nur der Zuschauer ist, sondern zugleich die Bühne. Und es ist ein zutiefst interaktives Stück, das da gegeben wird: *Purusha*, nun irgendwie identifiziert mit und verstrickt in *ahamkara*, spielt auch noch selbst mit.

Von *ahamkara* aus, dieser rajasischen und auf Selbsterhalt und Wachstum ausgerichteten Ich-Kraft, vollzieht sich *purushas* Abstieg in die Welt nun in nur zwei schöpferischen Würfen:

Der erste Wurf bringt auf der sattvischen Seite *manas* und die zehn Sinne, *indriyas*, hervor und auf der tamasischen die feinstofflichen Objekte oder *tanmatras*. Der zweite Wurf entfaltet die grobstoffliche Welt der *mahabhutas* aus den *tanmatras*. *Purushas* Gang in die Grobstofflichkeit ist vollzogen. Bewusstsein wohnt nun in einem Körper, ohne zu wissen, dass es doch eigentlich reines Bewusstsein ist. Ins Fleisch hinabsteigen, ohne sich dessen bewusst zu sein: Das ist ein wenig wie der Traum, den wir haben, ohne ihn luzide zu erleben. Im Traum ist der Traum für uns so wirklich, wie es das »reale« Leben während unseres Wachbewusstseins ist. (Und im traumlosen Tiefschlaf ist nichts von beidem für uns wirklich.) Wir erleben uns als Körper, ohne von unserer eigentlichen Wirklichkeit zu wissen: Wir *erkennen uns nicht*. Es ist genau diese Idee, die wir auch im *Johannes-Evangelium* finden – Geist macht Welt:

> *Er war in der Welt,*
> *und die Welt ist durch ihn geworden,*
> *und die Welt hat ihn nicht erkannt.*[121]

»Er«, das ist im Sinne des Sankhya natürlich *purusha*. In der christlichen Mystik ist es der *Christus*: Er ist unser innerer Kern, reine Luzidität, purer prä-personaler Geist. Das Licht wohnt nun in einem Körper in der Welt. »Er« (*purusha*, *jna*, Christus oder Buddha) kommt vor dem Körper, vor dem Verstand, vor dem Ich, ja sogar vor der kosmischen Intelligenz. Das Wort »vor« meint hier ein »Vor« in jeder Hinsicht: zeitlich, räumlich, ursächlich und wesensmäßig. *Purusha* heißt »das, was in uns wohnt«. Was da also glaubt, ein Ich zu sein (mit allem, was daran klebt), ist somit nur ein Mantel, der unser inneres Licht verdeckt.

Die Heimkehr des verlorenen Sohnes

> *Der Mensch ist himmlisch und irdisch zugleich.*[122]
>
> Hildegard von Bingen (1098–1179)

Mit dem selbstvergessenen Abenteuer *purushas* in der Welt beginnt zugleich das ganze Elend von *duhkhatraya*. Dieses Theaterstück, bei dem wir Zuschauer und Schauspieler zugleich sind, Wesen, die sich so sehr mit ihren Rollen identifizieren, dass sie an die totale Realität dieses Spiels (*lila*), das wir *Leben* nennen, glauben, hält nicht nur Vergnügen bereit, sondern als dessen zwingender Schatten auch den Schmerz. *Sukha* und *duhkha* wohnen Tür an Tür. Und so sind wir wieder am Ausgangspunkt der *Karika*: Wie gehen wir über den Schmerz hinaus? Wie kommen wir raus aus diesem Film? Zu oft haben wir ihn schon gesehen.

Wenn der Abstieg *purushas* aus seiner heimeligen Wohnstatt der Glückseligkeit – wo er ganz mit sich, ganz bei sich ist –, wenn dieser Abstieg ihn in den Schmerz führt, dann ist es nur logisch, wieder heimzukehren, um den Schmerz aufzulösen. Dies ist die mystische Deutung der biblischen Geschichte vom verlorenen Sohn. *Heimkehr* bedeutet: Das Selbst-Vergessen aufzulösen, das mit der Schöpfung und dem Gang in die Welt verbunden ist – *purusha* muss sich selbst wieder finden. Wir könnten auch Erkenntnis dazu sagen – womit nicht die Erkenntnis von etwas Neuem gemeint ist, sondern schlicht ein *Wieder-Erinnern* als existenzielle Antwort auf die Frage »Wer bin ich?«. *Avidya* wird zu *vidya*. Der Blinde wird sehend. Er hat sich befreit aus der Schwere des Körpers, an dem Raum, Zeit und Schwerkraft zerren. Was für ein weises Wort doch *tamas*, die Dunkelheit und Schwere, für den Zustand der spirituellen Blindheit ist.

Dieses Wieder-Erinnern ist für Kapila ein Prozess, der sich

durch das Nachdenken und das meditative Hineinversenken in die *tattvas* vollzieht:

> *Das Studium und die (meditative) Durchdringung* (abhyasa) *der Elemente der Sankhya-Philosophie führt zur Erkenntnis* (jnana), *dass ich (im Sinne eines Egos) nicht existiere, dass mir nichts gehört, dass ich* »Nicht-Ich« *bin. Diese Erkenntnis ist umfassend und rein, weil sie frei von Irrtum ist – es ist absolute Erkenntnis.*[123]

Wir haben eingangs zu diesem Buch von *samyoga*, *viyoga* und *yoga* gesprochen: Die (scheinbare) Verstrickung *purushas* in die Welt (*samyoga*) wird aufgelöst (*viyoga*), damit der ursprüngliche Zustand (*yoga*) wiederhergestellt wird. Sich wieder zu erinnern, das bedeutet: zu wissen, wer man nicht ist, um damit zu wissen, wer man in Wahrheit ist. Ich bin nicht *ahamkara* und die aus ihm fließende Welt, vielmehr bin ich *purusha*. Ich bin kein Schauspieler in diesem Theaterstück, sondern nur ein Zuschauer. Wenn das erkannt ist, sagt Kapila, hört *prakriti* auf, »aktiv« zu sein. In den Worten Jesu: »Wer die Welt erkannt hat, fand eine Leiche.« Das bedeutet nicht, dass wir dann physisch tot wären, denn auch Erleuchtete leben in ihrem physischen Körper weiter, bis sie ihn eben ablegen. Sie vegetieren auch nicht in einem mentalen und emotionalen Vakuum dahin. Es bedeutet schlicht, dass *duhkha* aus *prakriti* weicht.

Rajas, die beständige Aktivität und Energie der Veränderung, ist es nämlich, die *ahamkara* so wehtut, dem Ego, das doch nichts mehr sucht als Stabilität und Sicherheit und am meisten fürchtet, was ohnehin unausweichlich ist: den physischen Tod. *Abhinivesha* nennt Patanjali diese Angst, die ihre primäre Ursache im ursprünglichen Selbst-Vergessen hat. Der unsterbliche *purusha* hat sein Zuhause verlassen und blickt nun dem (imaginären) Tod ins Auge. Verstünde *ahamkara* doch nur, dass der physische Tod gar nicht das Ende ist, sondern dass nur der grobstoffliche Mantel aus *mahabhutas* abgelegt wird ... Verstünde das Ich doch nur, dass es loslassen kann ...

> *Dann blickt purusha nur noch wie ein Zuschauer auf prakriti,*
> *die ihre Aktivität eingestellt hat, weil sie ihren Zweck erfüllt und*
> *sich von den sieben Dispositionen zurückgezogen hat.*[124]

Die »sieben Dispositionen«, das sind alle Zustände unseres Geistes, die keiner wirklichen Erkenntnis entsprechen: alle *bhavas* in *buddhi*, außer dem *jnana-bhava*. Denn all das, was wir denken und wissen, beziehungsweise zu wissen glauben, ist nicht *jnana*. *Jnana* ist das befreiende Wissen, dass wir allein *purusha* sind, von der Welt unberührt.

»Allein *purusha* sein«, genau dieser Sinn steckt im Wort *kaivalya*, das oft mit »Befreiung« übersetzt wird. Doch eigentlich bedeutet es: Alleinsein. *Purusha* ruht in sich selbst. Keine Guna-Seile mehr. Yoga. Das ist der zirkulär-verwirrende Sinn der Welt: *Purusha* zu zeigen, dass er *purusha* ist, indem er die schmerzhafte Erfahrung der Selbstvergessenheit und der Verstrickung in die Welt macht, bis er es nicht mehr aushält. Erst wer etwas verloren hat, weiß den Wert der Sache zu schätzen. Der Schmerz der Welt ist der Impuls, welcher den Wunsch nach Befreiung auslöst. Und auch diese Idee kennen wir aus der christlichen Tradition, in der so viel vom Leiden die Rede ist, ein Leiden, das sogar als Gnade gedeutet wird. Die Gnade liegt freilich nicht im Leiden selbst, sondern darin, dass es die Macht hat, uns Menschen aufzuwecken. Nur so ergibt Leid überhaupt Sinn, unser eigenes Leid wie auch das der anderen, als Einzelne wie auch als Spezies.

Der Schmerz ist der Spiegel, der uns zeigt,
wie weit wir von zu Hause fortgegangen sind.

Und wie endet dieses Spiel des Lebens? Die *Karika* erklärt:

> *Purusha, der Zuschauer, denkt: »Ich habe sie erkannt«. Prakriti denkt: »Ich wurde erkannt« und beendet nun ihre Aktivität. Obgleich die Verbindung (samyoga) zwischen beiden noch fortbesteht, gibt es keine Veranlassung mehr für eine weitere Entwicklung.*[125]

»Keine Veranlassung mehr für eine weitere Entwicklung«, das bedeutet: *Bhavachakra*, das Rad der Zustände, dreht sich nicht länger. Das physische Leben wird zu Ende gelebt, ohne noch weiteres *karma* zu erzeugen:

Wird die vollkommene Erkenntnis erlangt, wirken *dharma* und die anderen sieben mentalen Dispositionen nicht länger als Ursachen. Dennoch lebt *purusha* wegen der latenten mentalen Eindrücke noch weiter im physischen Körper, so wie auch die vom Töpfer einmal in Drehung versetzte Scheibe sich noch eine Zeit lang weiterdreht.[126]

Der physische Tod, der auf ein Leben folgt, das zur absoluten Erkenntnis gelangt ist, ist dann der letzte. *Purushas* Abenteuerlust hat ihr Ende gefunden:

> *Wenn schließlich die Loslösung vom Körper erfolgt und die primäre Ursache (pradhana oder mulaprakriti, das reine Potenzial) nicht länger aktiv ist, weil sie ihren Zweck erfüllt hat, erlangt der nun vom Körper getrennte purusha die sichere und endgültige Befreiung.*

Die 25 Tattvas – eine Zusammenschau

Die 25 *tattvas* oder Elemente des Sankhya repräsentieren die drei Ebenen unserer Wirklichkeit:

Ebene 1 – *Transzendenz*

tattvas 1 + 2: *purusha* + *avyakta:* Reines Bewusstsein und reines Potenzial bilden die Ebene der Transzendenz – der Mensch als spirituelles Wesen.

Ebene 2 – *der feinstoffliche Körper*

tattvas 3 bis 20: *buddhi, ahamkara und manas,* dazu die zehn Fähigkeiten unseres Wahrnehmens und Handelns sowie die *tanmatras,* die feinstofflichen Elemente, als Brücke zur äußeren Welt. Diese »Achtzehn« formen den Menschen als geistiges Wesen mit seinem feinstofflichen Körper, dem *linga sharira.*

Ebene 3 – *die physische Welt*

tattvas 21 bis 25: Die fünf großen Elemente oder *mahabhutas* formen die materielle Welt, zu der auch unser grobstofflicher Körper gehört.

Sankhya ist damit sowohl eine Philosophie der Schöpfung als auch ein ganzheitliches Bild des Menschen, das ihn als dreidimensionales Geschöpf zeichnet.

Die Schöpfung und die drei Ebenen des Seins

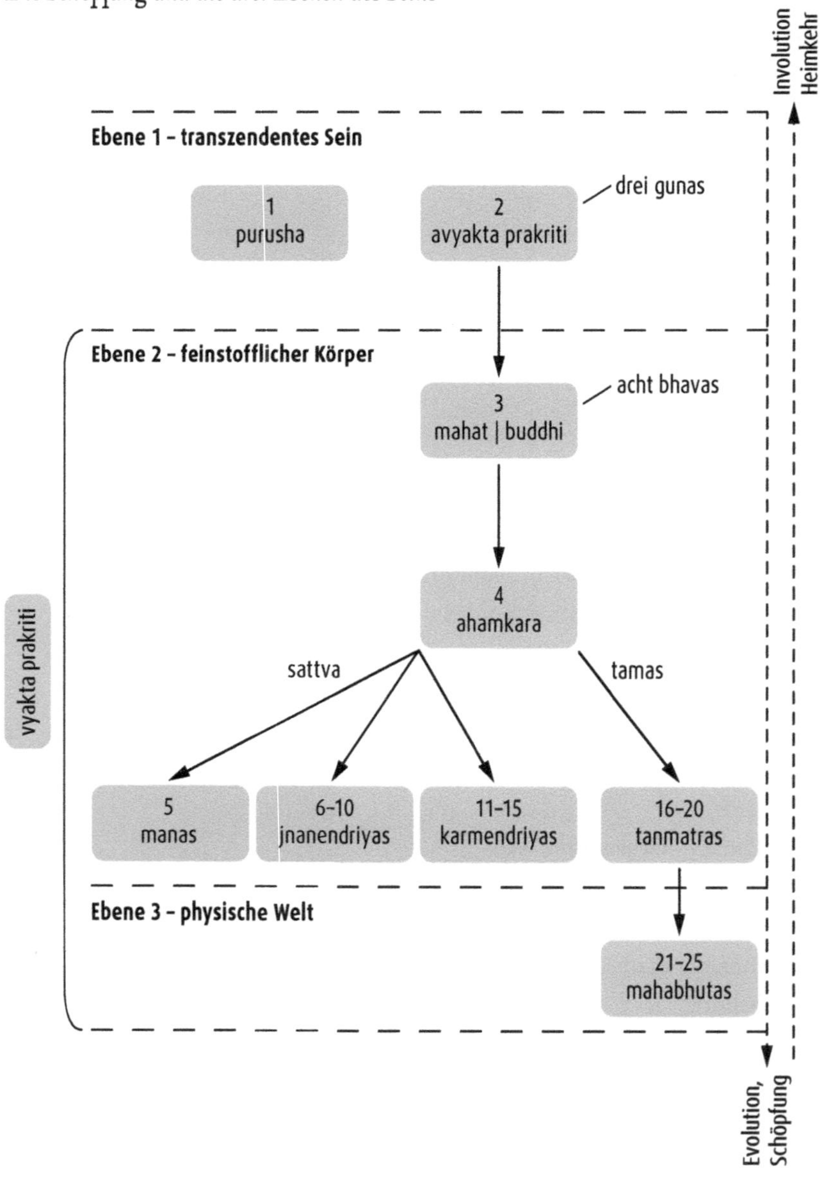

Innerhalb dieser Darstellung lassen sich nun nochmals die wichtigsten Tattva-Gruppen im Überblick aufzeigen:

»Die Zwei«: *tattvas* 1–2

Purusha *und* avyakta prakriti *oder auch* mulaprakriti *bilden die transzendente Ebene des Seins.*

»Die Drei«: *tattvas* 3–5

buddhi, ahamkara, manas: *das innere Organ beziehungsweise* antahkarana; *je nach Lesart bei Patanjali auch* chitta *genannt; der Kern des individuellen Geistes.*

»Die Zehn«: *tattvas* 6–15

Die Sinne oder *indriyas*: Sie bilden *bahirkarana*, das äußere Organ: die fünf Fähigkeiten wahrzunehmen (*jnanendriyas*: hören, fühlen, sehen, schmecken, riechen) sowie die fünf korrespondierenden Möglichkeiten des Handelns (*karmendriyas*: sprechen, berühren/greifen, gehen/sich bewegen, sich fortpflanzen und ausscheiden).

»Die Elf«: *tattvas* 5–15

Wenn wir zu dem äußeren Organ *manas* hinzunehmen, haben wir jene mentalen Aspekte beisammen, die Wahrnehmen, Denken, Fühlen und Handeln ermöglichen. Über die mentale Schnittstelle *manas* werden äußeres und inneres Organ verbunden, womit wir zur nächsten Gruppe, »den Dreizehn«, gelangen.

»Die Dreizehn«: *tattvas* 3–15

Nehmen wir das äußere Organ und das gesamte innere Organ zusammen, so ergibt das die Dreizehner-Gruppe oder unseren *essenziellen Kern*. Er ist die Voraussetzung dafür, dass wir Erfahrungen machen können. *Manas* ist das verbindende Zentrum:

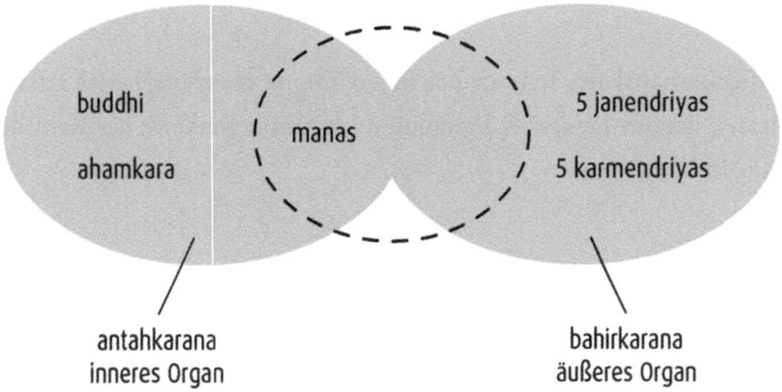

»Die Achtzehn« oder der *linga-sharira*: *tattvas* 3–20

Erweitern wir die Dreizehner-Gruppe um die fünf feinstofflichen Elemente, die *tanmatras*, dann zeigt sich der *linga sharira* (auch *sukshma sharira* genannt): unser feinstofflicher Körper. Er ist das, was viele Menschen im christlichen Kontext mit »Seele« meinen und wofür es im Sanskrit auch den Begriff *jiva* gibt: eine Persönlichkeit, ein ganzer »Mensch«, jedoch frei vom (grobstofflichen) Körper.

Nach allem, was bisher gesagt wurde, dürfte klar sein, dass die »Seele« (*jiva* oder *linga* oder *sukshma sharira*), wie die Sankhya-Philosophie sie versteht, nicht den innersten Kern ausmacht. Das ist allein *purusha*. Er transzendiert *jiva*, liegt jenseits noch der feinsten Ebenen unseres Geistes. Wo der traditionelle Christ hofft, dass *jiva* in den Himmel kommt, will Kapila über den Himmel hinaus, indem er auch den feinstofflichen Körper noch abstreift. Ihn wollen wir uns im folgenden Kapitel nun näher ansehen.

Der feinstoffliche Körper

Jahrhundertelang erzählte man uns, dass Wissen
über ein Leben nach dem Tod nicht erlangt werden könne.
die menschliche Existenz jenseits des Todes zu erforschen.[127]

Bruce Moen, 1997

Wenn Sankhya vom feinstofflichen Körper oder *linga sharira* spricht, dann ist das nicht nur symbolisch oder metaphorisch gemeint. Was vom sogenannten rationalen Standpunkt einer westlich-wissenschaftlich geprägten und vorwiegend materialistischen Anschauungsweise betrachtet bestenfalls als esoterisches Kuriosum durchgeht, das versteht die Psychologie des Sankhya sehr konkret: Der *linga sharira* ist ebenso real wie der aus *mahabhutas* geformte Körper. Im Grunde ist er sogar noch realer als dieser, weil er ihn überdauert. Wenn wir physisch sterben, verlässt der nach wie vor sehr lebendige feinstoffliche Körper den abgetragenen grobstofflichen Leib.

Der Tod ist also kein Ende, sondern nur eine Grenze, auf deren anderer Seite wir unter neuen Vorzeichen weiter existieren – in anderen Welten oder auf anderen Ebenen. Ebenso wenig bedeutet das Ablegen des Körpers schon den Eintritt ins Paradies. Ob es freudvoll für uns ist oder nicht, das hängt vom Zustand unseres Geistes ab. Er trägt nun den im wahrsten Sinne des Wortes *leicht* gewordenen Körper durch die Existenz, in welcher jeder Gedanke schnell sichtbare Konsequenzen hat. In der tamasisch-trägen, schweren und dichten Welt der Grobstofflichkeit dagegen dauert es oft sehr lange, bis ein Gedanke Wirklichkeit wird. Denken wir zum Beispiel an den Architekten: Vom ersten Schritt der Planung bis zum fertigen Hochhaus vergeht viel Zeit. Dennoch ist das Hochhaus nichts anderes als das Ergebnis eines ersten Gedankens und vieler weiterer Gedanken sowie der aus ihnen resultierenden Handlungen. Alles beginnt mit einem Gedanken. Erinnert uns das nicht ein wenig an die Energie *purushas*, die vor dem Beginn der Schöpfung auf *avyakta* einwirkt? Die Schöpfung selbst entfaltet sich durch die Energie des Bewusstseins. Auch hier also steht am Anfang der Gedanke.

In der Welt der Feinstofflichkeit formen Gedanken die Wirklichkeit sehr schnell. Die feinstofflichen Ebenen sind volatil und dynamisch, flexibel, leicht und schnell, Gedanken schaffen schnell ganz neue Realitäten. Zugleich sind wir dort keinen physischen Begrenzungen mehr unterworfen. Wenn wir im *linga sharira* sind und uns vorstellen, an einen bestimmten Ort zu wollen, wird sofort etwas geschehen: Wir bewegen uns. Dazu brauchen wir keine physischen Beine oder Arme, auch keine Flügel oder irgendwelche Fahrzeuge. In der Feinstofflichkeit sind unsere Gedanken und Gefühle unsere Antriebsenergie. Aus genau diesem Grund betont Krishna in der *Bhagavad Gita* immer wieder mit großem Nachdruck, wie wichtig der *Gedanke im Moment des physischen Todes* ist. Dazu ein Beispiel aus dem 14. Kapitel:

> *Wenn* sattva *zum Zeitpunkt des körperlichen Todes vorherrscht,*
> *gelangt man in die Regionen derer, die um das Höchste wissen.*
> *Ist der Geist von* rajas *dominiert, wenn der Körper stirbt,*
> *dann wird er bald unter jenen wiedergeboren, die dauernd zum*
> *Handeln getrieben sind. Stirbt er in* tamas, *wird er im Schoß*
> *der Irrationalität geboren.*

Nach dem Verlassen des Körpers schützt uns die Trägheit der *mahabhutas* nicht mehr vor den sofortigen Konsequenzen unseres Denkens. Deshalb betonen die Yogis die Kontrolle des Geistes so stark: Sobald mentale Aktivität überschießt – im positiven wie im negativen Überschwang von Gedanken und Gefühlen –, verlieren wir Bewusstheit. In diesem Sinne können wir das Leben in der grobstofflichen Wirklichkeit als eine Art Übungsgelände betrachten, das uns eine grundlegende Einsicht vemitteln will: Es sind unser eigenes Denken und die daraus folgenden Handlungen, die darüber entscheiden, in welcher Welt wir leben. »Eigenes Denken«, das meint das Denken eines jeden Einzelnen ebenso wie die Denk-Energie der Gemeinschaft. Wir gestalten beides mit – und sind zugleich davon betroffen.

Swami Rama (1925–1996), ein indischer Yogi, der das *Himalayan Institute of Yoga* in den USA gründete und in den 70er-Jahren wegen seiner ungewöhnlichen Fähigkeiten für Aufsehen in westlichen Medien sorgte (er konnte unter Laborbedingungen zum Beispiel seinen Herzschlag beliebig manipulieren oder durch schwarze Augenbinden sehen), sagte einmal:

> *Himmel und Hölle sind nur die Schöpfungen des eigenen Geistes und unserer Gewohnheiten. Jene, die den Sinn des Lebens begreifen, wissen, dass die Todesstunde der Moment ist, in dem sich entscheidet, ob die Reise ins Unbekannte angenehm oder unangenehm sein wird. Sie bereiten sich auf diesen Moment vor.*[128]

Der Sinn des Lebens als Vorbereitung auf den Tod: Dieses Bild ist uns schon bei Michel de Montaigne begegnet. Auch Sokrates sprach davon. Es ist das Einüben des *vairagya-bhava*, des ultimativen Loslassens – einem Loslassen, dem wir uns ohnehin früher oder später zwingend stellen müssen. Niemand springt dem physischen Tod von der Schippe. Der zeitgenössische Physiker und Psychologe Arnold Mindell, dessen starkes Interesse dem Schamanismus gilt, bezeichnet den Tod als »den besten und vertrauenswürdigsten Freund, den wir haben«.[129] Seine Empfehlung für inneres Wachstum ist die intime Annäherung an ebendiesen Freund: Die Todesangst und das Krankwerden sieht er als bereichernde Erfahrungen, die uns darauf hinweisen wollen, »uns von unserer Identität zu lösen«.[130] Wie Montaigne fordert uns Mindell zu einer Todesmeditation auf:

> *Lass deine persönliche Geschichte fallen und benutze den Tod als Ratgeber. … Beschreibe, wie du dir das Nahen des Todes vorstellst. Experimentiere damit, dieser Todesphantasie die Führung zu überlassen. Lass deine gewöhnliche Identität los … Wenn möglich, stelle dir die Unbeschwertheit vor, die der Tod mit sich bringt, und freue dich über sie. Stell dir vor und erfahre die Freiheit deines Todes im Leben, in diesem Augenblick, bei der Arbeit, in Beziehungen und in der Welt.*[131]

»Die Identität loslassen« – wir könnten es auch so sagen: über die Begrenzungen von *vyakta prakriti* hinausgehen. Unsere tiefere Wirklichkeit ist nicht der Körper, sind nicht die Gedanken oder Gefühle, nicht Sprache, Religionszugehörigkeit oder Nationalität, nicht Geschlecht, Beruf, Status, Bankkonto oder Beziehungen, nicht Meinungen, Urteile, Vorlieben oder Abneigungen.

Mahatma Gandhi rezitierte die *Bhagavad Gita* jeden Tag. Er wusste um die Bedeutung der Todesstunde. Als ihn im Januar 1948 die Kugeln aus der Pistole von Nathuram Godse, einem fanatischen Hindu, trafen, rief er mehrmals aus: »Rama! Rama!« Im Moment des Todes richtete er seinen Geist auf das Höchste aus, das er mit dem Namen Rama verband. Woran wohl Nathuram Godse dachte, als man ihm kaum ein Jahr später den Strick um den Hals legte? Im Moment des Todes an das höchste Ziel zu denken: Das kann wohl nur, wer sich sein Leben lang immer wieder darauf ausgerichtet hat.

Auch Träume gewähren uns Aufschluss über die Feinstofflichkeit. Denken wir einmal an diesen Bewusstseinszustand des *taijasa*, wie man auf Sanskrit sagt: Im Traum sind wir alles das, was wir auch im Zustand des Wachbewusstseins (*vaishvanara*) sind. Wir nehmen wahr und bewegen uns. Wir tun alle möglichen und unmöglichen Dinge. Wir erleben uns als ein Ich, das zu anderen Ichs Kontakt hat, und erfahren die ganze Bandbreite an Gefühlen, die das Leben bereithält. Wir haben auch einen Körper im Traum, den wir *Traumkörper* nennen mögen – nur ein anderes Wort für *linga sharira*. Mit dem Traumkörper können wir viel mehr tun, als wir es mit dem grobstofflichen Körper je könnten: Sogar fliegen können wir mit ihm.

Jeder Mensch erfährt jede Nacht die Existenz des *linga sharira*. Freilich: Die meisten von uns neigen dazu, ihn für eine bloße Illusion zu halten, so wie sie ihre Traumerlebnisse für illusionär halten: »Ich habe nur geträumt«, sagen wir. Und dennoch ist der feinstoffliche Körper offensichtlich real genug, den physischen Körper schwitzen und sogar leiden zu lassen, wenn die Welten, in denen er sich aufhält (oder die er träumt), schreckliche Welten sind. Wer schon einmal wachbewusst geträumt hat – das heißt, im Traum aufwachte und wusste, dass er träumte, so klar und wach war wie im gewöhnlichen Wachzustand –, der weiß, dass der feinstoffliche Körper real ist. Die Kunst des luziden Träumens wurde übrigens im tibetischen Yoga vervollkommnet und hat dort integrale Bedeutung. Der luzide Traum ist auch nach westlichen Maßstäben wissenschaftlich nachgewiesen und kann ein ganz eigener Weg des inneren Wachstums sein. Patanjali sagt, dass die Ausrichtung auf das Träumen unseren Geist zur Ruhe bringen kann.[132] »Zur Ruhe bringen« meint: Yoga, das Ziel.

Die Verbindung zum grobstofflichen Körper ist während des Schlafens überwiegend unterbrochen. Wäre dem nicht so, würden wir die Aktivität des Traums in physische Bewegung umsetzen, was unangenehme Folgen nach sich zöge. Während des Schlafes ist der grobstoffliche Körper also paralysiert oder kataleptisch. Man spricht deshalb ganz richtig von »Schlaflähmung«. Eine solche kann auch wachbewusst erlebt werden, und immer wieder gibt es Menschen, die das erleben – eine Erfahrung, die große Angst auslösen kann, wenn man sie nicht richtig einzuordnen vermag. Man ist vollkommen wach und kann nicht einmal den kleinen Finger bewegen, auch nicht um Hilfe rufen. Mir selbst erging es als Jugendlicher sehr oft so. Es kam so häufig vor, dass ich Angst vor dem Einschlafen bekam. Ich wünschte heute, damals schon mehr über dieses Phänomen gewusst zu haben: Ich hätte es als ein Sprungbrett nutzen können, um mich wachbewusst im *linga sharira* zu erleben und einzutauchen in eine faszinierende »neue Welt«.

Die außerkörperliche Erfahrung

> *Wenn ihr der Überzeugung seid, dass euer Bewusstsein irgendwo im Inneren eures Schädels eingesperrt ist und nicht die Macht hat zu entfliehen, wenn ihr denkt, dass euer Bewusstein an den Grenzen eures Körpers endet, dann verkauft ihr euch zu billig* [...].[133]
>
> Jane Roberts (1929–1984), Poetin Seth-Channel

Die Ausführungen über den feinstofflichen Körper verstehen sich nicht als theoretische Abhandlung eines nur schwer nachvollziehbaren yogischen Konzeptes. Ich will im Folgenden vielmehr von einigen sehr konkreten *persönlichen Erfahrungen* berichten, die sich ganz natürlich in das Modell der Sankhya-Philosophie einordnen lassen.

Ich *weiß* – intellektuell wie existenziell –, dass der feinstoffliche Körper existiert. Und jeder kann, wenn er denn will und sich darum bemüht, dies selbst erleben. Die Erfahrung des eigenen *linga sharira* im Sinne eines wachbewussten Austretens aus dem grobstofflichen Körper – ohne Drogen oder sonstige unnatürliche Einflüsse, allein mittels des eigenen Willens und geeigneter mentaler Techniken –, diese Erfahrung ist nicht nur freudvoll und überwältigend, sondern sie stellt auch vieles auf den Kopf, was wir bisher für selbstverständlich hielten. Sie zeigt uns, dass Geist (Feinstofflichkeit) der Materie (Grobstofflichkeit) vorausgeht, ganz so, wie es der Rote Zauberer lehrt. Nicht der Körper erzeugt meinen Geist, sondern mein Geist wohnt (eine Zeit lang) in einem Körper, der ohne meinen Geist nicht atmen würde. Lassen wir nochmals Vers 68 der *Karika* auf uns wirken:

> *Wenn schließlich die Loslösung vom Körper erfolgt und*
> *die primäre Ursache nicht länger aktiv ist, weil sie ihren Zweck*
> *erfüllt hat, erlangt der nun vom Körper getrennte* purusha
> *die sichere und endgültige Befreiung.*

Und setzen wir Patanjalis 44. Vers aus dem 3. Kapitel des *Yogasutra* hinzu:

> *Bei diesem »Großen Sein ohne Körper«* (mahavideha) *tritt das*
> *Bewusstsein nicht nur als Vorstellung* (akalpita) *aus dem Körper*
> *(sondern wirklich).* Dies *bewirkt, dass der Schleier verschwindet,*
> *der das Licht verhüllt.*

Als ich vor einiger Zeit an einer Übertragung und Kommentierung des *Yogasutra* arbeitete, fesselte dieser Vers Patanjalis meine Aufmerksamkeit. Und er öffnete eine Tür. Seit Langem schon faszinierte mich die Idee der außerkörperlichen Erfahrung, über die ich in den vergangenen Jahren viel gelesen hatte. (Interessanterweise gibt es zu diesem Thema gerade von solchen Autoren viel und oft auch recht Anspruchsvolles zu lesen, die eher dem westlich-wissenschaftlichen Denken nahestehen als der östlichen Philosophie: Ärzte, Physiker, Ingenieure und so weiter, Menschen also, die sich nicht leichtfertig in seichte esoterische Gewässer begeben.)

Bereits seit Jahren hatte ich versucht, außerkörperliche Erfahrungen herbeizuführen. Es gibt eine Vielzahl mentaler und auch audiovisueller Möglichkeiten und Techniken. Sie ähneln in mancher Hinsicht den yogischen Techniken: Atemarbeit, Entspannung, Konzentration, Visualisierungen, Energiearbeit, Wahrnehmungstechniken, die Arbeit mit Klang, die Entwicklung von Willensstärke, das Setzen mentaler Ziele, Selbsterforschung, Bewusstseinsschärfung, Autosuggestion und so weiter und so fort. Ein paarmal gelang es mir tatsächlich, an jene Grenze zu gelangen, die man Vibrations- oder Schwingungszustand (englisch: *vibrational state*) nennt, eine Grenze, bei der sich ziemlich ungewöhnliche Dinge in unserer Wahrnehmung ereignen können. Deshalb ist der Schwingungszustand auch eine *Angstgrenze*, die geeignet ist, die einsetzende außerkörperliche Erfahrung abzubrechen. Angst ist das größte Hindernis – bei einer außerkörperlichen Erfahrung ebenso wie im täglichen Leben. Mich hinderte diese Grenze am Weitermachen, und so gab ich irgendwann auf.

Und nun, Jahre später, stieß ich auf Vers 3.44 des *Yogasutra*. Machtvoll erinnerte er mich an das Phänomen der außerkörperlichen Erfahrung. Besonders spannend in diesem Vers ist das

Wort *akalpita*, das so viel wie »nicht (nur) vorgestellt« bedeutet. Wir könnten ergänzen: »also wirklich«. Der Vers über *mahavideha*, das »Große Sein ohne Körper«, folgt auf eine ganze Reihe von Versen, in denen es um verschiedenste Erfahrungen erweiterten Bewusstseins geht. Doch nur in diesem einen Vers benutzt Patanjali das Wort *akalpita*. Es ist, als wollte er unmissverständlich und mit großem Nachdruck unterstreichen, dass er hier von einer wirklichen, konkreten Erfahrung spricht und nicht bloß von einer mentalen Angelegenheit im Sinne einer Vorstellung, einer Visualisierung, einem Tagtraum oder einem vagen Gefühl. Er meint den schlichten Fakt. Und dieser Fakt, denke ich, kann nur die außerkörperliche Erfahrung sein. Diese Deutung fügt sich nahtlos in den Kontext der vorausgehenden und nachfolgenden Verse des *Yogasutra* ein; es geht um eine *Stufe auf dem Entwicklungsweg*, der aufs Ganze gesehen ein Weg ist, auf dem wir zunehmend erkennen, dass wir mehr sind als der Körper, mehr sogar als der individuelle Geist.

Ich war vollkommen überzeugt. Mein Vertrauen in Patanjalis Text war zu jenem Zeitpunkt ohnehin schon sehr groß, denn was er sagt, hatte bislang immer meiner intellektuellen und emotionalen Überprüfung standgehalten. Patanjali meint die außerkörperliche Erfahrung! Vers 3.44 gab mir Sicherheit. Die ganze Nacht konnte ich kaum schlafen, ich musste immer an *mahavideha* und *akalpita* denken, so stark wirkte noch nach, was ich da gelesen hatte. Und dann geschah es zum ersten Mal in meinem *bewussten* Leben: Ich trat in einer euphorischen Erfahrung aus meinem Körper aus. Kapila, Sankhya und die vielen anderen, die zu allen Zeiten darüber sprachen – sie hatten also recht!

Hier nun die wörtliche Notiz meiner ersten außerkörperlichen Erfahrung. Sie ist – einmal abgesehen von der schieren Tatsache, dass der *linga* sich vom physischen Körper löste – ziemlich unspektakulär. Doch für mich war es der Beginn eines großen Abenteuers, in dem ich vor allem auch dieses tat: Ich tauchte ein in den Anfänger-Geist.

Es ist Dienstag, der 28. Dezember 2010, der Geburtstag meines Vaters, 4 Uhr 30. Ich hatte gerade die erste außerkörperliche Erfahrung meines Lebens, die ich bewusst angestrebt und erlebt habe.
Die ganze Nacht habe ich nicht geschlafen, sondern war »Mind Awake/Body Asleep«. Ich sagte fast die ganze Nacht Shantidevas Worte (Mögen alle Wesen Glück erfahren …) wie ein andauerndes Mantra.
Die außerkörperliche Erfahrung war sicher motiviert durch Patanjalis Yogasutra: Gegen Ende des 3. Kapitels spricht er eindeutig eine außerkörperliche Erfahrung an. Wenn ich bewusst erfahre, dass ich nicht der Körper bin, sondern »nur« in ihm lebe, dann wird sich das massiv auf die Wahrnehmung meines Lebens auswirken müssen.
Mehrfach trat der Schwingungszustand auf. Manchmal sank mein Bewusstsein näher in Richtung Schlaf, und ich wurde dann durch das Einsetzen des Schwingungszustandes fast »wachgeschreckt«. Ein wenig mulmig war mir doch. Zeitweise hatte ich die Nachttischlampe an – als wäre ich ein kleines Kind. Irgendwie dachte ich wohl, ich könnte dann besser sehen, wenn ich aus dem Körper aussteigen würde. Shantidevas Worte halfen mir gegen die Angst, die ich spürte.
Gegen Morgen geschah es dann. Der Schwingungszustand trat ein. Ziemlich rumpelig, krachig-kratzend. Dann fühlte ich mich wie schwebend, es war ein herrliches Gefühl. Keine Angst mehr. Ich war direkt über mir selbst, Gesicht an Gesicht, doch immer noch in Kontakt mit mir, so als wäre ich zur Hälfte im Körper und zur Hälfte getrennt von ihm. Ich fühlte mich sehr gut.
Dann wollte ich ganz aussteigen, es ging aber nicht. Meinen

Oberkörper konnte ich ein gutes Stück aus dem physischen Körper herausheben, so als würde ich im Yoga die Kobra-Haltung machen. (Mein feinstofflicher Körper löste sich also völlig vom physischen Körper, von der Hüfte abwärts blieb er aber weiter in ihm.)
Dann blickte ich in völliger Klarheit in mein Gesicht und freute mich! Ich nahm meinen eigenen (grobstofflichen) Kopf in die (feinstofflichen) Hände – so wie man das bei jemandem machen würde, den man sehr lieb hat und dem man seine große Freude zeigen möchte. In diesem Moment, getrennt vom schlafenden grobstofflichen Körper, mochte ich diesen Körper unheimlich gerne: Ich freute mich sozusagen gemeinsam mit mir selbst (mein energetischer, feinstofflicher Körper freute sich über den feststofflichen schlafenden). Als ich versuchte, mich ganz zu trennen, reagierte mein physischer Körper mit einem leichten Stöhnen, so als verspürte er einen Schmerz, und irgendwie sagte mir mein Gefühl, es sei besser, mich noch nicht ganz zu trennen.
Dann war ich wieder in meinem Körper »drin«. Noch immer spüre ich energetische Wellen. Es hatte sich angefühlt, als wäre der energetische Körper frei beweglich innerhalb des physischen und über ihn hinausreichend – eine angenehme, oszillierende Bewegung, die ich besonders intensiv an dem Punkt zwischen den Augenbrauen erlebt habe. Mein ganzes Körpergewahrsein ist enorm erhöht.
Das Körpergefühl nach der Erfahrung: Etwas Taubheit und Kribbeln, ich fühlte ihn mehr von »innen« als »außen«, und er schien beweglich wie Plasma.
Die Wahrnehmung während der außerkörperlichen Erfahrung: An Sehen, Berührung und Emotion kann ich mich erinnern. Alles etwas anders als sonst, irgendwie »durchlässiger«, lichter – kann es im Moment noch nicht beschreiben. Jetzt fühle ich mich ein wenig müde. Ich werde mich mit außerkörperlichen Erfahrungen intensiver beschäftigen müssen. Wartet da ein Abenteuer?

Mit vielen anderen Autoren bin ich der festen Überzeugung, dass *alle* Menschen (und sogar Tiere) regelmäßig ihren *linga* vom physischen Körper trennen. Allein: Sie sind dabei nicht luzide (wie auch ich dabei leider nur *manchmal* luzide bin). Was Luzidität oder Bewusstheit auszeichnet, haben wir im Kapitel über *buddhi* besprochen, und es sei in diesem Zusammenhang nochmals daran erinnert:

› klare Wahrnehmung
› klares Denken
› die Fähigkeit, Entscheidungen zu treffen
› die Kontolle über das, was wir tun
› die Fähigkeit, gemachte Erfahrungen zu erinnern und sie konstruktiv in die jeweilige Situation einfließen zu lassen
› Handeln auf ethischer Grundlage

Bewusstheit zu entwickeln, darum geht es beim inneren Wachstum. Die außerkörperliche Erfahrung kann, ebenso wie das luzide Träumen, dafür ein hervorragendes Übungsfeld sein, das uns sehr viel über unsere Bewusstheit und deren Bedeutung sagt. Nicht-Bewusstheit (oder: Unachtsamkeit, Nicht-Fokussiertheit, fehlendes Gewahrsein) wird uns sofort gespiegelt, da die Gedanken sofortige Wirkungen zeitigen. Was mich anbelangt, so hat mir keine Erfahrung deutlicher machen können, wie sehr mein eigener Geist darüber entscheidet, was geschieht. Und keine andere Erfahrung hat mich so existenziell wissen lassen, dass ich *wirklich* nicht der Körper bin.

Schließlich: Außerkörperliche Erfahrungen können uns zeigen, wie sehr doch die Zustände unseres Bewusstseins ineinanderfließen und dass sie im Grunde nur verschiedene und relativ enge »Frequenzbänder« in einem unendlich breiten Band von Bewusstsein sind. Wachbewusstheit gleitet über in die (meist nicht-luzide) Hypnagogie, die seltsame Welt zwischen Wachheit und Traum. Diese Zwischenwelt fließt in den (meist nicht-luziden) Traum, der luzide werden kann. Ein luzider Traum wiederum kann in die außerkörperliche Erfahrung führen, aus welcher man wieder zurück in den Traum gleiten kann oder auch direkt ins »normale« Wachbewusstsein. All diese Zustände gleiten ineinander und können sich auch überlagern.

Und so steht wieder – diesmal mächtiger als zuvor und dazu ganz persönlich – die Frage im Raum: *Wie wirklich ist meine Wirklichkeit?* Ist der Traum weniger wirklich als die Welt des sogenannten Wachbewusstseins? Sind letztlich nicht all diese Erfahrungen für den Erfahrenden in gleicher Weise wirklich und relevant? Hat *prakriti* uns etwa mit diesen Möglichkeiten erweiterter Wahrnehmung ausgestattet, damit wir sie *nicht* nutzen? Yogis möchten Klarheit und Bewusstheit entwickeln. Das ist ein Lebensprogramm und schwer genug. Die außerkörperliche Erfahrung kann helfen, die Zeit zu nutzen, in welcher wir normalerweise schlafen, um dort Luzidität hineinzutragen. Sie ist zudem ein faszinierendes Phänomen, das große Freude machen kann: Wie frei und leicht man doch ist ohne den schweren Körper aus *mahabhutas*.

Dies ist kein Buch über persönliche Erfahrungen. Und die hier geschilderte dient nur einem Zweck, nämlich zu unterstreichen, dass Kapila und Patanjali sich nicht auf einer metaphorischen Ebene bewegen, wenn sie vom feinstofflichen Körper sprechen. Er ist so real wie der grobstoffsiche. Er gehört zu unserem Sein. Und: Er ist erfahr- und erforschbar. Dazu braucht es keine besonderen Gaben, keinen Segen und keine Erlaubnis von irgendjemand anderem. Für mich ganz persönlich ist es zudem der Beweis, dass es den Tod nicht geben kann. Das finale Abstreifen des Körpers, das wir »Tod« nennen, ist nicht das Ende des Weges, sondern nur ein neuer Abschnitt: Der *linga* tritt ein in eine andere Welt, deren Sein bestimmt ist vom Zustand meines Geistes, eine Welt also, die nur *relativ* wirklich ist. Immerhin ist der *linga* befreit von der Grobstofflichkeit: Die *mahabhutas* wurden losgelassen. Der Weg zur *absoluten* Wirklichkeit jedoch führt sehr viel weiter, auch über die Elemente des feinstofflichen Körpers hinaus, jenseits der *tanmatras* und *indriyas*, jenseits auch von *manas*, *ahamkara* und sogar *buddhi*, hin zu *purusha*, dem inneren Licht reinen Gewahrseins. Ich will diesen kurzen Exkurs über die außerkörperliche Erfahrung mit einem Zitat des brasilianischen Arztes und Bewusstseinsforschers Waldo Vieira beschließen. Dieser sonst so trockene, extrem sachliche und im Umgang mit Begriffen so überaus präzise Forscher schreibt hier über eines seiner eindrücklichsten Erlebnisse außerhalb des Körpers, das wir vor dem Hintergrund der Sankhya-Philosophie als einen »Durchbruch« zu *purusha* deuten könnten – die Erfahrung der spirituellen Essenz:

> *Ganz frei von jeder Aufregung oder Euphorie sagte mir dieser definitive Zustand strukturellen Friedens, dass diese Wirklichkeit das eindrücklichste Erlebnis ist, das man im intraphysischen*[3] *Leben machen kann. Es ist jeden Preis wert, auch jedes notwendige Opfer … Wie soll ich es ausdrücken? Wie kann ich dem Leser davon auch nur wenigstens eine Ahnung geben? Wie kann ich es beschreiben? Jetzt, mehr denn je, erfahre ich das vollkommene Fehlgehen von Worten und Begriffen. Ein Tropfen Wasser in der Sonne, eine galaktische Explosion des Friedens, eine kosmische Lawine, die nicht endet, ein Universum ohne Grenzen, ein ozeanischer Strom in einem Tropfen Seewasser. Bloße Worte. Es ist unmöglich, etwas zu beschreiben, das nichts hat, worauf man es beziehen könnte. Man kann keine Grenzen um das Unendliche ziehen*[134]

3 Vieira meint: Diese höchste Form der außerkörperlichen Erfahrung ist das größte Erlebnis, das man als physisch inkarniertes Wesen erfahren kann.

Gott und andere Probleme

Je weiter die geistige Entwicklung des Menschen vorschreitet, in desto höherem Grade scheint es mir zuzutreffen, dass der Weg zu wahrer Religiosität nicht über Daseinsfurcht, Todesfurcht und blinden Glauben, sondern über das Streben nach vernünftiger Erkenntnis führt.[135]

Albert Einstein (1879–1955)

Kein Platz für Gott?

Der Sankhya-Philosophie wird gerne zum Vorwurf gemacht, sie sei intellektuell, dualistisch und atheistisch. Gott habe keinen richtigen Platz darin, so wird kritisiert. Im Kern sei nur von zwei unvereinbaren Aspekten die Rede, nämlich *purusha* und *prakriti*. Eine diesen Dualismus überwindende, einende, dritte Kraft – Brahman, das Höchste, Gott oder wie wir es nennen möchten – fände sich dort nicht. Nun, das ist richtig und falsch zugleich, je nachdem, wie eng die Perspektive ist, von der aus man dieses philosophisch-psychologische System anschaut.

Zunächst: Ist Sankhya eine intellektuelle Angelegenheit? Zweifellos! Sankhya-Yoga ist Jnana-Yoga, ein Erkenntnisweg, geht es doch letztlich darum, das *jnana-bhava* in *buddhi* zu entwickeln. Ein Yogi, der Verstand und Logik an der Garderobe abgeben würde, verzichtete damit wohl auf eines der wichtigsten Instrumente, über die er verfügt. Der Verstand mag uns psychologisch oder spirituell zwar noch nicht befreien. Doch es ist noch weniger anzunehmen, dass ein Negieren unserer Denkmöglichkeiten dies zu leisten vermöge. Wenn es wahr ist, dass nicht hilfreiches Denken viele Probleme *erzeugt*, so ist es nur logisch, davon auszugehen, dass konstruktives Denken so manche Lebensprobleme auch *lösen* kann.

Doch Sankhya will mehr, will mit dem Verstand über den Verstand hinaus, uns an die Grenzen des überhaupt Denkmöglichen treiben, zum Äußersten sozusagen. Tun die Zen-Koans, jene unenträtselbaren Rätsel, mit denen Meditierende sich herumschlagen, auf ihre ureigene Weise nicht etwas ganz Ähnliches: nämlich den Verstand an seine Grenzen und schließlich über sich selbst hinaus zu führen? Man kann Sankhya ganz in diesem Sinne auch als ein gewaltiges Koan betrachten – das längste aller Koans, die je formuliert wurden! Eine Herausforderung für unseren Geist. Was wir an der Grenze finden, ob uns da eine gütige, einende, allumfassende Kraft in ihrer Gnade in die Arme schließt: Darüber spricht Sankhya nicht (und Zen schon gar nicht).

Und damit kommen wir zum Thema Sankhya und Gott: Man kann sagen, dass sich dieses scheinbar so intellektuelle System mit Gott schon allein deshalb nicht aufhält, weil dieser zum Bereich des absolut Unsagbaren, Undenkbaren gehört: Gott entzieht sich jeder verstandesmäßigen Durchdringung. Allein das, was Sankhya für denkmöglich hält (all die Dinge, die wir in diesem Buch diskutiert haben), übersteigt unser Alltagsdenken an vielen Stellen schon so weit, dass man ihm im Sinne eines echten *Begreifens* nur schwer folgen kann. Im Wort *Begreifen* steckt ja das *Greifen*: Das hat etwas von Anfassen, Berühren, etwas sehr Konkretes also. Doch bereits der *linga*, das Thema des vorausgehenden Kapitels, scheint für die meisten Menschen kaum fassbar, obgleich er doch in der

Hierarchie des Sankhya bis an die uns so vertraute grobstoffliche Welt heranreicht. Freilich gilt das umso mehr für die anderen Aspekte des Sankhya: Die feinstofflichen Elemente, die verschiedenen Ebenen des Geistes, das reine Potenzial, aus dem die Schöpfung ausfließt, schließlich: *purusha*, das reine Bewusstsein. Da ist nichts darunter, was wir mit Mikro- oder Teleskopen sehen könnten, nichts, das wir anfassen, anschauen, vermessen, abzirkeln – eben *begreifen* – könnten. Doch bis zu einem gewissen Grad kann man sich dem annähern, es immer wieder bedenken, kontemplieren, darüber meditieren, sich selbst beobachten und erforschen. Doch Gott: Er entzieht sich alldem. Und Sankhya erkennt dies an, trägt dem in bescheidener Zurückhaltung Rechnung.

Sankhya ist ein Weg. Obgleich intellektuell, ist er doch auch praktisch. Die *Karika* oder das *Yogasutra* auswendig zu lernen, hilft ganz und gar nichts, denn »intellektuell« meint hier den Prozess des geistigen Durchdringens: Es ist *Denken als Praxis*, die aristotelische Idee des *bios theoretikos*, oder, wie wir es auch genannt haben: praktische Philosophie. Denken und Tun, Theorie und Praxis, werden dabei eins. Sankhya stellt durchaus nicht geringe Anforderungen an unser Vorstellungs- und Abstraktionsvermögen, auch an die Kreativität unseres Denkens und unseren Forscherdrang. Doch wenn es um Gott geht: Da wird Kapila so demütig, dass er besser schweigt.

Aus diesem Schweigen über Gott, aus der Weigerung, ihn zum Teil eines philosophischen Systems machen zu wollen, lässt sich jedoch in keiner Weise logisch herleiten, dass Sankhya von der Nicht-Existenz Gottes ausgehen oder ihn sogar explizit ablehnen würde, ganz im Gegenteil: Der Verzicht des Sankhya, über Gott zu sprechen, liegt konsequent in der immanenten Logik: Der Weg des Denkens kann das Undenkbare nicht erfassen. Deshalb konzeptualisiert oder erklärt man es auch nicht. Das steht übrigens nicht im Widerspruch dazu, *an* das Undenkbare zu denken, wenn man denn will: Der Weg des Glaubens und der Liebe zu Gott verträgt sich vollkommen mit dem Sankhya, er ist eben nur kein integraler Teil des Denkgebäudes, weil Glaube und Liebe keine Denkqualitäten sind. Auch Buddha übrigens sprach nicht über das Höchste. Und dennoch suchte und fand er es über jene Wege, die ihm gangbar und verstehbar waren, Wege, die im Bereich des Menschlichen liegen, dem einzigen Bereich, den auch Sankhya zum Gegenstand hat. Dieser ist allenthalben weit genug gesteckt, um für viele Leben lang zu genügen: Da muss man aus Gott kein Theoretikum mehr machen.

Sankhya, so sagen die Kritiker, sei *dvaita vada*, eine dualistische Philosophie ohne Gott. Und dieser Vorwurf hört sich fast an, als sei der Dualismus eine unanständige Sache. Dem mag man dieses Bild entgegenhalten: Ist das Klatschen ein Problem oder kritikwürdig schon deshalb, weil es zwei Hände braucht, um es zu erzeugen? Oder ist Musik etwa weniger Musik, weil es die Begegnung von Musiker und Instrument ist, welche die Musik aus der Stille erschafft? Und liegt also in der Schöpfung ein Widerspruch oder ein logisches Problem vor, wenn Sankhya an ihren Anfang die Interaktion zweier transzendenter Prinzipien – *purusha* und *prakriti* – stellt?

Das Bild der klatschenden Hände lässt sich auch in einer Weise erweitern, dass wir im Sankhya Gott nun doch wieder begegnen, obgleich kein Wort darüber ausgesagt wird, nämlich als *implizite Größe*: Braucht es nicht eine dritte Kraft, damit unsere zwei Hände klatschen können? Können wir *purusha* und *prakriti* nicht auch als Teil eines noch größeren Ganzen sehen: einer Dreiheit von *Ishvara*, *purusha* und *prakriti*, die uns sogar ein wenig an die Dreifaltigkeit von Vater, Sohn und Heiligem Geist erinnert? Akademische Erbsenzähler mögen sich auch in den kommenden Jahrhunderten weiter darüber streiten, ob Sankhya nun *seshvaravada* sei, ein Weg, der Gott einschließt, oder *nirishvaravada*, einer also, der mit einem höchsten Prinzip nichts am Hut hat. Die Wirklichkeit kümmert es ohnehin nicht, wenn wir Menschen uns über ihre Natur streiten. Jedoch darf nicht unerwähnt bleiben, dass sowohl das *Yogasutra* wie auch die *Bhagavad Gita* – neben der *Karika* zweifellos die wichtigsten Schriften des Sankhya – die Idee Gott ganz klar in ihr Denken aufnehmen: Sie sind *seshvaravada*. Darin steckt das Wort *Ishvarah* oder »Gott«, über das wir im Kapitel über den *aishvaryabhava* gesprochen haben, die Stärke, Kraft und Ausrichtung von *buddhi*. Genau diese Idee und das Wort, das für sie steht, können wir als ein weiteres Argument dafür heranziehen, dass Sankhya sich tatsächlich sehr gut mit Gott verträgt, denn in *aishvarya* steckt *Ishvarah*.

Erinnert uns nicht auch der Name *Krishna* (der Lehrer Arjunas in der *Gita*, der für Gott steht) an das Ish aus *Ishvarah*, das alles durchflutet und beherrscht? Im Wort *Krishna* kommt das *kr* noch hinzu: Es steht für »tun« oder »handeln«. Da ist also eine Kraft, die »macht und tut«, die aktiv ist, jene einende Kraft, die im Sankhya nur implizit angelegt ist, doch zugleich angedeutet in den *buddhibhavas*: Die Ausrichtung auf ein Höchstes (*aishvarya*) führt zur Erkenntnis (*jnana*). Darin treffen sich die *Karika*, das *Yogasutra* und die *Gita*, das Dreigestirn des Sankhya.

Und noch ein Argument sei ins Feld geführt, das Sankhya vom kalten, dualistischen, bloß intellektuell-gottlosen Geruch befreien kann: Kapilas Inspirationsquelle, das wurde schon eingangs gesagt, waren die Veden selbst, nämlich der Schöpfungsmythos des *Rigveda*. »Nichts anderes war da als das Eine«, heißt es dort ganz unmissverständlich monistisch. So vielgesichtig die Texte des Veda sein mögen, das alles verbindende Merkmal ist die Idee von Brahman als höchstem und einendem Prinzip: Hinter allem

Sein – auch und gerade hinter der dualen oder polaren Welt, die wir in Freud und Leid erfahren – gibt es ein Gemeinsames, ein Geheimnis. Und Kapilas Denken hat auch manche Upanishaden inspiriert, was wohl kaum denkbar wäre, wenn man Sankhya für unvereinbar mit dem Gottprinzip hielte.

Es mag sogar sein, dass Sankhya von Gott deshalb nicht spricht, weil dessen Existenz schlicht als eine *Selbstverständlichkeit* angenommen wird. Wenn wir eine Reise unternehmen möchten: Kämen wir da je auf die Frage, ob da, wo wir hinwollen, Luft zum Atmen zur Verfügung steht? Wenn man ein höchstes Prinzip als evident betrachtet, als unfraglich und natürlich gegeben, als eine von jedermann geteilte Grundannahme, die zudem in Worten nicht zum Ausdruck gebracht werden kann: Warum sollte man dann noch viel darüber spekulieren? Nicht um die *theoretische* Frage geht es, wer oder was Gott ist und wie er in ein Denkgebäude integriert werden kann, sondern um die ganz *praktische* Frage, wie wir seine Gegenwart in unser Leben einfließen lassen können. Sankhya würde sagen: Dazu musst du erst mehr über die Welt und dich selbst in Erfahrung bringen.

Die Debatte »mit oder ohne Gott« brach wohl erst lange Zeit nach der Herausbildung des Sankhya-Systems aus. Dieser Debatte mag man das rein Intellektuelle vorhalten, nicht jedoch dem System, auf das sie sich bezieht. Kapila kann für die fruchtlose Gott-Debatte so wenig, wie Jesus die Schuld dafür trägt, dass die kirchliche Inquisition Millionen aufs Schafott gezerrt hat. Wer über das »Gottproblem« im Sankhya viel streiten will, dem kann es selber nicht sehr um den *eigenen* Weg gehen, für den Sankhya sich doch lediglich als eine Landkarte versteht. Nicht mehr, nicht weniger.

Eine Welt voller Purushas

Vers 18 der *Karika* sagt:

> *Es muss eine Vielzahl von purushas geben, denn:*
> *Die Wesen unterscheiden sich im Hinblick auf Geburt, Tod und Fähigkeiten. Ihre Aktivitäten finden nicht gleichzeitig statt.*
> *Und sie sind – bedingt durch ihre jeweilige Zusammensetzung aus gunas – unterschiedlich.*

Dieser Vers weist eine spannende Verbindung zu unserer Frage auf, ob die Wirklichkeit tatsächlich existiert, eine Frage, die die Yoga-Philosophie ausdrücklich bejaht, wie wir bereits wissen: *Purusha* erfährt die Wirklichkeit, wir gehen nicht bloß einer Illusion (*maya*) auf den Leim. Wir (und alle Wesen mit uns) sind sogar Schöpfer dieser Wirklichkeit. Genauer möchte ich es so sagen: Wir geben der Formlosigkeit die Struktur, die wir erleben. Wir sind Struktur-Erschaffer. Die Energie des Bewusstseins erschafft unsere Erfahrung. Die Illusion, von der Sankhya spricht, ist allein *samyoga*, also *purushas* Identifikation mit der Welt. Die Welt selbst hingegen ist keine vollkommene Täuschung, sie ist *relativ* real.

Zugleich betont die *Karika* hier, dass in jedem Wesen ein eigener *purusha* wohnt – dass es also Myriaden von *purushas* gibt, die sich mit der Welt identifizieren (und sie freilich auf Myriaden unterschiedliche Weisen interpretieren). Die *purushas* wohnen in Wesen, die zu unterschiedlichen Zeiten leben und sterben, die völlig verschiedene Dinge tun und auch über ganz unterschiedliche Fähigkeiten verfügen.

Wie geht das nun zusammen? *Purusha* verursacht die Evolution einer relativen Wirklichkeit, in der wir gemeinsam leben. Aber *welcher* von den vielen *purushas* denn nun? Der Baum in meinem Garten ist für mich doch ebenso wirklich, wie er es für den Vogel ist, der darauf sein Nest baut. Wessen *purusha* hat nun den Baum aus der Ursuppe von *avyakta* geholt? Wer hat aus dem Potenzial die Manifestation gemeißelt, wer war Michelangelo? Der Vogel oder ich? Oder war es mein Großvater, der ihn gepflanzt hat? Oder die Vielzahl von *purushas*, die seither in ihren Autos an unserem Gartenzaun vorbeigefahren sind und diesem Baum ihren Blick zuwarfen? Welcher *purusha* erschafft den Baum? Das logische Problem, das hier entsteht, ist Folgendes: Sankhya erklärt uns auf der einen Seite den Menschen als *Individuum*, nämlich als ein umfassendes Drei-Ebenen-Wesen aus Transzendenz, Geist und Körper. Zugleich ist Sankhya aber auch ein Modell für die *gesamte Schöpfung* mit allen ihren Wesen darin, ein Bild, das doch nur einen einzigen *purusha* nahelegt (der dann für das höchste Prinzip stünde).

Wirklich verstehen lässt sich das nur, wenn man das Sankhya-Modell mit der Geisteshaltung ansieht, die ein Quantenphysiker hat, wenn er über das Licht im Doppelspalt-Experiment spricht: Je nach Perspektive zeigt es sich einmal als Welle, ein anderes mal als Teilchen. Licht vereint das (scheinbar) Unvereinbare in eins. Sankhya hat in diesem Sinne Lichtnatur: Je nachdem, von welcher Seite her wir es ansehen, zeigt es sich anders und vereint am Ende das (scheinbar) Unvereinbare. Es ist genau dieser Aspekt, an dem das Modell uns auch an die äußersten Grenzen des Denkmöglichen führt und uns mit Fragen wie diesen konfrontiert:

- Erschaffe ich wirklich selber die Welt, in der ich lebe?
- Wenn ja, bis zu welchem Grad?
- Wir wirklich ist meine Welt und wie wirklich die der anderen? Welche ist »wirklicher«?

- Erschaffe ich nicht auch die anderen, so wie sie mich erschaffen?
- Wenn der *purusha* in mir die Welt strukturiert, ist *purusha* dann nicht Gott ähnlich?
- Bin *ich* Gott ähnlich?
- Sind dann nicht alle Wesen Gott ähnlich?
- Kann eine Ameise etwas von Gott haben?
- Kann Gott einer und viele zugleich sein?
- Kann überhaupt etwas eins und zwei gleichermaßen sein?

Sankhya ist beides zugleich: Modell des Menschen und Modell der Schöpfung. Es hängt allein davon ab, wie wir es im Moment ansehen. Und dennoch: Wir können den Widerspruch auflösen, wenn wir nämlich das Höchste als eine *implizite* Größe, wie wir oben gesagt haben, mitdenken. Vishvatma Bawra schreibt in seinem Kommentar zu Kapilas Sankhya und Patanjalis *Yogasutra*:

> *Wenn die Veden vom formlosen Brahman sprechen,*
> *schließt die Bedeutung sowohl Spirit (purusha)*
> *als auch die Natur (prakriti) ein.*
> *Jede Diskussion darüber, dass Spirit und Natur getrennt seien,*
> *bezieht sich auf die erste Ebene der Manifestation in Form.*
> *Brahman ist die nicht-manifeste absolute Wahrheit*
> *und erscheint in zwei Formen, nämlich Natur und Spirit.*[136]

Vishvatma Bawra verwendet das Bild der Dreiheit: Gott manifestiert sich als *purusha* und *prakriti*. Das Eine zeigt sich auf vielfältige Weise in den Wesen, die in der Welt leben. Genau in diesem Sinne verbindet auch die *Gita* Sankhya und Gott:

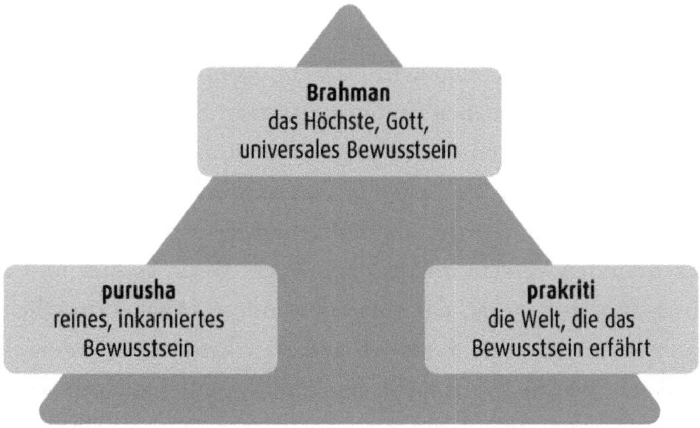

Ich versuche mir die Logik des Unvorstellbaren manchmal so vorzustellen: Das *Eine Höchste* ist wie ein Kerzenleuchter. Unendlich viele Kerzen brennen darauf, eine in jedem Wesen. Alle Lichter auf dem Leuchter erzeugen *ein gemeinsames* Licht, jedes Wesen beleuchtet die Schöpfung auf *seine* Weise. Und jedes Licht-Wesen ist *ein* Auge des *Einen Höchsten*. Gott blickt durch uns (wie auch durch den Hund und die Ameise) auf die Welt, die sich vor ihm auf- und zurückrollt. In meiner *purusha-* (oder Licht-)Natur bin ich eins mit ihm und zugleich auch ein Individuum. Es ist diese Licht-Natur, zu der ich finden muss: Das Wissen darum, dass ich dies Licht bin und nicht das, worauf das Licht gerichtet ist mitsamt den schmerzhaften Schatten, die es wirft. *Tat Tvam Asi*: Ich bin Das. Und wenn es wirklich so sein sollte, dass mein Licht ein Teil Gottes ist, dann bin ich nicht weniger als ein Teil von ihm – und Gott wäre nicht mehr Gott ohne mich, weil dem Umfassenden rein logisch nichts fehlen darf, um umfassend zu sein. Jeder von uns ist ein logischer und existenzieller Teil der Grenzenlosigkeit. Ich bin wie das Reiskorn: So groß wie die Welt!

Ich will dieses Buch schließen mit ein paar Versen aus der *Karika*, dieser so grundlegenden Schrift des philosophischen, psychologischen und spirituellen Systems, das man Sankhya nennt, das immer mehr Pforten öffnet, je mehr man darin eindringt. Ein paar dieser Pforten wollte ich in diesem Buch öffnen, das nicht mehr zu leisten vermag, als den gegenwärtigen Stand meines beschränkten Verständnisses darzulegen. Wenn es hier und da etwas angestoßen hat, das eine oder andere »Aha!« ermöglicht, dann ist mehr erreicht, als ich erwarten kann. Eines jedenfalls weiß ich: Wer sich aufmacht, ins Sankhya einzutauchen, es zu kontemplieren und darüber zu meditieren, den mag bald das Gefühl packen, einer großen Wahrheit auf der Spur zu sein. Sankhya ist ein Abenteuer.

> So geschieht also die von prakriti bewirkte Entwicklung –
> beginnend bei der höheren Intelligenz (mahat) bis hinunter zu
> den grobstofflichen Elementen (bhuta) – zum Zwecke der Befreiung
> jedes einzelnen purusha. Es scheint, als würde prakriti in ihrem
> eigenen Interesse handeln, doch in Wirklichkeit handelt sie um
> jemand anderes willen.
>
> Wie Milch, die ohne eigene Intelligenz ist, der Ernährung
> des Kalbes dient, so dient prakriti der Befreiung von purusha.
>
> Wie Menschen aktiv sind, um ihre Wünsche zu befriedigen,
> so wirkt die nicht-manifeste Urnatur, um purusha zu befreien.
>
> Wie die Tänzerin ihren Tanz beendet, wenn das Publikum
> sie gesehen hat, so beendet die Schöpfung ihr Wirken,
> wenn sie sich dem inneren Licht offenbart hat.

Die gutmütige prakriti mit ihren gunas dient dem purusha in vielerlei Hinsicht, der selber ohne gunas ist und prakriti nichts dafür gibt.

In meinen Augen ist nichts freundlicher als prakriti. Sobald sie weiß: »Ich wurde erkannt«, zeigt sie sich purusha nicht mehr.

ANHANG

Die Sankhya Karika

von Ishvarah Krishna

[1] Die drei Arten des Leidens (*duhkhatraya*)[1] lassen im Menschen den Wunsch entstehen, Mittel zu deren Heilung zu finden. Zu behaupten, die Suche danach sei unnötig, weil es doch gewöhnliche Heilmittel gebe (zum Beispiel medizinische Therapien u.a.), ist nicht richtig, denn diese wirken weder dauerhaft noch umfassend.

[2] Die Mittel, welche die Schriften empfehlen (wie zum Beispiel rituelle Handlungen oder Gebete), zählen in diesem Sinne zu den gewöhnlichen Heilmitteln, denn sie sind ihrer Natur nach unrein (wegen der rituellen Tötung von Tieren), vergänglich und nicht vollständig. Das wirksamste Mittel ist die Entwicklung unterscheidenden Gewahrseins im Blick auf das Manifeste (*vyakta*), das Nicht-Manifeste (*avyakta*) und das absolut Erkennende (*jna*).

[3] Die ursprüngliche Natur (*mulaprakriti*)[2] ist nicht geschaffen. Die *Gruppe der Sieben* – beginnend mit *mahat*[3] – sind sowohl geschaffen

1 Die drei Arten des Leidens sind: innerliches, äußerliches und durch höhere Gewalt bedingtes Leiden.

2 Synonym für *avyakta prakriti*, das Potenzial oder die »Urflut«.

3 *Mahat* (wörtl.: »das Große«) ist synonym für *buddhi*. Die sieben hier gemeinten Prinzipien oder *tattvas* sind: höhere Intelligenz (*mahat* oder *buddhi*), das Ego (*ahamkara*)

als auch erzeugend. Die *Gruppe der Sechzehn* sind bloß geschaffen.[4] Das Selbst (*purusha*, das innere Licht reinen Gewahrseins) ist weder geschaffen noch erzeugend.

[4] Es gibt drei anerkannte Wege, wie man zu verlässlichem Wissen (*pramana*) gelangen kann. Jede Erkenntnis muss auf einem dieser drei Wege gründen:
a) direkte Wahrnehmung,
b) logisches Schließen oder
c) gültiges Zeugnis.

[5] Direkte Wahrnehmung (*drishta*) bedeutet, die Objekte mithilfe der Sinne zu erfassen. Logisches Schließen (*anumana*) ist von dreierlei Art und gründet auf einer charakteristischen Eigenschaft und dem Träger dieser Eigenschaft. Gültiges Zeugnis kommt von glaubwürdigen Personen oder von Offenbarungen (*shruti*).[5]

[6] Erkenntnisse über Dinge, welche die Wahrnehmungsfähigkeit der Sinne übersteigen, werden durch logisches Schließen gewonnen. Was auch durch logisches Schließen nicht erkannt werden kann, kommt von den Aussagen glaubwürdiger Personen und Schriften.

[7] Korrekte Wahrnehmung tritt nicht auf bei zu großer Entfernung oder zu großer Nähe der Objekte, bei Einschränkung der

und die fünf feinstofflichen Elemente (*tanmatras*). Sie alle gehen aus anderen Elementen hervor und erzeugen ihrerseits neue.

4 »Die Sechzehn« gehen aus anderen Elementen hervor, erzeugen ihrerseits aber keine weiteren mehr: *manas*, die fünf Handlungsfähigkeiten, die fünf Wahrnehmungsfähigkeiten und die fünf grobstofflichen Elemente.

5 Gemeint sind die Veden, vor allem deren letzter Teil: die Upanishaden.

Wahrnehmungsfähigkeit, bei Unachtsamkeit, bei zu großer Feinheit oder Verborgensein der Objekte, ferner beim Überlagert- oder Vermischtsein mit ähnlichen Objekten.

[8] *Prakriti*[6] wird deshalb nicht erkannt, weil sie feinstofflich ist, nicht etwa deshalb, weil sie nicht existieren würde. Sie kann jedoch an ihren Wirkungen erkannt werden, also an *mahat* (*buddhi*) und den nachfolgenden Elementen (*tattvas*). Diese Evolute sind *prakriti* sowohl gleich als auch verschieden von ihr.[7]

[9] Die Wirkung existiert in ihrer Ursache (*satkarya*), denn:

› Aus nichts kann nicht etwas entstehen.
› Wirkungen benötigen adäquate materielle Ursachen.
› Nicht alle Wirkungen können aus allen Ursachen entstehen.
› Eine bewirkende Ursache kann nur das bewirken, für das sie wirksam ist.
› Die Wirkung ist in ihrer Essenz eins mit der Ursache.

[10] Das Manifeste (*vyakta*, die Schöpfung oder Welt) ist:

› verursacht,
› vergänglich,
› nicht-durchdringend,
› aktiv,
› vielgestaltig,
› relativ,
› identifizierbar,
› zusammengesetzt,
› abhängig.

6 Gemeint ist hier natürlich *prakriti* als *avyakta prakriti*.

7 Gleich sind sie in der Essenz, verschieden jedoch in der konkreten Manifestation.

Das Nicht-Manifeste (*avyakta*, das reine Potenzial, die »Urflut«) ist das Gegenteil von alledem.

[11] Alles Manifeste wird strukturiert von drei *gunas* und ist
› letztlich nicht unterscheidbar,
› objektiv,
› allgemein,
› unbewusst,
› produktiv.

Das Gleiche gilt für das Nicht-Manifeste. *Purusha* hat die gegenteiligen Eigenschaften dieser beiden, ist ihnen aber auch in mancher Hinsicht ähnlich.

[12] Die *gunas* sind ihrer Natur nach entweder angenehm, unangenehm oder neutral. Ihre Aufgabe ist es, Licht auf die Dinge zu bringen, sie zu aktivieren oder zu hemmen. Abwechselnd dominieren, unterstützen, aktivieren und interagieren sie.

[13] *Sattva* ist leicht und erhellend. *Rajas* ist anregend und beweglich. *Tamas* ist träge und verhüllend. Wie die Teile einer Lampe wirken sie für einen bestimmten Zweck zusammen.

[14] Die Existenz der Nicht-Unterscheidbarkeit usw.[8] lässt sich damit begründen, dass das Manifeste aus *gunas* zusammengesetzt ist, und daraus, dass diese im Gegenteil (also in *purusha*) nicht vorhanden sind. Die Existenz des Nicht-Manifesten lässt sich damit begründen, dass die Wirkungen die Eigenschaften ihrer Ursache besitzen.

8 D.h. der weiteren Eigenschaften im Manifesten (*vyakta*) und Nicht-Manifesten (*avyakta*); siehe Vers 11.

[15] Der nicht-manifeste Urgrund (*avyakta*) existiert, denn:

› die spezifischen Objekte sind ihrer Natur nach begrenzt,
› sie sind homogen,
› sie entwickeln sich, was eine bewirkende Ursache voraussetzt
› (*shakti karana*),
› wegen der Unterscheidung von Ursache und Wirkung (im Hinblick auf ihre Erscheinung),
› wegen der Nichtunterscheidbarkeit der ganzen Welt der Wirkungen.

[16] Das Nicht-Manifeste ist aktiv, indem es die drei *gunas* mit ihren unterschiedlichen Eigenschaften immer wieder neu kombiniert und modifiziert, so wie Wasser.[9]

[17] *Purusha* existiert, denn:

› zusammengesetzte Dinge[10] dienen einem Anderen,
› dieses Andere muss jenseits der *gunas* sein,
› es braucht eine Instanz, die Kontrolle ausübt,
› es braucht eine Instanz, welche Erfahrungen macht,
› die Aktivität (der *gunas*) dient der Befreiung (*kaivalya*).

[18] Es muss eine Vielzahl von *purushas* geben, denn:

› die Wesen unterscheiden sich im Hinblick auf Geburt, Tod und Fähigkeiten,
› ihre Aktivitäten finden nicht gleichzeitig statt,

9 Wasser begegnet uns in einer Vielzahl von Zuständen und Formen: als Flüssigkeit, Wasserdampf, Eis, in Bächen, Flüssen, Seen und Ozeanen, in Wolken, Regen, Nebel, Schnee usw. Dennoch bleibt Wasser immer Wasser. Das Wasser dient hier als Analogie für die homogen aus *gunas* aufgebaute *avyakta prakriti*, aus welcher dennoch unendlich viele Formen entstehen.

10 *Avyakta* und *vyakta* sind zusammengesetzt aus *gunas*.

› sie sind – bedingt durch ihre jeweilige Zusammensetzung aus *gunas* – unterschiedlich.

[19] Weil *purusha* das Gegenteil (der aus *gunas* zusammengesetzten *prakriti*) ist, muss Folgendes für ihn gelten:

› er ist Zeuge,
› losgelöst (*kaivalya*),
› neutral,
› ein Zuschauer
› und inaktiv.

[20] Wegen der Nähe oder scheinbaren Verbindung (*samyoga*) der beiden (von *purusha* und *prakriti*) scheint das Unbewusste bewusst und das Neutrale aktiv zu sein, obgleich doch alle Aktivitäten allein den drei *gunas* entspringen.

[21] Diese Verbindung (*samyoga*) gleicht der Zusammenarbeit des Lahmen mit dem Blinden[11], damit *purusha* die ursprüngliche Natur erkennt und so Befreiung erlangt.[12] So schreitet die Schöpfung voran.

[22] Aus *prakriti*[13] entwickelt sich die Intelligenz (*mahat* oder *buddhi*). Hieraus entsteht das Ich-Bewusstsein (*ahamkara*) und daraus die Gruppe der Sechzehn.[14] Aus fünf von diesen Sech-

11 *Purusha* ist »lahm« (inaktiv) und *prakriti* »blind« (unbewusst).

12 Damit also reines Bewusstsein die Welt erfahren kann. Anders gesagt: *Purusha* ist scheinbar mit der Welt verbunden, um durch die damit einhergehenden und letztlich immer schmerzhaften Erfahrungen zu erkennen, dass er nicht an die Welt gebunden ist.

13 Genau: *Avyakta prakriti*

14 Die Sechzehn sind: *manas* (Wahrnehmen, Denken und Fühlen), die fünf Wahrneh-

zehn[15] entwickeln sich die fünf grobstofflichen Elemente (*mahabhutas*).

[23] Buddhi, die Intelligenz und Willenskraft, ist jene mentale Instanz, die versteht und Entscheidungen trifft. Dominiert in *buddhi* die sattvische Natur, so führt dies zu einem Verhalten, das in Einklang mit den Gesetzen des Kosmos steht (*dharma*), ferner zu spiritueller Erkenntnis (*jnana*), zu Losgelöstheit (*viraga*) und Willenskraft (*aishvarya*). Dominieren hingegen die tamasischen Eigenschaften, so führt dies zum Gegenteil.[16]

[24] *Ahamkara*, das Ego, ist das Prinzip der Selbstbehauptung (*abhimana*)[17] Von hier aus verläuft die Entwicklung in zwei Strängen: Zum einen entwickelt sich hieraus die *Gruppe der Elf*[18], zum anderen die fünf feinstofflichen Elemente (*tanmatras*).[19]

[25] Die *Gruppe der Elf* entspringt aus *vaitrika*, dem sattvischen Aspekt des Egos (*ahamkara*). Die fünf feinstofflichen Elemente (*tanmatras*) entwickeln sich aus *bhutadi*, dem tamasischen Aspekt des Egos. Beide Gruppen entstehen durch den Einfluss von *taijasa*, dem rajasischen Aspekt des Egos.[20]

mungsfähigkeiten; die fünf Handlungsfähigkeiten sowie die fünf feinstofflichen Elemente.

15 Nämlich aus den fünf feinstofflichen Elementen oder *tanmatras*.

16 Die vier gegenteiligen Zustände oder *bhavas* sind: *adharma*, *ajnana*, *raga* und *anaishvarya*.

17 Es schwingt natürlich auch das negative Moment des Eigendünkels oder der Einbildung mit, dazu gehört auf einer fundamentalen Ebene auch das illusorische Gefühl, ein vom Rest der Welt getrenntes Ich zu sein.

18 Diese sind: *manas*, die fünf *jnanendriyas* und die fünf *karmendriyas*.

19 Die fünf *tanmatras* sind: Klang, Berührung, Form, Geschmack, Geruch.

20 *Vaitrika*, *bhutadi* und *taijasa* bedeuten wörtlich: abgewandelt, unbeweglich und lei-

[26] Die Fähigkeiten der Wahrnehmung (*buddhindriyas* oder *jnanendriyas*) sind: Sehen, Hören, Riechen, Schmecken und Berühren. Die Handlungsfähigkeiten (*karmendriyas*) sind: Sprechen, Greifen, Gehen, Ausscheiden und sexuellen Verkehr haben.[21]

[27] *Manas* hat die Natur beider (also der Wahrnehmungs- und Aktionsfähigkeiten). Es ist das denkende (bzw. hin und her überlegende) Prinzip und zudem ein Sinnesorgan, weil es Eigenschaften besitzt, die den Sinnesorganen eigen sind.[22] Der Facettenreichtum der inneren Organe wie auch die Vielgestaltigkeit der äußeren Welt wird durch den Wandel der *gunas* bewirkt.

[28] Die fünf Fähigkeiten unserer Wahrnehmung dienen allein dem Zweck, die Gestalt und die anderen Dinge (also die weiteren Aspekte der Objekte wie ihr Klang, Geruch usw.) zu beobachten. Die Funktionen der fünf Aktionsfähigkeiten sind: Sprache, Manipulation[23], Bewegung, Ausscheidung und sexuelle Befriedigung.

[29] Die drei inneren Instrumente (*buddhi*, *ahamkara* und *manas*) haben jeweils spezifische Aufgaben. Ihre *gemeinsame* Aufgabe ist

denschaftlich – sie stehen für die Eigenschaften der drei *gunas*.

21 Sinnes- und Handlungs*fähigkeiten* werden auch Sinnes- oder Handlungsorgane genannt. Wichtig dabei ist: Gemeint sind nicht die äußeren, grobstofflichen Organe wie Auge, Ohr usw., sondern die *mentalen Fähigkeiten* oder Voraussetzungen dafür, dass gesehen, gehört etc. werden kann. Denn wir sehen im Traum, obgleich unsere Augen geschlossen sind: Die Fähigkeit des Sehens als mentale Anlage ist mithin nicht gebunden an das Vorhandensein des Augapfels.

22 Manas bereitet die Sinneseindrücke auf, gehört damit also selbst zum Instrumentarium der Wahrnehmung.

23 Hier gemeint in einem nicht wertenden Sinne, also: das Einwirken auf und das Beeinflussen von Gegenständen und Ereignissen durch unsere Handlungsmöglichkeiten.

es, die Vitalkräfte (*vayus*) zu stützen (und so die Aufrechterhaltung des Lebens sicherzustellen).

[30] Im Hinblick auf das, was jeweils gerade wahrgenommen wird, arbeitet die *Gruppe der Vier* (*mahat*, *ahamkara*, *manas* und jeweils einer der Sinne) sowohl simultan als auch nacheinander. Wenn im Bewusstsein Dinge aufsteigen, die nicht der unmittelbaren Wahrnehmung entspringen, basiert die Tätigkeit der *Gruppe der Drei* (*manas*, *ahamkara* und *buddhi*) auf einer Wahrnehmung, die vorher geschehen ist.[24]

[31] Diese Instrumente (die *Gruppe der Dreizehn*)[25] erfüllen ihre jeweiligen Funktionen, indem sie sich gegenseitig aktivieren. Das Motiv für die Entfaltung ihrer Aktivitäten ist einzig und allein *purusha*. Aus keinem anderen Grunde sind sie aktiv.

[32] Sie (die *Gruppe der Dreizehn*) sind die Grundlage für das Erfassen, Halten und Erhellen.[26] Die Objekte, welche erfasst, gehalten und erhellt werden, sind von zehnerlei Art.[27]

24 Wir nehmen mithilfe des inneren Organs nicht nur sinnlich erfasste äußere Objekte wahr, sondern auch Objekte, die aus unserem eigenen Inneren kommen bzw. aus unserer Erinnerung aufsteigen. Konzepte, logische Schlüsse, innere Bilder usw. gründen dabei auf Wahrnehmungen oder Erfahrungen, die wir früher gemacht haben.

25 *Die Gruppe der Dreizehn*: *manas*, *ahamkara*, *buddhi*, die fünf Wahrnehmungsfähigkeiten und die fünf Handlungsfähigkeiten.

26 Erfassen (*aharana*) ist das sinnliche Aufnehmen eines äußeren Objektes; Halten (*dharana*) meint, dass wir unsere Aufmerksamkeit an dieses Objekt »binden«, uns also darauf konzentrieren, und Erhellen (*prakasha*) meint, dass wir erkennen oder begreifen, was wir sehen.

27 Gemeint sind die fünf Möglichkeiten, wie wir Objekte wahrnehmen können, sowie die fünf Möglichkeiten, wie wir auf Objekte reagieren können. Mit anderen Worten: Wir treten mit der Welt auf zehnerlei Weise in Verbindung.

[33] Das innere Instrument (*antahkarana*) hat drei Elemente;[28] die äußeren Instrumente, die dem inneren Instrument die Erfahrung ermöglichen, bestehen aus zehn Elementen (jeweils fünf Wahrnehmungs- und Handlungsfähigkeiten). Die äußeren Instrumente funktionieren in der Gegenwart, die inneren Instrumente in allen drei Zeiten.[29]

[34] Unter diesen Instrumenten beziehen sich die Wahrnehmungsfähigkeiten sowohl auf grobstoffliche als auch auf feinstoffliche Objekte.[30] Das Sprechen hat allein Klang zum Objekt[31], die anderen Handlungsfähigkeiten dagegen richten sich auf alle fünf Arten von Objekten.[32]

28 *Manas, ahamkara, buddhi.*

29 Der reine Akt der Wahrnehmung ist immer ein Akt der Gegenwärtigkeit: Wenn wir ein Objekt sehen, dann sehen wir es immer *jetzt*, nicht gestern oder morgen. Das Überlegen oder Denken hingegen bezieht sich auch (und zumeist) auf Vergangenheit und Zukunft (Erinnerungen, Extrapolationen). Jedoch kann der Akt des Denkens (der als ein Akt in der Gegenwart Vergangenes oder Zukünftiges zum Gegenstand hat) schmerzhafte Gefühle im Hier-Jetzt auslösen (Ärger, Groll, Sorgen, Angst). Deshalb spielt das Zur-Ruhe-Kommen des Geistes (*nirodhah*) im Yoga eine so große Rolle. Und die Gegenwartsbezogenheit reiner Wahrnehmung (ohne Denken) ist auch der Grund, warum Wahrnehmung zur Meditation genutzt werden kann.

30 Ein grobstoffliches Objekt wäre zum Beispiel die Blume im Garten. Das Bild einer Blume, das wir uns vorstellen, welches wir uns also im Geist selbst machen, wäre hingegen feinstofflicher Natur.

31 Die Fähigkeit des Sprechens erzeugt selbst sein Objekt, nämlich den Klang, im Gegensatz zu den anderen Fähigkeiten, die jeweils eines äußeren Objektes bedürfen, mit dem sie in Berührung treten.

32 Neben der Fähigkeit zu sprechen sind die anderen vier Möglichkeiten unseres Handelns: etwas zu berühren (anfassen, manipulieren), uns auf etwas hinzubewegen, etwas zu schmecken oder zu riechen. Diese vier Fähigkeiten beziehen sich immer auf äußere Objekte (*mahabhutas*), in deren Richtung sie stattfinden. Diese äußeren Objekte sind Träger aller fünf Eigenschaften (*tanmatras*), die Objekten anhaften können: Klang, Berührbarkeit, Sichtbarkeit (Form), Geschmack und Geruch.

[35] Weil *buddhi* und die anderen beiden inneren Aspekte (*manas* und *ahamkara*) alle Objekte erfassen, sind sie die Torwächter. Die zehn äußeren Instrumente (die Wahrnehmungs- und Aktionsfähigkeiten) sind die Tore.

[36] Diese Instrumente[33] unterscheiden sich in ihrer Natur aufgrund der je eigenen Zusammensetzung der *gunas*. Sie zeigen das Ganze (die äußere Wirklichkeit, die Dinge) *buddhi*, welche es für *purusha* mit ihrem Licht wie eine Lampe erhellt.

[37] Weil es *buddhi* ist, die *purusha* alle Objekte der Erfahrung präsentiert, ist sie auch in der Lage, den feinen Unterschied zwischen *prakriti* und *purusha* zu erkennen.

[38] Die fünf feinstofflichen Elemente (*tanmatras*) sind unspezifisch. Aus ihnen gehen die fünf grobstofflichen Elemente (*mahabhutas*) hervor. Die grobstofflichen Elemente sind spezifisch. Sie werden als still, anregend oder täuschend erfahren.[34]

[39] Der feinstoffliche Körper (*sukshma sharira* oder *linga sharira*), der von Mutter und Vater geborene Körper sowie die zugehörigen grobstofflichen Aspekte gehören zu den spezifischen Aspekten. Der feinstoffliche Körper ist bleibend (und geht von Leben zu Leben), während der von Mutter und Vater geborene vergänglich ist.[35]

33 Gemeint ist die Gruppe der Zwölf: *manas*, *ahamkara*, fünf *jnanendriyas* und fünf *karmendriyas*; also inneres Organ und äußeres Organ ohne *buddhi*.

34 Diese Erfahrung tritt natürlich wegen der ihnen innewohnenden *Guna*-Struktur ein: Objekte sind entweder von *sattva*, *rajas* oder *tamas* dominiert.

35 Allein der Körper aus »Fleisch und Blut« also stammt von den Eltern ab. Alle anderen Aspekte unseres Seins bringen wir selbst mit.

[40] Der feinstoffliche Körper existiert vor allen anderen Körpern. Er ist nicht begrenzt, er ist von Dauer[36] und aus den *tattvas* zusammengesetzt, die mit *mahat* (*buddhi*) beginnen und mit den feinstofflichen Elementen (*tanmatras*) enden.[37] Er ist frei von Erfahrung, reinkarniert und geprägt von den mentalen Dispositionen (*bhavas*).

[41] Wie ein Gemälde nicht ohne Leinwand und ein Schatten nicht ohne das Objekt, das ihn wirft, sein kann, so kann auch das innere Organ nicht ohne die Unterstützung von etwas Spezifischem existieren (nämlich von *linga*, dem feinstofflichen Körper).[38]

[42] Das der Kraft von *prakriti* entspringende Prinzip von Ursache und Wirkung sorgt dafür, dass der feinstoffliche Körper um *purusha* willen wie ein Schauspieler in immer neuen Rollen erscheint.

[43] Die mentalen Dispositionen (*bhavas*) können natürlich oder erworben sein. Sie haben ihren Sitz in *buddhi*, wohingegen die Eizelle und so weiter zu den Wirkungen gehört.

[44] Durch die Ausrichtung auf das dharma steigt man zu höheren Existenzebenen auf. Durch das Verfehlen des dharma (adharma)

36 Die Eigenschaft der Nicht-Begrenztheit und Dauerhaftigkeit gilt freilich nur *relativ* zum sterblichen, grobstofflichen Körper. In absoluter Hinsicht kann auch der feinstoffliche Körper oder *linga* nicht unbegrenzt und ewig sein, weil er aus veränderlichen *gunas* zusammengesetzt ist. Allein *avyakta prakriti* und *purusha* sind ewig.

37 Der feinstoffliche Körper besteht damit also aus 18 Elementen bzw. *tattvas*: dem inneren Organ (*antahkarana*: *mahat*/*buddhi*, *ahamkara* und *manas*), dem äußeren Organ (fünf *jnanendriyas* und fünf *karmendriyas*) sowie den fünf feinstofflichen Elementen (*tanmatras*).

38 Mit anderen Worten: Individueller Geist benötigt zwar nicht unbedingt einen grobstofflichen, aber auf jeden Fall einen feinstofflichen Körper, um sich ausdrücken zu können.

steigt man auf niedrigere Ebenen ab. Durch Erkenntnis (*jnana*) geschieht endgültige Befreiung, während das Gegenteil davon (*ajnana*, die spirituelle Blindheit) Bindung bewirkt.

[45] Losgelöstheit (*vairagya*) führt zum Aufgehen in *prakriti*; leidenschaftliche Anhaftung (*raga*) führt zur Wiedergeburt; Willenskraft (*aishvarya*) beseitigt die Hindernisse (sodass man Kontrolle über sein Leben erlangt); das Gegenteil davon (*anaishvarya* oder Schwäche) führt zum Gegenteil (also zum Kontrollverlust im Leben).

[46] Die mentalen Dispositionen sind die Schöpfung von *buddhi*. Indem die *gunas* sich gegenseitig beeinflussen, zeigen sie sich in fünfzig verschiedenen Formen (siehe Vers 47). Sie lassen sich in vier Gruppen einteilen: falsches Wissen (*viparyaya*), Unvermögen (*ashakti*), (Selbst-)Zufriedenheit (*tushti*) und Errungenschaften (*siddhi*).

[47] Es gibt fünf Arten falschen Wissens (*viparyaya*, siehe Vers 48)[39]; 28 Arten von Unvermögen (*ashakti*, siehe Vers 49) aufgrund einer Funktionseinschränkung der Organe;[40] neun Arten von (Selbst-) Zufriedenheit (*tushti*, siehe Vers 50) und acht Arten von Errungenschaften (*siddhi*, siehe Vers 50).

39 Diese fünf Arten falschen Wissens (*tamas*, *moha*, *mahamoha*, *tamisra* und *andhatamisra*) werden im nächsten Vers weiter ausdifferenziert, nämlich in 64 Formen. Die fünf Formen falschen Wissens im Sankhya entsprechen im *Yogasutra* dem, was Patanjali *klesha* nennt, die fünf Hauptursachen des Leidens. Diese sind: spirituelles Nicht-Wissen/Fehlidentifikation (*avidya* bzw. *tamas*), Ego/Ich-Gefühl (*asmita* bzw. *moha*), Habenwollen (*raga* bzw. *mahamoha*), Nicht-Habenwollen (*dvesha* bzw. *tamisra*) und die Angst vor dem Tod (*abhinivesha* bzw. *andhatamisra*).

40 Mit »Organen« sind das innere Organ (*antahkarana: buddhi*, *ahamakara*, *manas*) und die äußeren Organe (*jnanendriyas* und *karmendriyas*) gemeint.

[48] Es gibt acht Arten von Dunkelheit[41] und auch acht Arten von Verwirrung,[42] außerdem zehn Arten extremer Verwirrung[43] und jeweils achtzehn Arten von Schwermut[44] und äußerster Schwermut (*andhatamisra*)[45].

[49] Einschränkungen im Bereich der elf Organe[46] und im Bereich von *buddhi* werden *ashakti* oder Unvermögen genannt. *Buddhi* kann auf siebzehn verschiedene Weisen eingeschränkt sein, die

41 Die acht Arten von Dunkelheit oder *tamas* (auch: *avidya*, das grundlegende spirituelle Nicht-Wissen; erstes *klesha*) leiten sich daraus ab, dass wir uns mit unserem Geist und Körper identifizieren anstatt mit *purusha*. Wir verwechseln also das spirituelle Prinzip mit dem nicht-spirituellen. Da der Geist aus drei Elementen oder *tattvas* besteht (*buddhi*, *ahamkara* und *manas*) und der Körper aus fünf grobstofflichen Elementen (Erde, Wasser, Feuer, Luft und Raum), ergibt das acht Ursachen, die Anhaftung auslösen können.

42 Die acht Arten von Verwirrung oder *moha* (auch: *asmita*, der Egoismus; das zweite *klesha*) meinen die Aufblähung des Egos wegen der acht okkulten oder paranormalen Fähigkeiten, die man auf dem Weg des Yoga erreichen kann.

43 Die zehn Arten extremer Verwirrung oder *mahamoha* beziehen sich auf die Anhaftung (*raga*, Habenwollen; das dritte *klesha*): Anhaftung ist immer die sinnliche Anhaftung (fünf Sinne), sei es nun an irdische oder himmlische Zustände oder Erfahrungen, das macht also zehn Möglichkeiten.

44 Die achtzehn Arten von Schwermut oder *tamisra* beziehen sich auf die Abneigung (Nicht-Habenwollen, *dvesha*; viertes *klesha*): Abneigung gegen die sinnlichen Erfahrungen (fünf Sinne in Bezug auf irdische oder himmlische Zustände, das macht zehn Möglichkeiten) sowie gegen die acht paranormalen Fähigkeiten.

45 Die achtzehn Arten äußerster Schwermut oder *andhatamisra* (entspricht *abhinivesha*, dem Hängen am Leben bzw. der Angst vor dem Tod; fünftes *klesha*) leiten sich wie folgt her: Wer die acht okkulten Kräfte entwickelt und lieb gewonnen hat und wer sich in dauernder Anhaftung an die sinnliche Erfahrung befindet (fünf Sinne und ihr jeweiliges Habenwollen irdischer oder himmlischer Genüsse), fürchtet natürlich deren Verlust. Es gibt in diesem Sinne achtzehn Möglichkeiten des schweren Verlustes der Freuden und Errungenschaften unseres Lebens, was die Überschreibung mit »äußerster Schwermut« oder auch »Finsternis« erklärt.

46 *Manas* sowie jeweils fünf Wahrnehmungs- und Handlungsorgane.

dem Gegenteil der (Selbst-)Zufriedenheit und der acht Vollkommenheiten (*siddhis*) entsprechen.[47]

[50] Es gibt neun Arten von (Selbst-)Zufriedenheit.[48] Sie lassen sich in zwei Klassen einteilen, nämlich vier innere und fünf äußere: Die vier inneren beziehen sich auf die Natur, die materielle Welt, die Zeit und die Vorsehung. Die fünf äußeren resultieren aus einer Abwendung von den Sinnesobjekten.[49]

[51] Es gibt acht Vollkommenheiten (*siddhis*): logisches Denken, mündliche Unterweisung, Studium, ferner: die Fähigkeit, die drei Arten des Leidens zu beseitigen, freundlicher Umgang und Großzügigkeit.

[52] Der feinstoffliche Körper (*linga*) kann ohne die mentalen Dispositionen (*bhavas*) nicht funktionieren. Und die mentalen Dispositionen wiederum können nicht ohne den feinstofflichen Körper wirken. Deshalb vollzieht sich Entwicklung in zweierlei Hinsicht, nämlich im Blick auf den feinstofflichen Körper und im Blick auf die mentalen Dispositionen.

[53] Es gibt acht Arten himmlischer Wesen,[50] fünf Arten tierischer Lebewesen[51] und eine einzige Art von Mensch. Diese bilden, kurz gesagt, die elementare oder materielle Schöpfung.

47 11 + 17 = 28 Formen von Unvermögen (*ashakti*); siehe Vers 47.

48 Gemeint ist der (zufriedenstellende, aber dennoch falsche) Glaube, dass die Natur, die materielle Welt, die Zeit und die Vorhersehung letztgültige Wirklichkeit besitzen.

49 *Vairagya*, die Abwendung von den fünf sinnlichen Vergnügungen oder das Loslassen, bedeutet noch nicht die Erkenntnis des Selbst.

50 Brahma, Prajapati, Indra, Pitr, Gandharva, Yaksa, Raksasa, Pisaca.

51 Zuchttiere, Wildtiere, Vögel, Reptilien und unbewegliche Lebewesen.

[54] In den höheren Welten dominiert *sattva*, in den niedrigeren *tamas*. In den mittleren Regionen herrscht *rajas*. So ist die Schöpfung von Brahma bis hinunter zum Grashalm gestaltet.

[55] Darin erfährt *purusha* Leid, verursacht von Verfall und Tod, bis er sich vom feinstofflichen Körper (*linga*) gelöst hat. Deshalb ist der Schmerz (*duhkha*) die eigentliche Natur aller Dinge.

[56] So geschieht also die von *prakriti* bewirkte Entwicklung – beginnend bei der höheren Intelligenz (*mahat*) bis hinunter zu den grobstofflichen Elementen (*bhuta*) – zum Zwecke der Befreiung jedes einzelnen *purusha*. Es scheint, als würde *prakriti* in ihrem eigenen Interesse handeln, doch in Wirklichkeit handelt sie um jemand anderes willen.

[57] Wie Milch, die ohne eigene Intelligenz ist, der Ernährung des Kalbes dient, so dient *prakriti* der Befreiung von *purusha*.

[58] Wie Menschen aktiv sind, um ihre Wünsche zu befriedigen, so wirkt die nicht-manifeste Urnatur (*avyakta*), um *purusha* zu befreien.

[59] Wie die Tänzerin ihren Tanz beendet, wenn das Publikum sie gesehen hat, so beendet die Schöpfung ihr Wirken, wenn sie sich dem inneren Licht offenbart hat.

[60] Die gutmütige *prakriti* mit ihren *gunas* dient dem *purusha* in vielerlei Hinsicht, der selbst ohne *gunas* ist und *prakriti* nichts dafür gibt.

[61] In meinen Augen ist nichts freundlicher als *prakriti*. Sobald sie weiß: »Ich wurde erkannt«, zeigt sie sich *purusha* nicht mehr.

[62] Deshalb ist *purusha* eigentlich niemals wirklich gebunden, er muss niemals befreit werden, noch geht er durch Geburt, Tod und Wiedergeburt. Es ist allein *prakriti*, die in ihren unterschiedlichen Manifestationen gebunden ist, befreit wird und durch Geburt, Tod und Wiedergeburt geht.

[63] Mittels ihrer sieben mentalen Dispositionen (*bhavas*)[52] fesselt *prakriti* sich selbst durch sich selbst. Durch eine einzige Art mentaler Disposition (nämlich *jnana*, die Erkenntnis) befreit sie sich dann – dies alles geschieht allein um *purusha* willen.

[64] Das Studium und die (meditative) Durchdringung (*abhyasa*) der Elemente der Sankhya-Philosophie führt zur Erkenntnis (*jnana*), dass ich (im Sinne eines Egos) nicht existiere, dass mir nichts gehört, dass ich »Nicht-Ich« bin. Diese Erkenntnis ist umfassend und rein, weil sie frei von Irrtum ist – es ist absolute Erkenntnis.

[65] Dann blickt *purusha* nur noch wie ein Zuschauer auf *prakriti*, die ihre Aktivität eingestellt hat, weil sie ihren Zweck erfüllt und sich von den sieben Dispositionen[53] zurückgezogen hat.

[66] *Purusha*, der Zuschauer, denkt: »Ich habe sie erkannt.« *Prakriti* denkt: »Ich wurde erkannt«, und beendet nun ihre Aktivität. Obgleich die Verbindung (*samyoga*) zwischen beiden noch fortbesteht, gibt es keine Veranlassung mehr für eine weitere Entwicklung.

52 Verse 43–51.

53 Die sieben *bhavas* in *buddhi* (Verse 43 ff.), außer: *jnana*.

[67] Wird die vollkommene Erkenntnis (*samyajnana*) erlangt, wirken *dharma* und die sieben anderen mentalen Dispositionen nicht länger als Ursachen. Dennoch lebt *purusha* wegen der latenten mentalen Eindrücke (*samskaras*) noch weiter im physischen Körper, so wie auch die vom Töpfer einmal in Drehung versetzte Scheibe sich noch eine Zeit lang weiterdreht.

[68] Wenn schließlich die Loslösung vom Körper erfolgt und die primäre Ursache (*pradhana*)[54] nicht länger aktiv ist, weil sie ihren Zweck erfüllt hat, erlangt der nun vom Körper getrennte *purusha* die sichere und endgültige Befreiung (*kaivalya*).

[69] Dieses geheime Wissen zur Befreiung *purushas*, ein Wissen, welches das Kommen, Werden und Vergehen aller Wesen umfasst, wurde von Kapila, dem größten unter den Weisen, dargelegt.

[70] Dieses höchste, reine Wissen gab Kapila aus Mitgefühl an Asuri. Asuri vermittelte es Panchashikha, der das System (*tantra*) weiter ausarbeitete.

[71] So wurde dieses Wissen von den Lehrern an ihre Schüler weitergegeben, um schließlich vom ehrwürdigen Ishvarah Krishna zu diesem Text verdichtet zu werden, nachdem er es tief verstanden hatte.

[72] Diese Verse beinhalten die ganze Wissenschaft der sechzig Themen des traditionellen Sankhya(*), nicht jedoch die Erzählungen und Polemiken, die sich gegen die Sankhya-Philosophie richten.

54 *Pradhana* heißt wörtlich: der Wurzelgrund. Gemeint ist hier natürlich *prakriti*, genauer: die nicht-manifeste *avyakta prakriti*, das reine Potenzial also.

(*) Die 60 behandelten Themen gliedern sich in 10 Haupt- und 50 zusätzliche Themen (zentrale Verse dazu in Klammern).

Die zehn Hauptthemen:

› Die letztliche Nichtunterscheidbarkeit des Nicht-Manifesten und des Manifesten (*avyakta prakriti* und *vyakta prakriti*) bzw. ihre essenzielle Einheit (14)
› Das Nicht-Manifeste (*avyakta prakriti*) als letzte Ursache (15)
› Über die Struktur oder den Aufbau des Nicht-Manifesten: zusammengesetzt aus drei *gunas* usw. (11)
› Die grundlegende Unterschiedlichkeit von *purusha* und *prakriti* (11)
› Der »Purusha-Beweis« (17)
› Die Pluralität von *purusha* (18)
› *Prakriti* ist nur scheinbar bewusst, und *purusha* ist nicht wirklich aktiv (20).
› Über die Verbindung von *purusha* und *prakriti*, »Der Lahme und die Blinde« oder: *samyoga* (21)
› *Purusha* ist prinzipiell losgelöst und frei (19).
› *Purusha* ist inaktiv (19).

Neben den 10 genannten Hauptthemen behandelt die Karika die folgenden 50 zusätzlichen Themen:

› 5 Arten des Irrtums (47)
› 9 Arten von Zufriedenheit (50)
› 28 Arten von Dysfunktionalität (49)
› 8 Vollkommenheiten oder *siddhis* (51)

Glossar

abhimana – Selbstbehauptungswille.

abhinivesha – Hängen am Leben, Angst vor dem Tod; das letzte der fünf *kleshas*.

abhyasa – Übung, Praxis.

adharma – dem kosmischen Gesetz oder der Weltvernunft widersprechend; einer der vier tamasischen Bewusstseinszustände; siehe *bhava*.

adhibhautika – äußeres Leiden; siehe *duhkhatraya*.

adhidaivika – höhere Gewalt; siehe *duhkhatraya*.

adhistana – grobstofflicher Träger der Sinnesfunktionen. Die Fähigkeit (*jnanendriya*) des Sehens zum Beispiel braucht als grobstofflichen Träger (*adhistana*) den Augapfel, um in der äußeren Welt funktionieren zu können.

adhyatmika – inneres Leiden; siehe *duhkhatraya*.

agama – gültiges Zeugnis; eine von drei Möglichkeiten, zu richtigem Wissen zu gelangen.

agni – Feuer; das zweite der fünf großen Elemente, siehe *mahabhutas*.

ahamkara – wörtl.: Ich-Macher; Ego, Ich-Bewusstsein; Teil von *antahkarana*.

ahimsa – Prinzip des Nicht-Verletzens; erstes ethisches Gebot des Yoga; siehe *yama*.

aishvarya – Stärke, Willenskraft, Ausrichtung; einer der vier sattvischen Bewusstseinszustände oder *bhavas*.

ajnana – Nicht-Wissen, Unkenntnis; synonym für *avidya* oder *tamas*; einer der vier tamasischen Bewusstseinszustände; siehe *bhava*.

akalpita – nicht nur vorgestellt, sondern wirklich.

akarma – »Nicht-Tun«; ein losgelöstes Tun, das kein Karma erzeugt (entspricht dem chinesischen Prinzip des *wu wei*).

akasha – Raum; das erste der fünf großen Elemente, siehe *mahabhutas*.

anaishvarya – Schwäche, mangelnde Willenskraft; einer der vier tamasischen Bewusstseinszustände; siehe *bhava*.

ananda – Glückseligkeit.

antahkarana – wörtl.: inneres Instrument, inneres Organ; individueller Geist, bestehend aus: *manas*, *ahamakara* und *buddhi*; synonym für *chitta*.

antar mouna – meditatives Hören.

anumana – logischer Schluss, Ableitung; eine von drei Möglichkeiten, um zu richtigem Wissen oder *pramana* zu gelangen.

apana-vayu – einer der fünf Haupttypen von Lebensenergie; Kraft der Exkretion, siehe *prana* und *vayu*.

apas – Wasser; das vierte der fünf großen Elemente, siehe *mahabhutas*.

apreeti – Ablehnung im Sinne einer mentalen Haltung.

asana – Meditationshaltung.

asmita – Ich-Gefühl; das zweite der fünf *kleshas*; siehe auch *ahamkara*.

atman – spiritueller Kern, Essenz, reines Bewusstsein, inneres Licht.

aurea saecula – lat.: goldenes Zeitalter.

avidya – spirituelle Blindheit, das Nicht-Wissen um unsere spirituelle Essenz, primäre Ursache des Leidens, erstes der fünf *kleshas*.

avyakta – *avyakta prakriti*; reines Potenzial, Urmeer, Urozean; Quelle, aus der Geist und Materie ausfließen.

bahirkarana – wörtl.: äußeres Instrument oder Organ; setzt sich zusammen aus den *jnanendriyas* und *karmendriyas*.

bardo – Übergang, Zwischenzustand.

bhakti – Hingabe, Liebe.

bhakti yoga – Weg der Hingabe, Weg der Liebe.

bhava – Zustand des Bewusstseins; die acht Bewusstseinszustände sind: *jnana/ajnana, aishvarya/anaishvarya, raga/viraga, dharma/adharma*.

bhavachakra – Rad des Lebens; Rad der Bewusstseinszustände.

buddhi – höhere Ebene des Geistes; »Ort« der Intelligenz, Weisheit; Ebene, die unterscheidet und Entscheidungen trifft; Teil von *antahkarana*; siehe auch *mahat*.

Brahman – das Größte, Höchste; Gott.

chakra – wörtl.: Rad; Energiezentrum.

chitta – Bewusstsein; synonym für *antahkarana*.

dharma – Gesetz; Prinzip; Vernunft der Schöpfung; einer der vier sattvischen Bewusstseinszustände; siehe *bhava*.

dhyana – Meditation.

drashta – wörtl.: Seher; synonym für *jna, atman*.

drishta – gesehen, das Gesehene; eine von drei Möglichkeiten, um zu *pramana*, verlässlichem Wissen, zu gelangen.

die Drei – steht für das innere Organ oder *antahkarana*, also: *manas, ahamkara* und *buddhi*.

duhkha – wörtl.: negativer Raum; Leid im weitesten Sinne.

duhkhatraya – drei Formen, Arten oder auch Ursachen des Leidens.

dvaita vada – dualistisch.

dvesha – Nicht-Habenwollen; das vierte der fünf *kleshas*.

gandha – Geruch; das letzte der fünf *tanmatras* oder feinstofflichen Elemente.

guna – Grundbaustein, Grundqualität, Seinsweise. Es gibt drei *gunas*: *sattva, rajas* und *tamas*.

ida – energetischer Hauptstrom an der linken Seite des Körpers; steht für das feminine Prinzip, das Kühlende, Passive, Mentale, nach innen Gerichtete.

Ishvarah – Gott oder das Höchste in der personalisierten Form.

Ishvarah-pranidhana – sich einem höchsten Prinzip hingeben, sich »Gott« anvertrauen.

jiva – Seele.

jivanmukti – befreite Seele; Erleuchtung zu Lebzeiten bzw. im physischen Körper.

jna – Bewusstsein, Beobachter, Seher, Zeuge; synonym für *purusha* oder *atman*.

jnana – Erkenntnis, Wissen, Weisheit, Erleuchtung, reines Bewusstsein oder Gewahrsein; einer der vier sattvischen Bewusstseinszustände; siehe *bhava*.

jnanamudra – Handhaltung während der Meditation.

jnana yoga – Weg der Erkenntnis, Weg des Sankhya.

jnanendriyas – die fünf Sinnesfähigkeiten: Hören, Fühlen, Sehen, Schmecken, Riechen.

karma – Ursache und Wirkung.

kaivalya – Losgelöstheit, »Alleinsein«: *purusha* ruht in sich selbst (und ist nicht mehr in *prakriti* verwickelt); Befreiung, Erlösung.

karma yoga – Weg des Handelns.

karmendriyas – fünf Handlungsfähigkeiten: Sprechen, Berühren, Gehen, Geschlechtsverkehr haben und Ausscheiden.

klesha – Hauptursache des Leidens; es gibt nach Patanjali fünf *kleshas: avidya, asmita, raga, dvesha* und *abhinivesha*.

kriya – Handlung.

kshetra – Feld; synonym für *prakriti*.

kshetrajna – »Feldkenner«; synonym für *jna, purusha, atman*; reines Bewusstsein, Beobachter, Zeuge, Gewahrsein, inneres Licht, Essenz.

kundalini – kosmisches oder spirituelles Energiepotenzial, das am unteren Ende der Wirbelsäule (in *muladhara*, dem Wurzelchakra) schläft.

lila – das Spiel der Schöpfung: Kommen, Werden, Gehen; als verwirrendes Spiel, dem man erliegen kann, auch synonym mit *maya*, die Täuschung.

linga – kurz für: *linga sharira*, der feinstoffliche Körper; synonym: *sukshma sharira*.

linga sharira – feinstofflicher Körper; auch: *linga* oder *sukshma sharira*.

mahabhuta – großes Element; es gibt fünf große Elemente: Raum, Luft, Feuer, Wasser, Erde; äußerste »Schicht« des Kosmos.

mahavideha – »das Große Sein ohne Körper«, außerkörperliche Erfahrung, das bewusste Erleben des *linga*.

mahat – »das Große«; kosmische Blaupause oder Intelligenz, aus der der Rest der Schöpfung sich entfaltet; synonym bzw. kosmische Entsprechung für das individuelle Prinzip *buddhi*.

mahavratam – großes Bekenntnis; bezieht sich auf das *Yogasutra* 2.30–2.31; wichtigstes Element dieses Bekenntnisses ist *ahimsa*, das Prinzip des Nicht-Verletzens.

manas – äußere Ebene des Geistes; mentale Bühne oder Monitor; »Ort« der Wahrnehmung, Gedanken und Gefühle; Teil von *antahkarana*.

maya – Illusion, Täuschung.

moksha – Befreiung; siehe *kaivalya*.

mukti – befreit.

mula – Wurzel.

mulapradhana – synonym für *avyakta prakriti* oder *mulaprakriti*.

mulaprakriti – Wurzelgrund; synonym für *avyakta prakriti* oder *mulapradhana*.

muni – Weiser, Erleuchteter, Mönch.

nadi – (bio-)energetischer Strom.

nimitta karana – instrumenteller Grund.

nirishvaravada – philosophisches System, das Gott nicht einbezieht im Gegensatz zu *seshvaravada*.

pancha prana – fünf *pranas* oder *vayus* (*prana-*, *samana-*, *apana-*, *udana-* und *viyana-vayu*).

pingala – energetischer Hauptstrom an der rechten Seite des Körpers; steht für das maskuline Prinzip, das Erhitzende, Aktive, Vitale, nach außen Gerichtete.

phritvi – Erde; das letzte der fünf *mahabhutas*.

pradhana – auch: *mula pradhana*; primäre Ursache, erster Grund; synonym für *avyakta prakriti*.

prakasha – Licht.

prakriti – »Natur«, »Materie«; alles, was ist, außer *purusha*, dem reinen Bewusstsein; potenzielle und manifeste Welt (*avyakta* und *vyakta prakriti*).

pralaya – das »Feuer von pralaya«: Bild für *avyakta prakriti*.

pramana – verlässliches Wissen.

prana – Lebensenergie.

pranamayakosha – Energiekörper.

prana-vayu – lebensenergetisches Prinzip der Absorption.

pranayama – Arbeit mit der Lebensenergie durch die yogischen Atemtechniken.

pratipaksha bhavanam – Negatives überwinden, indem man sich auf das Positive ausrichtet.

preeti – Anziehung im Sinne einer mentalen Haltung.

purusha – wörtl.: der oder das, was in uns wohnt; synonym für *jna*, *atman*, *kshetrajna*; reines Gewahrsein, Beobachter, Zeuge.

raga – Habenwollen; das dritte der fünf *kleshas*; einer der vier tamasischen Bewusstseinszustände; siehe *bhava*.

rajas – eines der drei *gunas*; steht für Veränderung, Aktivität, Hitze, Schmerz, Transformation.

raja yoga – der Weg der Meditation.

rasa – Geschmack; das vierte der fünf *tanmatras* oder feinstofflichen Elemente.

regula aurea – lat.: Goldene Regel.

rishi – Weiser, Seher.

rupa – Form; das dritte der fünf *tanmatras* oder feinstofflichen Elemente.

sama-avashtanam – der reglose Zustand völligen Gleichgewichts der *gunas* in *avyakta prakriti* vor Einsetzen des Schöpfungs- oder Evolutionsprozesses.

samadhi – »Verschmelzen«; meditative Gipfelerfahrung; siehe: *samapatti*, *turiya*.

samana-vayu – eines der fünf *vayus*; Aspekt der Assimilation.

samapatti – wörtl.: das Zusammenfallen; synonym für *samadhi*.

samsara – Kreislauf aus Geburt, Tod und Wiedergeburt.

samskara – mentaler Eindruck.

samyoga – (scheinbare) Verbindung von *purusha* und *prakriti*.

sanatana dharma – ewiges, heiliges Gesetz.

satcaryavada – Prä-Existenz der Ursache im Effekt.

satchitananda – Sein, Bewusstsein, Glückseligkeit; erleuchteter Bewusstseinszustand.

sattva – eines der drei *gunas*; hell, lichthaft, klar, rein, leicht.

seshvaravada – philosophisches System, das Gott einbezieht, im Gegensatz zu *nirishvaravada*.

shabda – Klang; das erste der fünf *tanmatras* oder feinstofflichen Elemente.

shakti – Kraft, Energie.

shradda – tiefes Vertrauen.

shruti – gehört; offenbarte Schriften.

siddhi – Fähigkeit, Errungenschaft, »Vollkommenheit«.

smriti – erinnert; Schriften, die von Menschen geschaffen, also nicht offenbart sind; siehe *shruti*.

sparsa – Berührung; das zweite der fünf *tanmatras* oder feinstofflichen Elemente.

sthiti – Stabilität.

sthula sharira – grobstofflicher, physischer Körper.

sukha – süß, angenehm, bequem; Glück.

sukshma sharira – feinstofflicher Körper; auch: *linga sharira*.

sushumna – zentraler energetischer Strom im Körper des Menschen; verläuft in der Wirbelsäule; Zentralkanal.

sutra – wörtl.: Faden; Vers, Aphorismus, Strophe.

svadharma – persönlicher Weg, »Schicksal«, Berufung.

svadhyaya – wörtl.: in sich selbst hineingehen; Selbsterforschung.

tamas – dunkel, schwer, träge; indifferent; synonym für *avidya*.

taijasa – Bewusstseinszustand im Traum; Traumbewusstsein.

tanmatra – feinstoffliches Element.

tapas – wörtl.: Hitze; Bemühung.

tat – »das«; steht für die Essenz, den spirituellen Kern, *purusha*, *atman*.

tattva – Element, Prinzip.

trigunatmika – Eigenschaft von *vyakta prakriti*: zusammengesetzt aus den drei *gunas*.

turiya – wörtl.: der Vierte; meint den vierten Bewusstseinszustand, jenseits von Wachen, Träumen und Tiefschlaf; synonym für *samadhi*.

udana-vayu – eines der fünf *vayus*; jene Lebensenergie, die Kopf und Gliedmaßen durchströmt.

udasinata – Indifferenz im Sinne einer Empfindung.

vairagya – siehe *viraga*.

vaishvanara – Zustand des Wachbewusstseins.

vasana – Charakterzug, Gewohnheiten, Bündel von *samskaras*.

vayu – Luft; Prinzip der Bewegung; eines der *pancha pranas*; zweites der fünf *mahabhutas*.

vidya – Erkenntnis, Wissen, das Sehen; Gegenteil von *avidya*.

vijnana – Wissen, Weisheit, Kenntnis – eher im Sinne eines operativen oder wissenschaftlichen Wissens, nicht also: *jnana*.

viraga – auch: *vairagya*; Loslassen; einer der vier sattvischen Bewusstseinszustände; siehe *bhava*.

vishada – Indifferenz im Sinne einer mentalen Haltung.

viveka – Unterscheidungsfähigkeit; das Vermögen, zwischen *purusha* und *prakriti* unterscheiden zu können.

viyana-vayu – eines der fünf *vayus*; Reserve- und Koordinationskraft des Körpers.

viyoga – die Auflösung von *samyoga* (der falschen Identifikation von *purusha* und *prakriti*); *viyoga* entspricht damit der Methode, Erkenntnis zu gewinnen.

vritti – wörtl.: Welle; mentale Regung (Wahrnehmungen, Gedanken, Erinnerungen, Gefühle).

vyakta – *vyakta prakriti*; geschaffene Welt; siehe: *avyakta*.

yama – ethisches Gebot.

yoga – wörtl.: Verbindung. Der Begriff meint sowohl das Ziel der spirituellen Entwicklung (Selbsterkenntnis, Ruhen des reinen Bewusstseins in sich selbst, Erleuchtung, Verbindung mit dem Höchsten) wie auch den Weg oder die Methoden, die zu diesem Ziel führen.

Anmerkungen

1 Tao Te King, Kap. 14; übertr. v. J. Star: 2008, S. 16; eig. Übers.
2 Sankhya Karika, Vers 59.
3 Bhagavad Gita, Kap. 10; übertr. v. R. Skuban 2013.
4 Bhagavad Gita, Kap. 10; übertr. v. R. Skuban 2013.
5 Vgl. I. Mahalingam 1997, S. 156.
6 V. Mani 1964; Reprint 1979, S. 388; eig. Übers.
7 Svetashvatara Upanishad, in: Prabhavananda & F. Manchester 2002, S. 118; eigene Übers.
8 Übertr. v. W. Doninger 1981, S. 25 f.; eig. Übers.
9 Zit. in: O. M. Hinze & T. Hugentobler 1996, S. 24.
10 Bhagavad Gita, Kap. 5; übertr. v. R. Skuban 2013.
11 Tao Te King, Kap. 16; übertr. v. J. Star 2008, S. 19; eig. Übers.
12 Der nachfolgende Dialog ist eine eigene Übersetzung der einleitenden Absätze des Friedensevangeliums der Essener: The Essene Gospel of Peace, Book One, ins Englische übertragen von E. Bordeaux Szekely 1981, S. 9.
13 K. Lorenz 1983.
14 Tao Te King, Kap. 2; übertr. v. J. Star 2008, S. 3; eig. Übers.
15 H. Primatt: Gerechtigkeit gegen Tiere (1787), zit. in: M. Linnemann 2000, S. 136.
16 Sankhya Karika, Vers 48.
17 Yogasutra 2.5; übertr. v. R. Skuban 2011.
18 Johannes-Evangelium 8,58.
19 Yoga Vasistha, übertr. ins Englische v. S. Venkatesanada 1993, S. 627; eig. Übers.
20 Tao Te King, Kap. 26, übertr. v. J. Star 2008, S. 33; eig. Übers.

21 Sankhya Karika, Vers 2.

22 Kohelet 3,19.

23 Sankhya Karika, Vers 2.

24 Thomas-Evangelium, Logion 11; eig. Übertr.

25 Faust, J. W. v. Goethe, Der Tragödie Erster Teil, Szene »Nacht«.

26 H.-P. Dürr 2001, S. 33.

27 Tao Te King, Kap. 32; übertr. v. J. Star 2008, S. 43; eig. Übers.

28 Altägyptischer Mythos von der Erschaffung der Welt, nach: S. Hansen 1991, S. 23, zit. in: A. Lauterwasser 2008, S. 14.

29 Genesis 1,2.

30 Sankhya Karika, Vers 16.

31 Kabir, übertr. v. R. Skuban 2013.

32 Hekiganroku, 5. Fall, übertr. v. Y. K. Roshi 2002, S. 66.

33 W. Blake, zit. in: J. A. Nikel 2010, S. 100.

34 Bhagavad Gita, Kap. 13; übertr. v. R. Skuban 2013.

35 Vgl. Yogasutra 1.3.

36 Thomas-Evangelium, Logion 76; eig. Übertr.

37 Bhagavad Gita, Kap. 2; übertr. v. R. Skuban 2013.

38 K. Sosan, Vers 8, übertr. v. T. Deshimaru 2006, S. 8.

39 Kena-Upanishad, Kap. I, übertr. v. E. Easwaran 2008, S. 99 f.

40 Kabir; übertr. v. R. Skuban 2013.

41 Thomas-Evangelium, Logion 56; eig. Übertr.

42 Yogasutra 2.22, übertr. v. R. Skuban 2011.

43 Tao Te King, Kap. 50; übertr. v. J. Star 2008, S. 43; eig. Übers.

44 Yogasutra 2.10–11; übertr. v. R. Skuban 2011.

45 Sankhya Karika, Vers 13.

46 Bhagavad Gita, Kap. 18; übertr. v. R. Skuban 2013.

47 Yoga Vasistha, ins Engl. übertr. v. S. Venkatesananda 1993, S. 17; eig. Übers.

48 Angelus Silesius 1984, Erstes Buch, Vers 1.

49 Yogasutra 1.41, übertr. v. R. Skuban 2011.

50 Kabir, übertr. v. R. Skuban 2013.

51 Yogasutra 1.2–3, übertr. v. R. Skuban 2011.

52 Angelus Silesius 1984, 1. Buch, Vers 49 (eig. u. leicht modernisierte Übertr. auf der Grundlage der Kritischen Ausgabe im Reclam-Verlag, Stuttgart).

53 Angelus Silesius 1984, 1. Buch, Vers 23 (eig. u. leicht modernisierte Übertr. auf der Grundlage der Kritischen Ausgabe im Reclam-Verlag, Stuttgart).

54 Vgl. hierzu z. B. Melvin Morse 2000.

55 Yogasutra 4.19, übertr. v. R. Skuban 2013.

56 Bhagavad Gita, Kap. 6; übertr. v. R. Skuban 2013.

57 Bhagavad Gita, Kap. 6; übertr. v. R. Skuban 2013.

58 Yogasutra 2.33, übertr. v. R. Skuban 2011.

59 Seneca 1999, S. 88.

60 Sankhya Karika, Vers 24.

61 Markus-Evangelium 5,9.

62 Tao Te King, Kap. 13; übertr. v. J. Star 2008, S. 15; eig. Übers.

63 Jane Roberts 1994, S. 12; eig. Übers.

64 Svetasvatara, in: S. Prabhavananda & F. Manchester 2002, S. 119; eig. Übers.

65 Thomas-Evangelium, Logion 28, eig. Übertr.

66 Vgl. auch: Luis Minero 2012, S. 98 f.

67 Bhagavad Gita, Kap. 2; übertr. v. R. Skuban 2013.

68 Sankhya Karika, Vers 43.

69 Sankhya Karika, Vers 44.

70 Svetasvatara, in: S. Prabhavananda & F. Manchester 2002, S. 118; eig. Übers.

71 Svetasvatara, in: S. Prabhavananda & F. Manchester 2002, S. 118; eig. Übers.

72 Kabir; übertr. v. R. Skuban 2013.

73 Sankhya Karika, Vers 23.

74 Seneca 1999, S. 80.

75 Yogasutra, 1.21, übertr. v. R. Skuban 2010.

76 Thomas-Evangelium, Logion 21; eig. Übertr.

77 Vgl. Yogasutra 3.27–3.35; vgl. R. Skuban 2011, S. 30 ff.

78 Tao Te King, Kap. 39; übertr. v. J. Star 2008, S. 52, eig. Übers.

79 Tao Te King, Kap. 30; übertr. v. J. Star 2008, S. 39, eig. Übers.

80 Matthäus-Evangelium 7,12.

81 H. F. Kaplan 2003.

82 Zit. In: M. Linnemann 2000, S. 21.

83 Seneca 1999, S. 74.

84 Yogasutra 2.30–2.1; vgl. R. Skuban 2011, S. 115–122.

85 Bhagavad Gita, Kap. 4; übertr. v. R. Skuban 2013.

86 Humphrey Primatt 1787: Gerechtigkeit gegen Tiere, zit. in: M. Linnemann 2000, S. 135.

87 Tao Te King, Kap. 18; übertr. v. J. Star 2008, S. 22; eig. Übers.

88 Bhagavad Gita, Kap. 4; übertr. v. R. Skuban 2013.

89 Meister Eckhart 1991, S. 172.

90 Kabir, übertr. v. R. Skuban 2013.

91 Yogasutra 1.12–1.16; vgl. R. Skuban 2011, S. 30 ff.

92 Tao Te King, Kap. 9; übertr. v. J. Star 2008, S. 10, eig. Übers.

93 Kabir, übertr. v. R. Skuban 2013.

94 Michel de Montaigne 1998, S. 48.

95 Kanchi Sosan 2006, S. 72.

96 Yogasutra 1.33; vgl. R. Skuban 2011, S. 63 f.

97 Yogasutra 2.33–34; vgl. R. Skuban 2011, S. 132 f.

98 Yogasutra 4.3; vgl. R. Skuban 2011, S. 238 f.

99 Thomas-Evangelium, Logion 2, eig. Übertr.

100 F. Rückert 1988, S. 287.

101 Sankhya Karika, Vers 64.

102 Yogasutra 3.35; vgl. R. Skuban 2011, S. 211 f.

103 Tao Te King, übertr. v. J. Star 2008, S. 81, eig. Übers.

104 Vgl. R. Vasanta 2007, S. 34.

105 Bhagavad Gita, Kap. 13; übertr. v. R. Skuban 2013.

106 Sankhya Karika, Vers 33.

107 Yogasutra 1.35, übertr. v. R. Skuban 2011.

108 Yogasutra 1.34; vgl. R. Skuban 2011, S. 64.

109 Übertr. v. F. Rückert 1988, S. 209 f.

110 Sankhya Karika, Vers 29.

111 Sankhya Karika, Vers 4.

112 Yogasutra 4.17, übertr. v. R. Skuban 2011.

113 Thomas-Evangelium, Logion 22; eig. Übertr.

114 Yogasutra 4.15–16, übertr. v. R. Skuban 2011.

115 Tao Te King, Kap. 42, übertr. v. J. Star 2008, S. 56, eig. Übers.

116 Yogasutra 1.23–29, übertr. v. R. Skuban 2011.

117 Yogasutra 1.33, übertr. v. R. Skuban 2011.

118 Yogasutra 1.34, übertr. v. R. Skuban 2011.

119 The Essene Gospel of Peace. Book Two, ins Engl. übertr. v. E. Bordeaux Szekely 1981; S. 37 f.; eig. Übers.

120 Zit. in: M. Stöhr 2012, S. 13.

121 Johannes-Evangelium 1,10.

122 Sankhya Karika, Vers 64.

123 Sankhya Karika, Vers 65.

124 Sankhya Karika, Vers 65.

125 Sankhya Karika, Vers 66.

126 Sankhya Karika, Vers 67.

127 B. Moen 1997, S. 9; eig. Übers.

128 S. Rama 2008, S. 285; eig. Übers.

129 A. Mindell 1996, S. 67 f.

130 A. Mindell 1996, S. 68.

131 A. Mindell 1996, S. 71 f.

132 Yogasutra I.38, übertr. v. R. Skuban 2011.

133 Jane Roberts 1994, S. 5, eig. Übers.

134 W. Vieira 2007, S. 214, eig. Übers.

135 Einstein 2012, S. 69

136 Vishvatma Bawra 2008.

Literatur

Angelus Silesius: Cherubinischer Wandersmann, Stuttgart 1984.

Barnstone, Willis & Meyer, Marvin (Hg.): The Gnostic Bible. Revised Edition, Boston & London 2009.

Buhlman, William: The Secrets of the Soul. Using Out-of-Body Experiences to Understand Our True Nature, San Francisco 2001.

Carr, Brian & Mahalingam, Indira (Hg.): Companion Encyclopedia of Asian Philosophy, London & New York 1997.

Doniger, Wendy: The Rig Veda. An Anthology, London 1981.

Douglas-Klotz, Neil: The Hidden Gospel. Decoding the Spiritual Message of the Aramaic Jesus, Wheaton 1999.

Dürr, Hans-Peter (Hg.): Physik und Transzendenz. Die großen Physiker unserer Zeit und ihre Begegnung mit dem Wunderbaren, Ibbenbühren 2012.

Easwaran, Eknath: Die Upanischaden, München 2008.

Einstein, Albert: Naturwissenschaft und Religion, in: Dürr, Hans-Peter (Hg.): Physik und Transzendenz. Die großen Physiker unserer Zeit und ihre Begegnung mit dem Wunderbaren, Ibbenbühren 2012.

Garbe, Richard: Die Sankhya-Philosophie. Eine Darstellung des indischen Rationalismus, Leipzig 1917.

Hansen, Susanne: Mythen vom Anfang der Welt, Augsburg 1991.

Hinze, Oscar Marcel & Hugentobler, Theodora: Der Lichtweg des Samkhya, Moos-Weiler 1996.

Kaplan, Helmut F.: Die Ethische Weltformel. Eine Moral für Menschen und Tiere, Winterthur 2003.

Larson, Gerald James: Classical Samkhya. An Interpretation of Its History and Meaning, Delhi 2011.

Larson, Gerald James & Ram Shankar Bhattacharya: Encyclopedia of Indian Philosophies, Volume IV: Samkhya. A Dualist Tradition in Indian Philosophy, Delhi 2006.

Lauterwasser, Alexander: Wasser, Klang, Bilder. Die schöpferische Musik des Weltalls, Aarau und München 2008.

Linnemann, Manuela: Brüder, Bestien, Automaten. Das Tier im abendländischen Denken, Erlangen 2000.

Lorenz, Konrad: So kam der Mensch auf den Hund, München 1983.

Mahalingam, Indira: Sankhya-Yoga, in: Brian Carr & Indira Mahalingam (Hg.): Companion Encyclopedia of Asian Philosophy, London & New York 1997.

Mani, Vettam: Puranic Encyclopaedia. A Comprehensive Work with Special Reference to the Epic and Puranic Literature, 1964; Reprint 1979.

Meister Eckhart: Mystische Schriften, Frankfurt am Main 1991.

Merton, Thomas: Sinfonie für einen Seevogel. Geschichten und Meditationen des Zhuangzi, Ostfildern 2012.

Mindell, Arnold: Den Pfad des Herzens gehen. Traumkörperarbeit. Schamanische Praktiken und moderne Psychologie, Petersberg 1996.

Minero, Luis: Demystifying the Out-of-Body Experience, Woodbury 2012.

Moen, Bruce: Voyages into the Unknown. Exploring the Afterlife Series, Bd. I, Charlottesville 1997.

Monroe, Robert: Ultimate Journey, New York 1994.

Montaigne, Michel de: Essais. Erste Moderne Gesamtübersetzung von Hans Stilett, Frankfurt am Main 1998, S. 48.

Morse, Melvin: Where God Lives. The Science of the Paranormal and How Our Brains are Linked to the Universe, San Francisco 2000.

Nikel, Johannes Hans A.: Die Mystik der Physik. Annäherung an das ganz Andere, Kiel 2010.

Niranjanananda Saraswati, Swami: Samkhya Darshan. Yogic Perspective on Theories of Realism, Bihar 2008.

Primatt, Humphrey: Gerechtigkeit gegen Tiere (1787), in: Linnemann, Manuela: Brüder, Bestien, Automaten. Das Tier im abendländischen Denken, Erlangen 2000.

Rama, Swami: Perennial Psychology of the Bhagavad Gita, Honesdale 2008.

Roberts, Jane: Seth Speaks. The Eternal Validity of the Soul, San Rafael 1994.

Rückert, Friedrich: Werke. Ausgewählt und herausgegeben von Annemarie Schimmel, Frankfurt am Main 1988, S. 287.

Savitripriya, Swami: Psychology of Mystical Awakening. Patanjali Yoga Sutras. A New World Translation, Sunnyvale 1991.

Seneca: Mächtiger als das Schicksal. Ein Brevier, herausgegeben und übertragen von Wolfgang Schumacher, Zürich 1999.

Skuban, Ralph: Patanjalis Yogasutra. Der Königsweg zu einem weisen Leben, München 2011.

Skuban, Ralph: Die Bhagavad Gita. Das Weisheitsbuch fürs 21. Jahrhundert, München 2013.

Skuban, Ralph: In diesem Gefäß erklingt das Ewige. Kabirs Yoga des Glücks, Petersberg 2013.

Sosan, Kanchi: Shinjinmei. Verse über den Glaubensgeist, Übers. und Kommentare v. Taisen Deshimaru-Roshi, Heidelberg 2006.

Star, Jonathan: Lao Tzu. Tao Te Ching: The Definitive Edition, New York 2008.

Stöhr, Manfred: Der Mensch ist mehr als sein Gehirn. Hirnforschung und Geistesfreiheit, Petersberg 2012.

Swami Prabhavananda & Frederick Manchester (Hg.): The Upanishads. Breath of the Eternal, 2002, S. 118.

Szekely, Edmond Bordeaux: The Essene Gospel of Peace, Bd. I, Kanada 1981.

Vasanta, Roy: Gehirntraining mit EEG-Neurofeedback, Brain Factory-Verlag 2007.

Venkatesananda, Swami: Yoga Vasistha, New York 1993.

Vieira, Waldo: Projectiology. A Panorama of Experiences of the Consciousness Outside the Human Body, 2002.

Vieira, Waldo: Projections of the Consciousness. A Diary of Out-of-Body Experiences, New York 2007.

Virupakshananda (Hg.): Samkhya Karika of Isvarah Krsna. With the Tattva Kaumudi of Sri Vacaspati Misra, Chennai 1995.

Vishvatma Bawra, Brahmrishi: Kapil's Samkhya, Patanjali's Yoga. Commentary inspired from Lectures of Brahmrishi Vishvatma Bawra, Compiled and edited by William and Margot Milcetich, Virat Nagar 2008.

Yamada Koun Roshi: Die Niederschrift vom blauen Fels. Übertragung und Kommentar des Hekiganroku, München 2002.

Danksagung

Vor einigen Jahren kontaktierte mich Andreas Klaus, der Lektor des Traditionsverlages O.W. Barth, um sich mit mir über die Atempraxis des Yoga auszutauschen. Wie das manchmal so ist bei unerwarteten Begegnungen, entwickelte sich mehr daraus, und bald schon unterhielten wir uns über mögliche Buchprojekte. Das erste Ergebnis dieser Gespräche ist das Buch, das Sie in Händen halten. Es erschien erstmals 2014 bei Random House. Was mich damals schmerzte, war die Tatsache, dass das letzte Kapitel nicht Eingang fand ins Buch, ein Kapitel, das drängende Fragen im Zusammenhang mit der Sankhya-Philosophie aufgreift. Umso dankbarer bin ich heute, dass dieses Kapitel nun Eingang finden konnte ins Buch, das sich mir somit erstmals als vollständig und rund zeigt.

Mein Dank gilt natürlich nicht allein Andreas Klaus, sondern dem ganzen Team des Knaur-Verlages, denn es sind ja meist viele Menschen, die ihren Beitrag leisten, wenn es darum geht, ein Buchprojekt zu verwirklichen.

Besonders freue ich mich auch über das wertschätzende Vorwort von Anna Trökes, zweifellos eine der verdientesten Yogalehrerinnen in unserem Land.

Gerhard Riemann, der früher den Arkana-Verlag leitete, las das Manuskript ebenfalls. Seinen klugen Rat schätze ich sehr, und ich bin ihm dankbar für seine Rückmeldungen. Gleiches gilt für Volkmar Müller, einen guten Freund schon seit Jugendjahren.

Über die Jahre, die seit der Erstauflage verstrichen, schrieben mir viele Menschen, um mir mitzuteilen, wie sehr das Buch ihnen dabei geholfen hat, die komplexe Yoga-Philosophie besser zu verstehen. Sie ist der Schlüssel, um auch die großen Werke des Yoga, wie das *Yogasutra* oder die *Bhagavad Gita*, auf einer tieferen Ebene begreifen zu können.

Zum Schluss will ich natürlich noch den Menschen aus meinem nächsten Umfeld danken: meinen Eltern und ganz besonders meiner lieben Frau Nella, die mich immer unterstützt und, vor allem, so annimmt, wie ich bin. Dazu ist nur die Liebe fähig.